MANUEL

DE LA

LIBERTÉ DE LA PRESSE.

Les formalités prescrites ayant été remplies, je poursuivrai les contrefacteurs suivant toute la rigueur des lois.

Pillet

DE L'IMPRIMERIE DE PILLET AINÉ.

MANUEL
DE LA
LIBERTÉ DE LA PRESSE,
OU
ANALYSE
DES DISCUSSIONS LÉGISLATIVES

SUR LES TROIS LOIS
RELATIVES A LA PRESSE ET AUX JOURNAUX ET ÉCRITS PÉRIODIQUES ;

PRÉCÉDÉ D'UN DISCOURS PRÉLIMINAIRE
contenant un essai historique sur l'état de la presse en France avant les lois actuelles ;

Avec le texte des Lois, Décrets, Ordonnances et Réglemens qui forment le Code complet de la presse, de l'imprimerie et de la librairie.

OUVRAGE INDISPENSABLE
aux magistrats, jurés, avocats, avoués, et à tous les officiers de police judiciaire.

A PARIS,
CHEZ PILLET AINÉ, IMPRIMEUR-LIBRAIRE,
ÉDITEUR DE LA COLLECTION DES MŒURS FRANÇAISES,
RUE CHRISTINE, N° 5.

1819.

A Son Excellence

MONSEIGNEUR

Le Garde-des-Sceaux de France,

MINISTRE SECRÉTAIRE-D'ÉTAT

AU DÉPARTEMENT DE LA JUSTICE.

Monseigneur,

Le Manuel de la liberté de la Presse *que contient ce volume, dont je prie Votre Excellence d'agréer l'hommage, est puisé dans nos lois fondamentales et constitutionnelles; il se rattache à l'une des périodes les plus mémorables du règne de S. M.*

S'il était digne d'un roi légitime de donner à ses peuples la liberté que l'anarchie et le despotisme avaient tour-à-tour enchaînée, il n'appartenait qu'à un roi législateur de la consacrer par des lois qui, en respectant le domaine de l'esprit humain, veillassent continuellement autour, pour le défendre contre l'invasion des abus.

Cette pensée noble et sage, sur laquelle repose maintenant et à jamais la liberté de la presse en France, a trouvé de dignes interprètes dans les orateurs du gouvernement, à la tête desquels vous avez été placé. Je ne mêlerai pas ma faible voix dans le concert d'éloges que les chambres et la nation ont donné à l'élévation, à la clarté et à la franchise des explications nées de la discussion législative ; je ne pourrais rien ajouter à l'intérêt que les pairs de France en particulier y ont attaché, quand ils ont ordonné l'impression spéciale de plusieurs discours prononcés par Votre Excellence et par un de ses nobles collègues.

Dans cet ouvrage, destiné à fixer l'esprit et le sens des lois relatives à la presse, votre nom, Monseigneur, devra souvent se retrouver ; il appartient de droit à chaque page de cette description du monument constitutionnel à l'élévation duquel vous avez si puis-

samment contribué. J'ose espérer que Votre Excellence accueillera avec bonté ce résultat d'un travail entrepris avec la seule pensée d'être utile, et qu'elle me permettra de joindre à cet hommage celui du profond respect avec lequel je suis,

De Votre Excellence,

MONSEIGNEUR,

Le très-humble et très-obéissant serviteur,

L. R. B. MAISEAU.

DISCOURS PRÉLIMINAIRE

SUR

LE PLAN ET LES MOTIFS DE CET OUVRAGE.

La liberté légale de la presse vient enfin de naître en France. Un des bienfaits promis par la charte s'est réalisé ; une des principales conditions du gouvernement représentatif a reçu son accomplissement. Pour bien juger des améliorations qui en doivent résulter par rapport à l'ordre social, il est nécessaire de jeter les regards vers le passé. Un coup-d'œil rapide sur l'état de la liberté de la presse avant les nouvelles lois, suffira pour établir la comparaison.

Lorsque l'invention de l'imprimerie eût apporté de nouveaux secours à la propagation des lumières, on comprit que cette puissance morale tournerait infailliblement au profit des peuples, que tôt ou tard elle leur révélerait la connaissance de leurs droits, en même tems qu'elle les aiderait à recouvrer ceux qu'on leur avait enlevés.

A cette époque, le gouvernement était dévolu à trois pouvoirs : le roi, considéré comme le chef et le grand représentant de la noblesse ; le clergé et les magistrats exerçaient en commun une souveraineté dans laquelle l'avantage des gouvernans était compté pour tout. Si quelquefois le peuple trouvait, dans l'un de ces pouvoirs, un appui momentané contre l'oppression des deux autres, ceux qui le lui prêtaient semblaient moins agir d'après les lois naturelles de la justice que d'après cet esprit d'orgueil que les autorités absolues sont toujours tentées de confondre avec l'indépendance. Leur conduite n'avait point d'autre mobile ; mais quand la presse parut les menacer, ils se rallièrent autour d'une commune nécessité, et par des efforts simultanés, par des rigueurs constantes et unanimes, ils enchaînèrent ce nouvel ennemi.

Le clergé ne fut pas le moins effrayé des conséquences que la propagation des idées devait nécessairement entraîner ; il sentit que si la controverse pénétrait dans le champ de la métaphysique, ceux qui en avaient été jusqu'alors les possesseurs, et qui en avaient tiré de si abondantes moissons, ne tarderaient pas à se voir disputer cet héritage qu'ils tenaient de l'ignorance des peuples. Il avait donc condamné l'exercice de la presse et de la pensée, dont elle reproduit l'expression, au plus étroit asservissement. Peu rassuré par l'établissement des tribunaux chargés, sous sa direction, de punir des plus affreux supplices les inquiétudes que la raison écrite lui causait; alarmé par la rigueur même de ces moyens de répression, le clergé avait imaginé d'autres mesures de précaution : c'est à lui qu'on doit l'invention de la censure, qui a suivi de très-près l'invention de l'imprimerie, comme pour en étouffer le bienfait.

Le pouvoir royal, qui avait aussi ses craintes, s'était réuni aux deux autres pour assurer sa tranquillité. Des édits, des ordonnances, où les raffinemens les plus cruels du despotisme se montrent à chaque disposition et presque à chaque mot, furent publiés sous le règne de Henri II ; et si, durant les règnes suivans, ces lois reçurent quelques adoucissemens momentanés, le principe tyrannique demeura toujours le même.

Ainsi la presse, garrottée par de triples chaînes, n'avait de liberté que pour ses gardiens. On va voir ce que ceux-ci avaient fait pour se l'approprier exclusivement.

La censure des écrits fut d'abord confiée à l'Université. Cette institution, fondée et dirigée par l'autorité ecclésiastique, agissait spécialement dans ses intérêts ; arbitre suprême des matières religieuses, elle approuvait, tolérait ou proscrivait les écrits, sans autre règle que sa propre volonté. Le livre prohibé par elle, sans sortir de sa juridiction, entrait sous celle du parlement, qui, dans ces sortes d'affaires, avait renouvelé la coutume de quelques empereurs romains, en ordonnant que les livres condamnés seraient brûlés publiquement. Dans quelques occasions, l'auteur ou le distributeur du livre proscrit avait le même sort. Si l'on ajoute à ces rigueurs les censures, les interdictions de la Sorbonne et des facultés de théologie, on n'aura encore qu'une idée assez incomplète de la domination de l'autorité ecclésiastique sur les productions de la presse.

Le pouvoir royal n'avait pas moins fait pour la commune sécurité. La déclaration de 1563 avait confirmé un édit de Henri II; lequel prononçait la peine de mort contre tout imprimeur, libraire ou particulier qui imprimerait, vendrait ou distribuerait, sans privilége, un ouvrage quelconque; c'était d'après cet édit, et vers le tems du supplice du conseiller Anne Dubourg, qu'on fit pendre, à Paris, des marchands de Genève qui avaient apporté des livres de prières à l'usage des calvinistes. L'ordonnance de Moulins de 1566 adoucit, il est vrai, les peines de la déclaration de 1563; mais les punitions corporelles qu'elle infligeait étant laissées à l'arbitraire des juges, il n'y eut aucun changement réel à cet égard; et, comme si l'on se fût repenti de cette apparente indulgence, dès 1626 parut un édit où la peine de mort, commuée par l'ordonnance de Moulins, fut rétablie textuellement pour les ouvrages contre *la religion et les affaires d'Etat.*

Les choses restèrent dans cette situation jusqu'en 1728; alors parut une ordonnance qui, modifiant la dernière, réduisit à la marque, au carcan et aux galères les peines infligées aux imprimeurs et distributeurs d'ouvrages *jugés criminels*. Mais la tyrannie s'irritait de ses propres fureurs, et en 1757 une déclaration, contenant les désignations les plus vagues des crimes et des délits de la presse, leur appliqua de nouveau les peines les plus sévères. Telle était la disposition ombrageuse du gouvernement, à cette époque, que la déclaration punissait d'une forte amende les propriétaires des maisons dans lesquelles on découvrirait des imprimeries cachées.

Nous verrons bientôt comment ces excessives précautions et ces punitions exagérées ont trompé l'intention de leurs auteurs; examinons auparavant la conduite des parlemens.

Non contens de se montrer les exécuteurs zélés des plus absurdes décisions, les parlemens en rendaient eux-mêmes. Investis du droit de *veto* sur les lois, ils avaient en outre la haute police et le jugement des cas d'infraction à leurs propres actes; mais ce qui doit étonner davantage, c'est qu'au moyen de décisions appelées *arrêts de réglemens* ils pouvaient étendre des jugemens particuliers, et en faire des règles générales, qui obligeaient tous les citoyens pour l'avenir, qui équivalaient aux lois par leurs effets, et qui n'ont jamais été contestés. Si ces étranges règles, qui constituaient le pouvoir des parlemens, pouvaient être aujourd'hui mises en doute, quelle foule d'arrêts viendraient en attester la trop longue et trop funeste existence! Depuis la prohibition des *Psaumes de David*, traduits par Marot, jusqu'au supplice du jeune Labarre, des milliers d'arrêts sanguinaires remplissent cet immense intervalle.

Toutefois, après avoir gardé le silence sur la révocation de l'édit de Nantes et les dragonades, pour ne point réveiller de trop cruels souvenirs, il ne faut pas être moins généreux à l'égard des actes des parlemens; il suffit d'avoir montré de quel principe et de quelle origine ces terribles effets sont sortis.

Cette contrainte si oppressive, imposée à la reproduction des pensées, n'avait pu cependant en arrêter l'élan. De courageux citoyens avaient bravé ou éludé les châtimens pour annoncer au monde des vérités utiles.

A leurs côtés, des écrivains effrénés ou licencieux montraient la même audace, ou profitaient des mêmes ruses; et, comme il arrive toujours, la liberté, qu'on avait voulu étouffer, avait souvent pris le caractère de la licence. Tel était d'ailleurs l'empire que les lettres acquéraient successivement sur la société, que, lors de la déclaration de 1757, tout le monde fut révolté, sans être intimidé, de dispositions qui plaçaient pourtant arbitrairement la vie des citoyens sous l'autorité illimitée des juges. Mais, alors, un de ces hommes rares qui savent être libres dans les chaînes, et indépendans au milieu des cours, qui trouvent dans la fixité de leur caractère et de leurs opinions la base des plus nobles sentimens, M. de Malesherbes, s'opposa de tout son pouvoir à la loi absurde et tyrannique qui passa malgré lui. Ce fut à cette époque qu'il publia ces Mémoires sur la librairie, où l'on aperçoit le germe des nobles pensées que les discussions sur les lois actuelles de la presse ont fait fructifier.

Dans ce même tems brillaient en France les plus beaux génies dont elle puisse s'honorer : les Montesquieu, les Buffon, les Voltaire, les Rousseau, étaient alors contemporains d'une foule d'écrivains distingués, qui marchaient sur leurs traces en s'éclairant de leurs lumières. Que pouvaient contre de telles puissances les censures de la Sorbonne et les arrêts des parlemens? Force fut donc de laisser passer ce qu'on ne pouvait point arrêter, on avait d'ailleurs perdu jusqu'à la puissance de confondre, dans d'inutiles rigueurs, et les instituteurs de l'Europe, et les libellistes les plus déhontés. Dès-lors il s'établit une contrebande littéraire, ouverte et impunie, au moyen de laquelle les ouvrages défendus, sortis en manuscrit, rentraient en France après avoir deux fois passé la frontière (1).

(1) Montesquieu fut obligé de faire imprimer l'*Esprit des Lois* à Genève.

Les ouvrages les plus remarquables de Voltaire, de

Le spectacle que présentait la nation, à cette époque, était à-la-fois singulier et périlleux pour le gouvernement. La civilisation avait fait d'immenses progrès. Le beau siècle de Louis XIV, en enrichissant la langue des plus hautes productions de l'esprit humain, avait reculé les bornes de la pensée. Il avait révélé aux Français l'influence qu'ils

Rousseau ont été publiés à Londres, à Genève et en Hollande. Il n'est pas jusqu'à *l'Encyclopédie* qui n'ait été l'objet des plus violentes persécutions.

Un arrêt du parlement de Paris, de 1775, ordonne la lacération de l'ouvrage intitulé : *Philosophie de la Nature*, et décrète d'information l'auteur, comme *coupable du crime de lèse-majesté divine et humaine*; on peut juger du sort de l'accusé s'il eût été pris.

Un autre arrêt de 1781 décrète également l'abbé Raynal pour crime d'impiété, à l'occasion de son histoire des Indes. Si on l'eût saisi, on l'aurait sans doute brûlé, pour lui prouver que sa doctrine était erronnée.

Voici qui est plus fort : Un sieur Moriceau de la Motte fut condamné à être pendu pour avoir tenu des propos séditieux contre les *personnes en place*.

Il n'est pas jusqu'aux contrôleurs-généraux qui ne missent des interdictions à la liberté de la presse.

En 1764, M. de Laverdy fit rendre un arrêt du conseil, par lequel il était défendu de rien imprimer concernant l'administration des finances, *sous peine d'être poursuivi extraordinairement*.

allaient exercer sur l'Europe savante. Quelques-uns de ses plus grands hommes vivaient encore, ils initiaient dans les mystères des lettres de jeunes adeptes brûlant du désir d'agrandir la carrière qui leur était ouverte. La liberté de penser était devenue le besoin le plus pressant et le plus général. On voulait soumettre les croyances les plus futiles aux plus rigoureux examens; et d'un côté la foi ancienne, de l'autre le septicisme naissant, cherchaient des prosélytes, en répandant avec profusion l'exposition de leurs doctrines.

La dure prohibition si long-tems imposée à la liberté d'écrire ne se soutenait plus qu'à peine contre tant d'efforts réunis pour la détruire. Des lois sans mesure étaient violées sans scrupule. La fraude était excitée par les moyens que l'autorité employait à la réprimer. Bientôt il ne fut plus possible d'arrêter le torrent qui brisait ses digues et pénétrait dans toutes les parties du royaume. Le gouvernement songea alors à user d'une tolérance qui était devenue indispensable. Les parlemens seuls tinrent rigueur; mais on ne montra pas plus de reconnaissance pour l'indulgence du ministère, qu'on ne fit paraître d'effroi à la vue des arrêts des cours souveraines. Les écrivains, admis dans l'intimité des personnages les plus distingués, bravaient dans les salons de la bonne compagnie ces défenses dérisoires. On y dévorait des livres dont le seul mérite était d'être prohibés, et il suffisait d'un arrêt qui ordonnait la lacération d'un ouvrage, pour que ceux mêmes qui l'avaient ordonnée achetassent cet ouvrage à grands frais.

On vivait donc dans un état permanent de contradiction qui devait frapper les écrivains eux-mêmes. Ce fut, en effet, ce qui arriva ; ainsi on avait commencé par opposer les doctrines de la philosophie aux rigueurs exercées au nom de la religion, on finit par combattre avec une égale ardeur les sévérités du gouvernement par l'exposé des fautes que pouvait lui reprocher l'opinion publique. Les premières recherches en amenèrent d'autres, et bientôt les censures privées ne reconnurent et ne respectèrent aucune limite.

Un ministre citoyen, Turgot, encouragea cette polémique en appelant les brochures au secours de ses ordonnances.

Telle fut, en devenant chaque jour plus incandescente, la situation des choses jusqu'à la révolution. Les premières assemblées législatives, formées sous l'influence de l'esprit réformateur qu'on avait toléré et encouragé si ouvertement, accordèrent enfin le droit d'une liberté dont le fait était à peine contesté. Mais que les tems étaient changés!

Ce n'étaient plus ceux ou des théories séduisantes, renfermées dans les classes élevées, enfantées avec délices, embrassées avec avidité, apparaissaient dégagées de toutes les passions humaines, et semblaient devoir prendre, dans l'exécution, toute la facilité des merveilles de la féerie.

L'ordre social s'ébranlait jusque dans ses fondemens. Le peuple, mécontent du passé, impatient de l'avenir, avait choisi pour ses mandataires des hommes qui regardaient comme le premier devoir de leur mission, de fouler aux pieds ce qui avait été respecté, de renverser ce qui était élevé, sans savoir encore quelle puissance ils constitueraient sur tant de débris. L'assemblée constituante seule ébaucha, sans pouvoir le terminer, un système de lois fondamentales.

Entre leurs mains, la liberté de la presse devint un privilége d'autant plus dangereux qu'il ne servit qu'à préconiser la destruction.

Alors se brisèrent au même moment tous les rouages de la machine politique. Le tems les avait usés, et le premier tort de ceux qui avaient persisté à les faire mouvoir avait été de méconnaître cette inévitable action. Alors périrent, avec les anciennes lois, avec le plus infortuné des rois, avec les plus illustres familles, toutes les libertés qu'on avait cru conquérir, sans laisser même l'espoir qu'un jour la nation devrait à la dynastie qu'on proscrivait en son nom, le retour de plus de droits politiques qu'on ne voulait en ravir.

Il faut laisser la convention en proie à la fureur des factions, établissant, sur la pensée et sur le silence, une inquisition plus terrible que celle dont elle rappelait le souvenir, et dont ses échafauds permanens faisaient le plus sanglant éloge.

Il faut passer aussi rapidement sur le directoire. Né de la lassitude des crimes révolutionnaires, et prenant la faiblesse pour le calme, et l'ineptie pour la modération, il ne se réveilla de sa honteuse apathie, au 18 fructidor, que pour faire expier, par un affreux exil, à quelques citoyens, le courage d'avoir montré l'intolérable position de la France. Trop énervé pour supporter des vérités sévères, le directoire n'eut pas même la fermeté de faire juger les hommes qu'il traitait avec tant de barbarie; il les proscrivit en masse.

On cherche en vain, durant ces fatales périodes, quelque trace de la liberté de la presse. Elle avait reculé devant la terreur, elle fut étouffée dans les déserts de Synnamary.

Elle ne reparut un moment, sous le consulat, que pour inspirer, à l'homme qui méditait l'asservissement de la France, la pensée de la faire servir d'abord à son ambition et ensuite à son despotisme. Ici, la corruption succéda à la violence. La censure impériale ne fut pas moins ombrageuse que celle de l'ancien régime; seulement elle se montra plus astucieuse.

On ne fit entrer les mots *liberté de la presse* dans aucun des codes, mais des décrets particuliers et des réglemens l'embarrassèrent de tant de liens, qu'elle rentra dans cet immense monopole que le gouvernement étendait à tout ce qui se trouvait à sa convenance. Le comble de la déception était de ruiner la liberté en paraissant lui laisser toute sa latitude. On ne dédaigna pas cette supercherie, qui servait à corrompre l'opinion. On trouva de reste des hommes qui donnèrent à ce système l'appui de leur talent et du crédit qu'ils tiraient de l'énormité de leurs salaires.

Tel fut le sort de la presse jusqu'à la chute du régime impérial; son asservissement avait été une faute, son retour à la liberté vengea la société des tromperies dont elle avait été l'objet. Ce fut elle qui, la première, contribua à détruire les prestiges dont les Français s'étaient laissés environner. Des malheurs inouis devaient plus tard achever de les désabuser.

Quand le roi vint poser le fondement d'un gouvernement libre, assis sur la double base de la charte et de la légitimité, son premier soin fut d'assurer la liberté illimitée de la presse. Le second fut de la garantir à jamais par la répression légale des abus qu'elle peut entraîner.

Les ministres de ce tems furent chargés de dresser un projet de loi qui devait remplir les conditions de la constitution.

On ne peut point dissimuler qu'ils prirent une direction entièrement opposée au but qu'ils indiquaient; d'où sortit la loi du 21 octobre 1814. La censure préalable et la servitude des journaux ne pouvaient trouver d'excuse que dans la révision prochaine des dispositions de la loi promise par la loi elle-même. C'était donc un acte prohibitif, ou plutôt suspensif de l'exercice de la presse? Comme pour rendre plus frappant le vice radical de cette loi, un ministre, employant les saillies d'un esprit brillant et léger à défigurer les premières règles de la langue française, soutint à la tribune nationale la synonymie au moins douteuse des mots *réprimer* et *prévenir*. Les chambres admirent cette bizarre interprétation, et la loi fut adoptée.

Ce n'était pas là ce que la nation attendait : elle reprit donc le système de ruse par lequel on a coutume ici de tromper les mauvaises lois ; le gouvernement, embarrassé d'autres soins, n'y donna qu'une assez faible attention jusqu'au moment où une catastrophe terrible vint ébranler la monarchie et la France.

La presse n'avait eu avec Buonaparte que des relations funestes. Durant les cent jours, il n'osa ni l'interdire ni la proclamer ouvertement libre. Il se contenta de l'observer, et s'il eût bien compris cet oracle de l'opinion publique, il eût appris que les Français, qui avaient entrevu la charte et la liberté, ne souffriraient pas long-tems sa domination.

Les événemens militaires prévinrent l'accomplissement des événemens politiques. Le roi rentra de nouveau dans cette France qu'il n'aurait pas quittée si, en 1814, tout le monde avait su l'apprécier aussi sagement qu'il l'avait fait.

Mais la première restauration avait ramené de la terre étrangère une foule d'hommes qui, pendant vingt-cinq ans, y étaient restés spectateurs indifférens ou stupides des effets politiques de la révolution. Ils ne voyaient que 1789. De là le combat qui s'éleva entre leurs prétentions et la charte, c'est-à-dire entre la France ancienne et la France nouvelle, et qui, plus que toute autre cause, amena le 20 mars et ses déplorables suites.

Il n'est pas nécessaire de s'appesantir plus long-tems sur ces dispositions, pour juger du développement qu'elles prirent en 1815; le gouvernement lui-même y fut trompé : plus tard il reconnut son erreur; il voulut la réparer, mais les yeux n'étaient pas dessillés encore quand la loi du 9 novembre fut portée.

La loi du 21 octobre 1814 avait suspendu l'exercice des droits proclamés par la charte, celle-ci l'anéantit complètement. Les écrits, les discours y étaient soumis à une inquisition et à des interprétations qui exposaient l'innocence la plus pure à être soupçonnée par l'effet de circonstances indépendantes de toutes les volontés et de toutes les actions. Le vague des définitions des délits et des crimes était effrayant, la précision et l'exagération des pénalités étaient terribles. Ainsi on aurait puni, comme séditieux, d'un emprisonnement qui pouvait être de cinq ans, et d'une amende qu'on pouvait élever jusqu'à 3000 francs, celui qui aurait dit que les lois d'exception sont odieuses de leur nature, qu'elles sont propres à soulever toutes les passions, et qu'un gouvernement qui se place sous leur égide laisse croire qu'il ne saurait subsister sans leur secours.

C'en est assèz pour apprécier la loi du 9 novembre. L'histoire dira qu'une grande partie de la chambre des députés de 1815 voulut ajouter à la rigueur des peines que le gouvernement avait proposées. Au reste, l'exécution de cette loi en démontra mieux les vices que tout ce qu'on avait pu dire contre elle.

A mesure, cependant, que le gouvernement reprenait de la force et de la stabilité, on sentait davantage la nécessité de revenir à la charte, qui en est le principe et le régulateur. Mais les craintes que les révolutions précédentes avaient laissées, conservaient beaucoup d'influence. Le ministère crut qu'il concilierait les vœux de l'opinion publique avec la sécurité du gouvernement, en présentant un nouveau projet de loi sur la liberté de la presse. Il le proposa dans la session de 1817.

Ce projet offrait certainement des améliorations sensibles ; mais il renfermait en plus grand nombre des vices que la discussion a fait ressortir, et qui, à la chambre des pairs, en ont motivé le rejet. D'abord, il environnait la responsabilité de trop de précautions ; en second lieu, il admettait la distinction de la provocation directe et de la provocation indirecte ; ensuite, il refusait l'introduction du jury dans le jugement des délits politiques commis par la voie de la presse, délits pour le jugement desquels il faudrait inventer le jury, s'il n'existait pas ; enfin, il laissait les journaux et les écrits périodiques sous la censure préalable, c'est-à-dire sous une interdiction à peu près absolue.

La chambre des députés, en adoptant ce projet, paraissait être bien convaincue qu'elle ne sanctionnait encore qu'une loi temporaire, et le ministère lui-même semblait partager cette conviction, sur-tout dans les dispositions qui s'appliquaient aux journaux, puisqu'il avait fixé le terme ou elles devaient cesser.

La chambre des pairs fit mieux, elle rejeta tout le projet, excepté l'article relatif aux journaux, et elle ne laissa qu'une année de cours à cette dernière exception.

On rentra donc sous l'empire de la loi du 9 novembre, mais peut-être avec l'amélioration des affaires extérieures et de l'esprit public, valait-il mieux avoir une loi franchement détestable, et dont on appelait de toutes parts la révocation, qu'une loi douteuse, qui aurait pu conserver, par cette qualité même, une durée également nuisible au gouvernement et aux citoyens.

Quoi qu'il en soit, on comprit la nécessité de poser enfin des bornes fixes et durables entre les abus de la presse, nés de l'anarchie et du despotisme, et l'exercice régulier d'un droit consacré par la raison sociale et par la charte. Telle a été la pensée qui a présidé à la rédaction des projets des lois destinées à déterminer à l'avenir la répression, la poursuite et le jugement des crimes et délits commis par la voie de la presse. Les discussions dont l'analyse va être présentée, dans cet ouvrage, feront juger jusqu'à quel point on s'est approché de ce but.

Les considérations qui ont dominé les deux premiers projets sont : 1° que l'exercice de la presse est un droit social, dont la charte, en proclamant l'existence, a fait un droit constitutionnel que les lois n'avaient plus qu'à supposer; 2° qu'il ne peut point exister de législation spéciale qui règle l'usage de ce droit; 3° qu'en assimilant la presse à tout autre instrument, la loi devait se borner à réprimer les abus qui pouvaient en résulter.

Ce point de départ bien fixé, il ne s'agissait plus que de chercher, dans les lois pénales ordinaires, les crimes et les délits auxquels la presse pouvait servir d'instrument pour leur en appliquer les pénalités ; de là, la classification adoptée dans les quatre chapitres qui composent le premier projet.

Après avoir ainsi assuré la punition de tous les actes criminels qui peuvent résulter de la presse, et fondé les garanties que réclame l'ordre social, il fallait donner aux citoyens des gages de sécurité. On sentit qu'il ne pouvait en exister que dans la franchise des poursuites, dans l'indépendance et l'impartialité du jugement ; de là, les conditions imposées par le second projet de loi pour les procédures et l'introduction du jury dans le jugement de tous les délits résultant de la presse, qui intéressent la société.

En adoptant cet ordre d'idées, on enlevait à l'application de ces deux lois autant d'abstraction et d'arbitraire qu'il était possible de le faire. Toutefois, il faut convenir qu'il était au-dessus du pouvoir des législateurs de les dégager entièrement du vague et de la diversité des interprétations. La perfection, en ce genre, consistait à diriger la raison le plus près possible du but que la loi voulait atteindre, en lui laissant le moins possible la faculté de s'égarer.

Personne n'a mieux reconnu cette espèce d'obscurités, inséparable des lois relatives à la presse, et la nécessité d'en bien fixer l'esprit, que M. de Lally-Tolendal. Dans une des séances de la chambre des pairs, il a demandé et obtenu l'impression spéciale et séparée de quelques discours des ministres du roi, parce qu'ils contenaient des explications propres à éclairer la direction des juges et la conscience des jurés, relativement au sens à donner à plusieurs articles de la loi pénale, et notamment à l'article 8.

La chambre des députés n'avait pas paru moins empressée de faire fixer l'esprit de plusieurs dispositions de la même loi; et si nous remarquons avec éloge cette délicatesse consciencieuse des chambres, nous ne devons pas moins de louanges à la franchise noble et éclairée avec laquelle les orateurs du gouvernement ont rempli et souvent prévenu leurs désirs.

C'est ce besoin général d'explications qui a déterminé à entreprendre le travail dont on publie aujourd'hui le résultat. Quand les législateurs ont pensé que l'introduction du jury, dans le jugement des délits de la presse, était une garantie indispensable à la liberté, ils n'ont pas prétendu que cette concession, toute nationale qu'elle est, pourrait sauver entièrement du danger des fausses interprétations. Un des caractères de perfection des lois actuelles, relativement aux publications de la pensée, est sans doute de n'avoir cherché à embrasser aucun détail, parce qu'elles ne pouvaient pas les embrasser tous; mais c'est précisément à cause du vague inévitable qui en résulte qu'on a cru nécessaire de déterminer avec la dernière précision, dans quel esprit et avec quelles intentions chacune des dispositions législatives a été conçue et rédigée.

Si cette étude est indispensable pour bien entendre la partie des lois dans laquelle l'arbitrage du jury est admis, combien ne l'est-elle pas davantage pour les autres parties dans lesquelles les tribunaux sont à-la-fois chargés de fixer la prévention et d'assurer la punition du délit? Ce n'est point assez que la conscience du juge soit tranquille, il faut, de plus, que sa raison soit pleinement satisfaite, et cette double condition ne peut être accomplie qu'autant que l'esprit de la loi sera devenu pour lui d'une évidence incontestable. Ce n'est pas seulement, d'ailleurs, pour le besoin de l'accusateur et du juge que de telles explications sont nécessaires : elles le sont également dans l'intérêt de la défense; et c'est encore céder au vœu de la justice que de fournir à l'innocence les moyens de combattre l'erreur qui peut la menacer, et d'échapper à une punition imméritée.

Sans doute, avec la collection de toutes les pièces législatives qui composent les délibérations des deux chambres, et une analyse détaillée des discussions orales, on parviendrait à se pénétrer de l'esprit qui a dicté les deux lois sur les abus de la presse; mais, d'un côté, la plupart de ces pièces n'ont point et n'auront jamais assez de publicité pour être entre les mains de tous ceux à qui elles seraient nécessaires; et, d'un autre côté, les discussions recueillies dans les journaux n'ont pu l'être avec assez d'étendue pour offrir un sens complet de tous les détails que ces deux lois renferment.

C'est à quoi j'ai entrepris de suppléer. Auditeur assidu de toutes les séances de la chambre des députés, possesseur de toutes les pièces qui constatent les discussions de la chambre des pairs, il m'a été facile de rassembler tous les élémens propres à reproduire dans un corps d'ouvrage le résumé exact des débats législatifs, en élaguant tout ce qui est oiseux ou inutile.

Pour donner à mon travail le plus grand et peut-être le seul mérite dont il soit susceptible, celui d'éclairer tout ce qui peut paraître obscur dans des lois qui, de leur nature, offrent tant de moyens d'interprétation, j'ai d'abord réuni les discours des orateurs du gouvernement contenant l'exposé des motifs des projets de loi, développés devant les deux chambres, et en les conférant avec les rapports des commissions choisies parmi MM. les pairs et MM. les députés pour l'examen préparatoire de chacun des projets, j'ai tâché d'en bien faire ressortir le sens général. Là, d'ailleurs, et seulement là, se trouvent le principe et la base de la discussion de détail.

Pour donner ensuite à cette nouvelle discussion toute la clarté qui lui est nécessaire, j'ai détaché un à un les articles, des lois dont ils font partie, et j'ai appliqué à chacun l'analyse de la délibération qui en a préparé la confection et l'adoption. Il m'a semblé surtout que les amendemens et les objections devaient être présentés dans le plus grand jour, soit qu'ils aient ou non concouru à modifier les projets primitifs; car, dans l'un comme dans l'autre cas, les réflexions qui les ont soutenus ou repoussés n'ont servi qu'à expliquer d'une manière plus précise le sens de l'article auquel ils se rattachaient.

Toutefois, je n'ai pris que dans les discours prononcés à la tribune les élémens des discussions dont j'ai offert l'analyse. J'espère trouver ma justification, à cet égard, dans la loi même de la répression des abus de la presse. Quand le législateur a voulu que les discours imprimés et non prononcés à la tribune fissent rentrer l'auteur dans le droit commun; quand il a posé en principe que l'inviolabilité attachée aux membres des deux chambres n'était point applicable au fait de discours non prononcés, la distinction la plus complète s'est établie entre le caractère public de pair ou de député, et le caractère privé de publiciste ou d'écrivain. C'est la tribune seulement qui fait les discussions législatives; hors de là, il n'existe que des opinions particulières, dont rien ne garantit la sagesse, la convenance et la mesure. Heureusement, les discours que ces considérations m'ont fait négliger ne sont pas de nature à inspirer des regrets bien vifs, et si l'on devait en éprouver, il faudrait les garder pour deux brochures anonymes, l'une ayant pour titre : *De la liberté de la presse et des projets de loi présentés*, *etc.;* et l'autre. *Des garanties légales de la liberté de la presse.* Dans aucune autre circonstance, des lois généreuses et nationales n'ont été plus habilement expliquées.

A chaque disposition des lois actuelles j'ai rattaché les dispositions des lois anciennes qu'elles rappellent, et dans lesquelles elles doivent trouver leur application, de manière à présenter un corps entier et complet de désignation de crimes et de délits, et d'application des peines qu'ils entraînent. Néanmoins, je n'ai point rappelé les articles du code pénal qui s'appliquent à la provocation prévue par la loi de la répression, parce que chacun des cas de cette provocation devant constituer un fait caractérisé et puni par ce code, c'est là qu'il doit être puisé et qu'il faut le laisser, à moins de se livrer à une nomenclature aride et sans but. Je me suis contenté d'indiquer les divers paragraphes du code pénal qui se rapportent aux articles 4 et 5 de la loi de répression.

Jusqu'ici j'ai à peine parlé des journaux et écrits périodiques; c'est que, pour les cas de poursuites et de pénalité dans lesquels ils peuvent se trouver, les dispositions des deux lois relatives aux abus de la presse leur sont applicables. Les seules dispositions qui leur soient particulières sont celles du cautionnement et de l'élévation des amendes; or, ces exceptions dérivant essentiellement de la nature de ces écrits, elles trouveront leur explication dans l'analyse de la loi qui les reconnaît et les consacre.

Pour ne rien laisser à désirer en matière de publication d'écrits, j'ai ajouté, comme appendice à l'ouvrage, les lois et réglemens qui régissent spécialement les imprimeurs. L'article 24 de la loi de répression m'en faisait un devoir impérieux. La première condition pour savoir si l'on a négligé ou violé des formalités, est de les bien connaître.

En esquissant rapidement le tableau des modifications que la presse a éprouvées depuis l'invention de l'imprimerie, je crois avoir fait l'éloge le plus vrai et le plus impartial des lois nouvelles. On ne pouvait attendre une telle amélioration que de la pensée royale qui a donné la charte, dont elles remplissent une des conditions les plus libérales. La France, en recevant ce nouveau bienfait constitutionnel dont elle sentira chaque jour davantage le prix, n'oubliera point la noble franchise et les hautes lumières qui ont éclaté dans les discussions des deux chambres.

J'ai essayé d'en reproduire la trace, et de la fixer en l'analysant. Heureux si je ne l'ai point trop affaiblie, et si, en publiant le résultat de ce travail, j'ai fait un ouvrage utile !

MANUEL

DE LA

LIBERTÉ DE LA PRESSE.

CHAPITRE PREMIER.

Discussion de la loi sur la répression des crimes et délits commis par la voie de la presse, ou par tout autre moyen de publication.

SECTION Ire.

Discussion sur l'ensemble du projet.

Depuis long-tems on s'occupait dans le conseil-d'état de la préparation d'une loi sur la liberté de la presse; pour acquérir une plus grande masse de lumières, on avait choisi, hors du conseil, un certain nombre d'hommes distingués par leurs connaissances en matière législative, et on les avait appelés à concourir aux discussions préliminaires d'où le projet de loi devait naître. Dans la séance de la chambre des députés du 22 mars 1819, M. le garde-des-sceaux vint présenter trois projets de loi, qui forment l'ensemble de la législation sur la presse. En exposant les motifs du premier de ces projets, le ministre s'est exprimé en ces termes :

« Le premier projet, intitulé *Des crimes et délits commis par la voie de la presse, ou tout autre moyen de publication*, repose sur un principe fort simple, ou plutôt sur un fait : c'est que la presse, dont on peut se servir comme d'un instrument pour commettre un crime ou un délit, ne donne lieu cependant à la création ni à la définition d'aucun crime ou délit particulier et nouveau. De même, en effet, que l'invention de la poudre a fourni aux hommes de nouveaux moyens de commettre le meurtre, sans créer, pour cela, un crime nouveau à inscrire dans les lois pénales, de même l'invention de l'imprimerie n'a rien fait de plus que leur procurer un nouvel instrument de sédition, de diffamation, d'injure, et d'autres délits de tout tems connus et réprimés par les lois. Ce qui rend une action punissable, c'est l'intention de son auteur, et le mal qu'il a fait ou voulu faire à un individu ou à la société ; qu'importe que, pour accomplir cette intention et causer ce mal, il ait employé tel ou tel moyen ? La prévoyance des lois pénales atteindrait le crime quand même l'instrument mis en usage par le coupable aurait été jusqu'alors complètement ignoré.

» De ce fait, qui est évident par lui-même, découle une conséquence également évidente, c'est qu'il n'y a pas lieu à instituer, pour la presse, une législation pénale distincte. Le code pénal contient l'énumération et la définition de tous les actes reconnus nuisibles à la société, et partant punissables; que l'un de ces actes ait été commis ou tenté par la voie de la presse, l'auteur doit être puni à raison du fait ou de la tentative, sans que la nature de l'instrument qu'il a employé soit, pour lui ni contre lui, d'aucune considération. En d'autres termes, il n'y a point de délits particuliers de la presse; mais quiconque fait usage de la presse, est responsable, selon la loi commune, de tous les actes auxquels elle peut s'appliquer.

» Par là disparaît cette difficulté qui a si souvent embarrassé les législateurs et les publicistes, savoir : la définition de prétendus délits spéciaux appelés délits de la presse. Ces délits ne sont autres que ceux dont la définition se trouve dans les lois pénales ordinaires qui prévoient et incriminent tous les actes nuisibles, sans s'inquiéter du moyen auquel le coupable a eu recours. Par là est démontrée en même tems l'inutilité de cette pénalité d'exception dans laquelle on a cherché long-tems un remède contre les abus de la liberté de la presse, et qui n'a produit qu e de lois tantôt oppressives, tantôt impuissantes. La presse rentre, comme tout autre instrument d'action, dans le droit commun ; et, en y rentrant, elle n'obtient aucune faveur qui lui soit propre, elle ne rencontre aucune hostilité qui lui soit particulière.

» Ramenée ainsi dans le domaine de la législation générale, la question devient simple, et le projet de loi s'explique, en quelque sorte, de lui-même. De quoi s'agit-il, en effet ? Ce n'est plus de dresser l'inventaire de toutes les pensées humaines pour rechercher et déclarer d'avance lesquelles, en se manifestant, seront réputées coupables. Il s'agit uniquement de recueillir, dans les lois pénales, les actes déjà incriminés, auxquels la presse peut servir d'instrument, et d'appliquer à ces actes, lorsqu'ils auront été commis ou tentés par cette voie, la pénalité qui leur convient. Et comme la presse n'est pas le seul instrument par lequel de tels actes puissent avoir lieu, elle ne sera pas même, sous ce point de vue, l'objet d'une législation particulière ; on lui assimilera tous les autres moyens de publication par lesquels un homme peut agir sur l'esprit des hommes ; car, ici encore, c'est dans le fait de la publication et non dans le moyen que réside le délit.

» Ainsi, deux principes sont le fondement et comme le point de départ du projet de loi ; par l'un, la presse est considérée, non comme la source d'un genre de délits particuliers, mais comme un instrument de délits prévus par le droit commun; par l'autre, tous les moyens de publication sont assimilés à la presse, comme pouvant également servir à des intentions coupables et produire des résultats dangereux.

» Quels sont maintenant les crimes et les délits dont la presse ou tout autre moyen de publication peut devenir l'instrument?

» Il nous a paru qu'ils étaient tous renfermés et classés convenablement dans les quatre chapitres dont se compose le projet de loi, savoir : 1° la provocation publique aux crimes ou délits; 2° les offenses publiques envers la personne du Roi; 3° les outrages à la morale publique et aux bonnes mœurs; 4° la diffamation et l'injure publique. Nous allons exposer en peu de mots les motifs des dispositions qu'ils contiennent :

» 1°. Lorsqu'une action a été déclarée crime ou délit par les lois communes, il ne saurait être permis d'exciter les citoyens à la commettre. On peut contester la justice ou la convenance d'une loi pénale comme de toute autre loi; on peut en solliciter le changement; mais on ne peut pas, on ne doit pas pouvoir provoquer les citoyens à désobéir aux lois existantes. La provocation publique à un acte quelconque légalement incriminé est donc par elle-même punissable.

» Si le crime ou le délit auquel il y a eu provocation par la voie soit de la presse, soit de tout autre moyen de publication, a été réellement commis ou tenté concurremment avec cette publication, ou par son effet, la provocation constitue la complicité.

» Si la provocation n'a été suivie d'aucun résultat, elle n'est plus qu'une tentative de crime ou de délit, qu'il faut réprimer et punir selon la gravité du crime ou du délit qu'elle avait pour but.

» Une telle provocation, bien qu'elle soit demeurée stérile, offre, en effet, les deux caractères auxquels les lois reconnaissent la tentative. D'une part, elle manifeste l'intention de produire le crime ou le délit ; de l'autre, si cette intention ne s'est pas accomplie, ce n'est point par le fait, c'est même contre le gré du provocateur ; car, en effectuant la publication où la provocation est contenue, il a consommé la tentative autant qu'il était en son pouvoir.

» Les articles 1, 2 et 3 du projet de loi sont le résumé de ces principes.

» On eût pu croire qu'il n'était pas nécessaire d'aller plus loin ; il semble, en effet, qu'après avoir déclaré punissable toute provocation à tout crime ou délit prévu par les lois, il ne reste plus rien à faire. La question unique sera toujours de savoir si la publication inculpée contient réellement provocation à tel ou tel acte légalement incriminé; et en soumettant cette question à des jurés qui tiendront compte, en l'examinant, des circonstances au milieu desquelles la publication a été opérée, telles que les lieux, les tems, l'état des affaires, la disposition des esprits et tous ces élémens variables dont le caractère de provocation peut dépendre, le législateur paraît avoir rempli sa tâche et pleinement satisfait aux besoins de l'ordre social.

» Cependant beaucoup d'hommes éclairés et amis sincères de la liberté de la presse, ont pensé que, précisément à cause de cette influence des circonstance sur le caractère des publications opérées par le moyen de la presse, ou par toute autre voie, il était impossible de méconnaître qu'il était des actes que, dans tous les tems, la loi devait spécialement qualifier de provocation, parce que toujours ils en produiraient les effets; que cette qualification était plus nécessaire maintenant, après les événemens qui ont eu lieu, et dans la situation politique et morale où se trouve la France; que sans doute la jurisprudence déduirait, dans l'occasion, les mêmes qualifications du principe de la provocation posé dans la loi; mais que les déductions de la jurisprudence ne frappaient point, à l'avance, tous les yeux, comme le font les qualifications précises du législateur, et qu'enfin il était du devoir de ce dernier de ne pas laisser à la jurisprudence, sur des points importans, le prétexte même de l'incertitude. Ainsi, le projet de loi décide qu'on ne saurait mettre en question, en aucune manière, l'ordre de successibilité au trône, l'autorité constitutionnelle du Roi et des chambres, la liberté des cultes, l'inviolabilité des biens nationaux, sans se rendre réellement coupable d'une provocation au crime ou au délit.

» Telle est la substance des articles 4 et 5 du projet de loi.

» 2°. l'article 7 n'a pas besoin de commentaire. Si, en vertu du principe de l'inviolabilité, la personne du Roi est élevée, en quelque sorte, au-dessus de la toute-puissance des lois, à combien plus juste titre doit-elle être placée hors des atteintes de la témérité des sujets. Quand le respect dû à la majesté suprême est méconnu, on peut dire que la société est ébranlée tout entière dans un de ses plus fermes appuis.

» 3°. L'article 8 dérive d'un principe analogue. Après de longs bouleversemens qui ont agité, non-seulement l'ordre politique, mais l'ordre moral sur lequel repose l'existence même de la société; quand le besoin de rétablir les principes moraux sur leurs fondemens est universellement senti et proclamé, c'est un devoir du législateur de prêter son appui à cette nécessité des tems; et lorsqu'en imposant le respect pour la morale publique il confie aux citoyens eux-mêmes remplissant les fonctions de jurés le soin de décider si cette injonction a été violée, certes, il ne saurait être taxé ni d'affecter une sévérité excessive, ni de rechercher un pouvoir arbitraire.

» 4°. Les dispositions du chapitre IV, concernant la diffamation et l'injure publiques, s'appliquent et se justifient par le seul énoncé. Il nous a paru nécessaire d'énumérer séparément les divers cas de diffamation ou d injure, en les distinguant d'après les personnes qui peuvent être l'objet de ces délits, soit pour offrir aux juges, en cette matière, des dispositions nettes et spéciales, soit parce que la diffamation et l'injure ont, en effet, plus ou moins de gravité, selon le dommage plus ou moins grand qu'elles peuvent causer à la société ou à la personne attaquée. Un seul point, dans ce chapitre, nous semble exiger quelques observations particulières; c'est la substitution du mot *diffamation* au mot *calomnie*, jusqu'ici employé par nos lois. Les motifs qui nous y ont déterminés sont simples. Le terme de *calomnie*, dans son sens vulgaire, qu'il est impossible d'effacer de l'esprit des hommes, emporte avec soi l'idée de la fausseté des faits imputés. Une publication n'est donc réellement calomnieuse que lorsque les faits qu'elle contient sont faux. Cependant tous les législateurs ont senti qu'il était impossible d'autoriser tout individu à publier, sur le compte d'un autre, des faits dont la publication causerait à ce dernier un dommage réel, fussent-ils d'ailleurs vrais.

» Pour remédier à cet inconvénient, ils ont attribué au mot *calomnie* un sens légal autre que son sens naturel et vulgaire, en déclarant que quiconque ne pourrait fournir, par actes authentiques, la preuve légale des faits par lui attribués à autrui, serait réputé calomniateur. Mais comme en attribuant aux mots un certain sens, on ne change pas celui qu'ils ont réellement dans le langage, il est souvent résulté de là, entre la loi et l'opinion, entre le droit et le fait, une discordance fâcheuse. La substitution du mot *diffamation* au mot *calomnie* fait disparaître, du moins en partie, cet embarras. La diffamation n'implique pas nécessairement la fausseté des faits, elle dénote seulement, d'une part, l'intention de nuire, et de l'autre, le dommage causé. Ainsi, aux termes de la définition contenue dans l'article 9, une publication qu'il y aurait une sorte de contre-sens à déclarer calomnieuse, pourra fort bien et très-justement être condamnée comme diffamation.

» Tels sont les principes fondamentaux et les motifs des dispositions essentielles du premier projet de loi. Il se termine par l'abrogation de divers articles du code pénal et de la loi du 9 novembre 1815. »

Lorsqu'après l'adoption par la chambre des députés du projet de la loi pénale sur la presse, M. le garde-des-sceaux se présenta devant la chambre des pairs pour lui soumettre le même projet, il en exposa de nouveau les motifs; mais ici la tâche devait être et plus facile, et plus courte : les discussions approfondies de la seconde chambre avaient posé et résolu toutes les difficultés du sujet, et les pairs de France avaient déjà pu se pénétrer de l'ensemble et des détails de la loi.

Ainsi qu'il l'avait fait dans son premier rapport, le ministre considéra la presse comme un instrument de la même nature que tous ceux qui peuvent servir à commettre des crimes ou des délits. Il posa le principe que ce qui constitue le crime et le délit, c'est le préjudice porté méchamment à la société ou à ses membres, quel que soit le moyen que le coupable ait employé pour causer ce préjudice. « La manifestation de la pensée peut, ajouta-t-il, comme tout autre action de l'homme, servir le désir de nuire, et attaquer criminellement ou la société ou les individus qui la composent. C'est un moyen qui peut offrir au crime ou au délit de nouvelles facilités, mais qui ne crée pas des crimes ou des délits d'un ordre spécial; et ce que je dis ici de la manifestation de la pensée par rapport aux autres manières qu'ont les hommes de se rendre coupables aux yeux de la loi, doit se dire également de la presse par rapport aux autres voies qui servent à la manifestation de la pensée. L'invention de la presse n'a point inventé des crimes; ceux à qui elle est venue offrir un instrument nouveau étaient connus, punissables et punis avant sa naissance.

» Il ne faut donc point ici de nouvelles définitions. Tous les méfaits dont la répression va nous occuper sont écrits et définis d'avance dans nos lois, et celle que nous vous proposons aujourd'hui ne peut avoir d'autre objet que de fixer les peines qui devront leur être appliquées, lorsqu'ils auront été commis au moyen de la presse ou par toute autre voie de publication.

» Ces crimes et délits nous ont paru tous rassemblés dans les chefs suivans : 1° la provocation publique aux crimes ou délits; 2° les outrages à la morale publique et religieuse, et aux bonnes mœurs; 3° les offenses publiques envers la personne du Roi; 4° les offenses publiques envers les membres de la famille royale, les chambres, les souverains et les chefs des gouvernemens étrangers; 5° la diffamation et l'injure publiques.

» Sous le premier chef se rangent tous les crimes et délits commis par le moyen d'une publication quelconque, qui ont proprement un caractère politique. En effet, aucune action ne peut être politiquement incriminée pour d'autres raisons que parce qu'elle trouble ou invite à troubler la tranquillité de l'Etat. Or, l'opinion et la pensée sont toujours dans ce dernier cas. L'opinion et la pensée même exprimées, même publiées et répandues dans toutes les parties du royaume, impuissantes par elles-mêmes pour accomplir le crime, ne peuvent qu'y exciter, qu'y encourager les citoyens : elles se réduisent toujours à la provocation ; mais quelles seront les règles au moyen desquelles pourra s'appliquer, dans chaque cas particulier, le caractère de provocation? Ici, la loi garde justement le silence, se reposant sur les jurés du soin d'apprécier dans l'occasion les intentions et les circonstances, choses inappréciables dans les dispositions abstraites et générales d'une loi.

» Toutefois, en laissant aux jugemens l'office de déduire chaque fois les conséquences de cette disposition pour le fait particulier sur lequel ils auront à prononcer, il a paru convenable de tirer de pair et de marquer d'avance certains actes qui devront toujours être considérés comme provocation. Tel est l'objet des articles 4, 5, et 6 du chapitre Ier, non que les principes et les intérêts qui y sont expressément consacrés et garantis ne le fussent déjà dans les dispositions précédentes ; mais on a cru que ces principes et ces intérêts avaient sur-tout, au milieu des circonstances où nous sommes, une importance assez grande, une liaison assez directe et assez intime avec les premiers fondemens de la tranquillité publique, pour mériter une mention séparée, et qu'on ne pouvait avertir trop explicitement les citoyens de la nécessité de les respecter, même au risque d'introduire dans la loi une spécification peut-être superflue aux yeux des hommes accoutumés à voir dans un principe toutes les conséquences qu'il renferme.

» La loi, mesurant les peines sur la nature des cas, en a fixé de différentes pour la *provocation*, suivant qu'elle lui a reconnu le caractère de complicité ou celui de simple tentative.

» Le chapitre II pourrait être considéré comme une dépendance nécessaire du précédent. Et n'est-ce pas, en effet, attenter à la sûreté de la société elle-même, que d'outrager ces vérités universelles, ces sentimens primitifs et ineffaçable, en un mot, ces saintes lois de la conscience du genre humain, qui ne sont pas moins inviolables comme liens primitifs et éternellement nécessaires de l'ordre social, que comme propriété naturelle de chaque particulier.

» Avant le respect des mœurs, la loi avait donc prescrit celui de la morale publique, qui en est la source. La chambre des députés à cru devoir rendre encore plus clair le sens de cette disposition, en ajoutant à la qualification de *publique* celle de *religieuse*, qui, si elle est surabondante, sert du moins à rappeler que les principes religieux sont inséparables des principes de la morale qu'ils sanctionnent, et que l'on n'outrage jamais les uns sans offenser les autres.

» Je m'abstiendrai de toute explication sur le chapitre III ; la loi, en prescrivant le respect à la personne du Roi, ne fait que consacrer un sentiment national, et la manière dont les députés du royaume viennent de voter cet article est un commentaire bien au-dessus de tous ceux que je pourrais entreprendre.

» Je ferai la même remarque sur l'article du chapitre IV, qui concerne les offenses envers la famille royale. Quant aux articles du même chapitre, qui regardent les chambres et la personne des souverains étrangers, vous penserez, sans doute, comme nous à l'égard du premier cas, que c'est un devoir essentiel pour un peuple qui se respecte lui-même, de respecter les corps qui le représentent ; et à l'égard du second, que la majesté du diadême est une, et que l'outrager sur un trône, c'est l'outrager sur tous. Vous assurerez donc le respect des couronnes étrangères au même titre que le respect dont le chapitre précédent a consacré l'inviolabilité envers notre propre souverain.

» Le chapitre V statue sur la diffamation et l'injure publiques. Je ne répèterai point ici les raisons déjà exposées en présentant le même projet à la chambre des députés, pour justifier la substitution du mot *diffamation* au mot *calomnie*, usité jusqu'ici dans nos lois pénales. Nous avons lieu d'espérer que ce changement nécessaire obtiendra, dans cette assemblée, le même assentiment qu'il a trouvé dans l'autre. J'en dis autant des distinctions d'après lesquelles les peines ont été déterminées et graduées.

» A l'égard du chapitre VI, et des dispositions générales qu'il contient, lesquelles ont pour objet de régler et les cas d'immunité contre l'action de la loi, et le cas où la récidive entraînerait une aggravation de peines, les motifs en sont assez évidens par eux-mêmes, et n'ont besoin, ce me semble, d'aucun développement. »

Le système général de la loi ainsi fixé dans l'expression de la pensée du gouvernement, le projet de loi passa à la discussion des bureaux et ensuite à l'examen d'une commission centrale à la chambre des députés. M. de Courvoisier, rapporteur de cette commission, exposa en son nom l'opinion qu'elle avait conçue du projet de loi, et il y appliqua les amendemens qui dérivaient de cette opinion. Nous reproduirons ces amendemens en les classant dans l'analyse que nous présenterons de chacun des articles du projet. Voici quelle était l'opinion de la commission sur l'ensemble du projet de loi :

« En affranchissant les journaux de la censure, en écartant la dernière entrave dont la liberté de la presse était gênée, le gouvernement vous propose des dispositions pénales contre les diverses publications qui pourraient porter atteinte à l'ordre public ou aux intérêts privés.

» Le système général du projet de loi donne matière à l'examen d'une question.

» *Toute opinion capable de troubler ou d'offenser l'ordre public, doit-elle être réputée coupable?* ou bien, *la publication ne doit-elle devenir l'objet d'une poursuite que si elle renferme une provocation?* La première version serait autorisée par la charte. En annonçant *que les Français ont le droit d'imprimer et de publier leurs opinions*, *en se conformant aux lois qui doivent réprimer les abus de cette liberté*, la charte suppose qu'une opinion peut être réprimée comme un abus.

» La seconde version est celle du chapitre Ier du projet de loi : il ne punit que la *provocation* et quelques actes qu'il y assimile. Le second et le troisième chapitres sont relatifs à la diffamation et à l'injure; le troisième punit l'outrage à la morale et aux mœurs; il étend la disposition de l'article 287 du Code pénal.

» Les partisans de la première version accusent le projet de loi d'ouvrir une voie trop large à la licence des écrits; ils invoqueront les exemples et la législation de l'Angleterre; ils s'appuieront de quelques maximes; et se fondant sur l'influence que l'opinion exerce sous un gouvernement représentatif, ils soutiendront que si l'on y dégage la presse de toute mesure préventive, il faut du moins sauver, vigilamment, les cœurs et les esprits, de ses écarts; que si l'on donne aux délits de la presse le jury pour juge, il faut qu'une loi sévère offre du moins à l'ordre public la garantie de la répression, non-seulement contre les provocations au délit, mais contre toute publication qui, par elle-même, serait un délit.

» En adoptant les dispositions du projet de loi, la commission ne discutera point les motifs qui le précèdent. Elle répugne à penser *qu'il n'y a point de délits particuliers de la presse; qu'il n'y a pas lieu à instituer pour elle une législation pénale distincte.... Que ses délits ne sont autres que ceux dont la définition se trouve dans les lois pénales ordinaires, qui prévoient et incriminent tous les actes nuisibles, sans s'inquiéter du moyen auquel le coupable à eu recours.*

» Si l'on adopte ces principes, il faut en conclure, il est vrai, que nulle publication n'est coupable si elle n'est empreinte du caractère de provocation ou de complicité : or, le projet de loi détruit lui-même cette conséquence; car, l'auteur d'un outrage à la morale, d'une diffamation, d'une injure, commet un délit, sans être pourtant ni provocateur, ni complice.

» C'est par quelques réflexions sur la forme de notre gouvernement, sur les mœurs et les habitudes de notre nation, que je me propose de justifier le chapitre Ier du projet de loi.

» L'intérêt public exige non-seulement que la presse soit dégagée de toute mesure préventive, mais on doit craindre de resserrer l'opinion dans ses progrès, et la controverse dans sa carrière, en donnant trop de latitude à l'arbitraire de la poursuite.

» Un peuple que sa constitution appelle à concourir, par le choix de ses députés, à la répression des abus et à la confection des lois, doit s'éclairer sur les actes du gouvernement et sur les modifications que les lois réclament : c'est la presse qui l'éclaire, et si l'on en comprime trop rigidement même les écarts, on s'expose à en gêner l'action.

» Le but du gouvernement représentatif est de fonder la sécurité publique sur le respect de tous les intérêts et de tous les droits ; la publicité est le meilleur frein contre l'injustice ; elle est inséparable de quelque licence.

» La liberté de la presse est le mobile du gouvernement représentatif; elle en est aussi le soutien. Notre but est d'affermir cette espèce de gouvernement, il faut donc en endurer les inconvéniens pour jouir aussi de ses avantages.

» Le gouvernement sera harcelé, on pourra travestir ses plans et dénaturer ses intentions; sa justification sera dans ses actes. On pourra parler au peuple d'oppression et de liberté, exagérer ses droits et outrer ses craintes ; mais il se familiarise avec les élans ; l'habitude de l'observation le tient en garde ; il s'instruit, il reconnaît que, pour égarer ses passions, on lui tint, dans tous les tems, le même langage. Espérerait-on, d'ailleurs, obtenir, après une révolution et sous la charte, une déférence silencieuse pour le gouvernement et ses actes ? Espérerait-on comprimer la presse, quand une opposition impuissante ne fit jamais, dans l'ancienne France, qu'en aggraver les effets fâcheux. »

Il ne reste plus maintenant, pour être à même de bien connaître l'économie du projet de loi, qu'à retracer l'opinion de la commission spéciale choisie par les pairs de France, pour examiner le projet de loi déjà adopté par les députés ; opinion d'autant plus importante qu'elle est devenue celle de la chambre des pairs elle-même, et qu'elle est exprimée avec un très-haut talent dans le rapport fait le 8 mai par M. le duc de Broglie. Voici la partie de ce rapport qui se rattache à l'ensemble du projet de loi :

« Je viens au nom de la commission, dit le noble pair, vous présenter un extrait raisonné de son travail, et ses conclusions à l'égard du projet de loi dont il vous a plu de lui déférer l'examen.

» Ce projet intéresse sans doute, et très-essentiellement, la liberté de la presse.

» Toutefois, ce n'est point une loi sur la liberté de la presse.

» Ce n'est pas même une loi sur la répression des délits de la presse, en tant que ces délits seraient considérés comme spéciaux, distincts, et d'une espèce particulière ; c'est une loi sur la répression des crimes et des délits commis par tout moyen quelconque de publication.

» En agrandissant ainsi le point de vue sous lequel il envisage un sujet, si souvent controversé depuis quatre ans, le gouvernement, qui vous propose cette loi, croit simplement faire retour au droit commun et aux principes généraux de la législation criminelle. Selon lui, traiter séparément des abus de la presse, ce n'est pas simplifier une matière déjà très-épineuse par elle-même, c'est au contraire la compliquer et l'embarrasser davantage ; il pense enfin que la liberté de la presse sera éternellement en question, tant que la presse elle-même n'aura pas été replacée au rang de simple instrument propre à servir au bien et au mal ; en un mot, tant qu'on ne cessera de faire des lois soit contre elle, soit sur elle, soit même pour elle.

» Après une mûre délibération, votre commission

a partagé ce sentiment. Voici les raisons qui l'ont convaincue.

» Une loi sur la liberté de la presse, telle qu'une partie notable du public et plusieurs membres très-éclairés des deux chambres l'ont comprise et désirée pendant long-tems, serait conçue comme il suit, ou à peu près :

» Elle aurait soin, d'abord, de consacrer solennellement le principe renfermé dans l'article 8 de la charte; puis de définir d'une part ce qui est utile et permis, et de l'autre ce qui est nuisible et par conséquent prohibé; d'indiquer les torts et les écarts que les écrivains doivent éviter; de donner en même tems une nomenclature détaillée des diverses matières qu'il importe au bien public de traiter avec indépendance; de recommander cependant la décence et la modération, et de régler enfin les rapports des auteurs, des imprimeurs et des libraires, soit entre eux, soit avec la police administrative.

» Nous le dirons avec sincérité, la rédaction d'une loi semblable nous a paru, après y avoir bien réfléchi, une entreprise de la plus haute imprudence.

» Qui ne voit, en effet, que la bonté de cette loi dépendrait essentiellement d'une chose tout-à-fait inexécutable; savoir : l'énumération, la description bien complète de tous les sujets qu'on peut abandonner, sans aucun inconvénient, aux disputes des écrivains? Or, comment se flatter de réussir dans une telle tâche? comment y procéder autrement qu'à l'aide d'une multitude de définitions, tantôt insignifiantes à force d'être vagues, tantôt sophistiques à force d'être subtiles? comment sur-tout ne rien négliger? Car, remarquez-le bien, le plan une fois ainsi conçu, tout oubli deviendrait fatal, toute omission prendrait nécessairement, et de plein droit, le caractère d'une interdiction absolue; nul ne pourrait plus rien publier que la loi ne lui eût ouvert la bouche et mis la plume à la main.

» Cette entreprise serait de plus, selon nous, du moins, tout-à-fait inconstitutionnelle. La charte, en effet, porte en propres termes : *Les Français ont le droit de publier et de faire imprimer leurs opinions.* Elle reconnaît et respecte ce droit; ce n'est donc point à la législature de 1819, ni à aucune autre, à prétendre le leur concéder à son gré, et dans la mesure qui lui convient.

» L'exercice d'une faculté quelconque est de droit naturel ; les lois posent des limites; les lois prononcent des restrictions; voilà leur but et leur langage. Demander au législateur qu'il enseigne, qu'il explique ce qui est permis, c'est renverser l'ordre des idées; demandez-lui ce qu'il défend, cela seul peut être dit par avance, cela seul importe à savoir. Raisonner autrement c'est aller contre le principe même des lois pénales, c'est déclarer aux citoyens qu'ils ont besoin d'une autorisation spéciale pour écrire et pour imprimer, c'est leur signifier que le législateur entend gouverner en maître leurs pensées et leurs opinions, tandis qu'il n'en est que le modérateur et le surveillant.

» Nous pensons donc que le gouvernement agit sagement en se bornant à vous présenter un système de répression approprié aux besoins de l'ordre public, sans prétendre, de sa pleine autorité, assigner à la liberté de la presse son domaine.

» Mais ce système de répression lui-même ne doit-il s'appliquer qu'aux abus de la presse? la presse est-elle une machine nouvellement inventée? la censure, en cessant d'exister, laisse-t-elle la France en proie à des délits nouveaux, singuliers, inouis parmi les hommes? Nullement.

» Ce qu'on imprime, on l'écrit auparavant, et des copies en peuvent être tirées et répandues dans le public; ce qu'on écrit, on peut le dire de vive voix; ce qu'on réussit à peindre à l'intelligence par des métaphores, des images, des allusions, on réussit tout aussi bien à le figurer aux yeux et à lui faire prendre un corps et un visage.

» Admettons que tous ces moyens soient propres à opérer certains délits, et la chose n'est pas douteuse, ces délits sont tout-à-fait identiques, absolument de même nature.

» Or, il est de principe, en matière criminelle, que le législateur ne s'occupe, soit de l'instrument à l'aide duquel un délit se commet, soit du mode accidentel de la perpétration de ce même délit, qu'autant que cet instrument ou ce mode en font varier le fait caractéristique, en altèrent l'élément moral, ou en dénaturent les conséquences.

» L'empoisonnement, par exemple, est bien un homicide; mais l'empoisonnement suppose une perversité réfléchie; il se prépare dans un secret impénétrable, il prend sa victime au dépourvu et sans nul moyen de défense; souvent il compromet plusieurs vies en en attaquant une seule. L'empoisonnement sera classé à part; il aura sa peine particulière.

» Le faux est bien une escroquerie; le faux cependant sera un crime spécial; chacun en démêle aisément la raison.

» Mais qu'un meurtre ait été commis avec un pistolet, un couteau ou un sabre; que dans un vol exécuté avec déguisement le voleur ait pris le costume d'un magistrat civil, ou l'uniforme d'un officier de gendarmerie, peu importe.

» Et peu importe aussi, dans le sujet qui nous occupe, la parole, la plume, la presse, le pinceau, le burin; peu importe le manuscrit, le livre, le dessin, la gravure. Par rapport au mal qu'ils peuvent faire ; ni l'œuvre ni l'outil n'ont rien qui les distingue. Tout leur effet se borne à semer ou à réveiller dans l'esprit des hommes certaines idées qui deviennent préjudiciables, soit à des tiers, soit à la société elle-même. Souvent ils sont employés concurremment au même but, et s'entr'aident l'un l'autre. A quoi bon faire acception de celui-ci plutôt que de celui-là ?

» Nous ajouterons, en tant que besoin, que la législation anglaise est conforme à cette manière d'envisager les choses. Elle a bien un nom spécial pour le délit de la parole (*slander*), et un autre pour celui qui résulte de la pensée écrite ou imprimée (*libel*).

» Mais cette distinction n'entraîne qu'une seule conséquence, c'est que la diffamation parlée est exclusivement considérée sous le rapport du dommage civil, et non punie comme un délit ; c'est une anomalie qui ne repose sur aucune bonne raison.

» Votre commission approuve donc le projet de loi en tant qu'il est fondé sur cette double proposition : 1° il n'y a point de loi à faire sur la liberté de la presse, parce que cette liberté existe par elle-même, et qu'aucune loi d'ailleurs ne possède la vertu de créer et de mettre en activité la liberté ; 2° il n'y a point de loi à faire sur les délits de la presse, parce que ces délits n'existent pas, du moins comme délits d'une nature particulière, parce que le législateur ne doit point multiplier les qualifications sans raison, ni instituer des distinctions là où la nature n'en avait pas mises avant lui.

» Telles sont d'ailleurs strictement la lettre et l'esprit de la charte, laquelle fait dériver *la faculté d'imprimer ses opinions* de celle de les *publier*, indiquant par-là que l'une fait partie de l'autre, comme l'espèce fait partie du genre.

» Ces premières explications une fois bien comprises, il devient facile d'entrer dans le système du projet de loi.

» Le gouvernement a considéré l'abolition de la censure comme un événement qui devait multiplier certains délits déjà connus, définis et incriminés par le code.

» Chargé de veiller à la sûreté de la société, il a dû examiner sérieusement l'état de la législation pénale à l'égard de ces délits, et l'ayant trouvé incomplet et défectueux, il vient vous demander de concourir avec lui à refondre cette partie de la législation sur un plan nouveau, à classer les délits qu'elle embrasse avec plus de méthode, et à les exprimer plus clairement.

» C'est du moins ce qu'il se flatte d'avoir fait. Nous allons voir s'il ne s'abuse point.

» Le principe de cette loi est fort simple ; ses conséquences sont très-faciles à saisir.

» Tant qu'une pensée repose encore dans le sein de l'homme, Dieu seul a le droit de lui en demander compte.

» Dès qu'elle s'échappe et se produit au-dehors, elle tombe sous la juridiction humaine ; si elle est nuisible, si elle est pernicieuse, l'acte qui la manifeste est un acte malfaisant, et partant punissable.

» Cet acte, on le nomme *publication*, c'est la publication qui commence ; ce sont ses conséquences nécessaires qui consomment le mal ; elle est le fait matériel de tous les délits que le nouveau projet de loi comprend dans ses dispositions.

» Maintenant, qu'entendrons-nous par *publication ?*

» Il s'est élevé à ce sujet, l'année dernière, de très-graves controverses dans le sein des deux chambres.

» Un projet de loi que vous avez rejeté en définitive, faisait résulter la publication du dépôt que les libraires et les marchands d'estampes sont obligés d'opérer à la police, avant de mettre en vente et d'étaler les ouvrages nouveaux. Le choix était malheureux. De tous les actes qui peuvent précéder et préparer l'émission d'un écrit, le dépôt est peut-être le seul qu'on ne puisse incriminer, dans aucun cas, sans une extrême injustice. La raison en est fort simple : il faut au moins que l'acte que l'on prétend ériger en délit soit volontaire, et le dépôt est forcé. Il faut qu'il soit apte à consommer le dommage, et le dépôt n'est propre qu'à le prévenir.

» Vous aviez adopté un amendement qui faisait dépendre la publication uniquement de la mise en vente des ouvrages imprimés dans les boutiques de libraires. C'était peut-être aller un peu loin.

» Considérez déjà combien il y a d'avantages à se placer dans une position naturelle. Les auteurs du nouveau projet de loi, par cela seul qu'ils ont eu en vue, non-seulement les délits de la presse, mais aussi ceux de la parole et de l'écriture, ont bien senti qu'ils n'avaient pas à choisir entre ces deux partis extrêmes.

» Ils ont vu dans la publication ce qu'elle est en réalité, c'est-à-dire un fait qui peut se produire de diverses manières ; alors, pourquoi la réduire à une seule ? Un fait qui peut prendre plusieurs formes, pourquoi lui en imposer une toute factice et artificielle ? La législation pénale doit être sobre de fictions ; ce n'est jamais sans préjudice pour elle-même qu'elle substitue des conventions aux réalités.

» La publication, disent les Anglais, et avant eux le sens véritable des mots ; la publication, c'est la *communication à des tiers*. Voilà tout ; du reste, c'est un fait dont la preuve est à la charge de la partie poursuivante, et dont l'appréciation appartient au jury.

» Adoptant les dernières conséquences de cette définition, il est arrivé quelquefois aux jurés anglais de regarder comme publiées des paroles prononcées en présence d'une seule personne, des écrits communiqués seulement aux ouvriers de l'imprimerie.

» Le nouveau projet de loi, plus favorable à la liberté, plus exactement soumis à la signification des termes, en énumérant, dans l'article 1er ; les moyens et les modes de la publication, a toujours attaché à chacun d'eux la condition d'une publicité effective et complète.

» Voici donc le législateur en possession de la partie matérielle du délit, qu'il cherche à bien caractériser. La publication est un fait variable, il faut en convenir, mais positif et susceptible de preuves ; volontaire d'ailleurs, personnel, et propre à consommer le dommage.

» A la vérité, ce fait, considéré isolément et en lui-même, est indifférent, et peut servir de base à une bonne comme à une mauvaise action. Mais ce n'est pas la première ni la seule fois que cet inconvénient se sera présenté dans les lois pénales. Tous les crimes ne s'annoncent point par des faits significatifs, comme le meurtre, l'effraction, l'escalade. La partie matérielle du complot, par exemple, *c'est une résolution d'agir concertée et arrêtée entre deux personnes ou plus.* Quoi de plus innocent au premier coup-d'œil ? le fait matériel de la banqueroute, c'est une faillite, acte que les lois protègent au lieu de le punir, mais qui devient un crime, s'il se combine avec certaines circonstances antérieures. Nous pourrions multiplier les citations.

» La publication n'est donc, par elle-même, ni un crime, ni un délit ; mais elle peut devenir l'un ou l'autre, si elle porte le désordre dans la société, si elle fait tort à un citoyen, si elle l'expose à un danger.

» La nature de ce désordre, de ce tort, de ce danger, est proprement l'objet de la loi pénale ; tout le reste est changeant. C'est au jury à reconnaître l'intention du *publicateur ;* c'est au plaignant à établir, dans chaque procès, les circonstances accessoires de tems et de lieux qui ont fait naître cette intention, et facilité son succès ; mais l'espèce de mal qu'on peut faire par voie de publication est susceptible d'être reconnue et qualifiée d'une manière très-précise et invariable.

» Ce mal est de deux sortes.

» S'agit-il des intérêts matériels de la société ou

de l'un de ses membres? la parole, la pensée fixée sur le papier, n'ont aucune prise sur eux. Elles ne peuvent rien pour leur porter atteinte, sinon armer le bras du malfaiteur, et l'exciter à attaquer ou la vie ou la propriété de ses concitoyens, ou les institutions à l'abri desquelles la vie et la propriété reposent.

» S'agit-il des intérêts moraux de la société ou des individus? la pensée est dans son domaine, elle exécute le délit elle-même et sans aucun intermédiaire.

» En conséquence de cette distinction, puisée dans la nature même des choses, le projet de loi fait deux classes de délit de publication: 1° la provocation au crime ou délit; 2° les outrages, offenses, injures, diffamations.

» Nous allons examiner ces principales dispositions sous ce double point de vue.

» Le terme de provocation, dont on a souvent abusé, a besoin d'être ramené ou plutôt d'être laissé à son sens naturel. Le projet de loi n'essaie point de le définir, quelle définition pourrait être plus claire et plus significative que le mot lui-même? Comme la publication est un fait matériel, variable et par conséquent impossible à définir par avance, mais positif et susceptible de preuves positives, pour peu qu'il existe; de même la provocation est un fait moral, qui peut revêtir toutes les formes dans lesquelles le langage humain est habile à se plier, mais un fait cependant que la conscience du jury ne manquera pas d'appréhender et de qualifier partout où il se rencontrera. Le projet de loi n'annexe à la provocation ni l'épithète de *directe*, ni celle *d'indirecte*. Ni l'une ni l'autre n'a de sens en ce cas, et par conséquent ne peut en communiquer à l'expression principale. Si l'on interprète, en effet, ces épithètes d'après les règles du langage, elles se rapportent uniquement à l'ordre grammatical de la phrase; elles sont donc tout-à-fait impuissantes, soit pour déceler, soit pour dissimuler le venin qui peut s'y trouver caché.

» Qu'un homme s'élance sur la place publique, et qu'il s'écrie à haute voix: *Armez-vous, citoyens, suivez mes pas, forcez les prisons, mettez le trésor au pillage!* voilà une provocation directe.

» Que ce même homme, à la même place, crie aux mêmes hommes: *Citoyens, ne vous armerez-vous pas? ne forcerez-vous pas les prisons? ne mettrez-vous pas le trésor au pillage?* ce sera une provocation indirecte.

» Or, de bonne foi, en fait de criminalité, y a-t-il la moindre différence entre ces deux phrases? non, certainement.

» La provocation indirecte est un délit tout aussi

bien que la provocation directe ; c'est précisément le même délit : l'arrangement des mots n'y fait rien.

» Que si par provocation directe on entend une provocation exprimée dans un langage significatif, intelligible, propre à émouvoir les esprits, le projet de loi n'en reconnaît point d'autre. Si, par provocation indirecte, on entend une idée subtile, rendue en termes équivoques, ambigus, détournés, et qu'on ne peut extraire que par une interprétation laborieuse; ce n'est point là une provocation; des jurés ne l'y reconnaîtront jamais. Ils ne condamneront jamais pour provocation que lorsque, appréciant à-la-fois et les circonstances accessoires de la publication, et l'état de fermentation des esprits, ils ressentiront eux-mêmes une partie de l'ébranlement que le langage du prévenu a été propre à opérer sur le public.

» Mais les auteurs du projet de loi, touchés d'une juste sollicitude en cette matière, et craignant que le terme de provocation ne prît trop de latitude, ont fait usage, pour le contenir dans des limites étroites, d'un expédient infiniment plus judicieux que l'adjonction d'une épithète.

» Ils n'ont point exigé que la provocation, pour être punissable, fût directe, parce que cela n'est pas raisonnable. Ils ont exigé qu'elle fût spéciale, c'est-à-dire que le ministère public fût tenu d'articuler dans son réquisitoire à quel crime ou délit, positif, précis, déterminé, le prévenu avait voulu provoquer.

» La chambre, sans doute, appréciera dans sa sagesse une précaution qui, emprisonnant chaque provocation dans la définition même de délit qu'elle a pour but, expulse par là le vague, l'arbitraire, empêche la pensée de s'égarer sur les conséquences générales d'une phrase ou d'un livre, et réduit la question posée au jury au rapport immédiat de la publication qu'il a sous les yeux, avec un article particulier du code, dont il ne lui est pas permis de détourner son attention.

» En ce point, comme à tous autres égards, nous ne craignons pas de l'affirmer, le nouveau projet de loi est infiniment plus favorable à la liberté et à la raison que la législation anglaise. Que trouvons-nous, en effet, dans cette législation ? quels sont les actes, analogues à ceux dont nous nous occupons, qui soient incriminés et punis? Ce sont *des tendances à aliéner l'esprit du peuple de la constitution sous laquelle il vit*, *à le rendre mécontent de l'administration*, *à engendrer la méfiance ou la malveillance*, *à avilir le gouvernement; des excitations à un acte illégal*, sans expliquer lequel. Aussi, qu'est-il résulté de ces indications vagues et sans rapport avec aucune donnée positive et uniforme? Que l'histoire de la législation anglaise, en cette matière, est presque aussi célèbre par des absolutions scandaleuses que par des condamnations oppressives; que la loi sur le libelle a tous les caractères d'une arme placée entre les mains du plus fort, mais qui ne peut être maniée que par lui. Qu'enfin si, ce qui n'est pas rare, le plus fort dans l'opinion du jour n'est pas le gouvernement, il n'y a plus aucune justice à espérer; la licence marche le front levé. On a vu, dans le court intervalle de trois ans, quarante-deux poursuites pour libelles, commencées par l'*attorney*-général, et abandonnées par lui. On a vu, dans un seul jour, vingt écrivains politiques traduits en justice, et ces vingt écrivains mis hors de cause bientôt après, sans avoir même été jugés.

» Ce mélange d'injustice et d'impunité ne peut certainement résulter des trois premiers articles du projet de loi; ils sont conçus avec une sagesse digne de remarque, et sur laquelle nous prions la chambre de fixer son attention.

On trouve à l'article 60 du code pénal : « Seront punis comme complices d'une action qualifiée crime » ou délit, ceux qui, par dons, promesses, menaces, » abus d'autorité ou de pouvoir, machinations ou » artifices coupables, auront provoqué à cette action. »

» Voilà donc déjà, aux termes de la législation

qui nous régit, diverses espèces de provocations incorporées au délit lui-même, confondues par conséquent dans la même définition; et cela, attendu qu'ayant été suivies d'un effet, le code ne les regarde point comme divisibles de ce délit. »

Le noble pair entre alors dans la discussion détaillée de chacun des articles; nous reproduirons ces discussions partielles lors de l'analyse de chacune des dispositions.

Il termine et complète dans les termes suivans le jugement que la commission des pairs a porté sur l'ensemble de la loi.

« Ceux qui ont reproché à ce projet d'être trop métaphysique n'y ont pas bien réfléchi; ce n'est pas la loi qui est métaphysique, c'est le sujet de la loi.

» Construire en délits les pensées humaines, et cependant éviter de distinguer entre leurs diverses natures et de chercher pour les exprimer des dénominations exactes, c'eût été vraiment impossible.

» La législation des autres pays de l'Europe sur cette matière s'est formée à peu près au hasard, et par précédens entremêlés de quelques dispositions particulières.

» Les essais que nous avons tentés en France depuis trente ans ont été l'ouvrage ou d'assemblées passionnées, ou de gouvernemens oppressifs et cauteleux.

» Qu'on essaie cependant, en réunissant les diverses parties dont se composent ces législations, d'en développer les principes, lorsqu'il y en a, d'en résumer l'ensemble si cela se peut; ce développement, ce résumé seront mille fois plus abstraits que le rapport que vous venez d'entendre.

» Que serait-ce s'il avait fallu rédiger une loi proprement dite sur la liberté de la presse, c'est-à-dire une loi qui définît, *à priori*, la nature des doctrines et des opinions; s'il avait fallu que le législateur s'élevât dans les hautes régions de l'intelligence pour y dresser *le bilan*, si l'on peut ainsi parler, des conceptions humaines, faire la part du bon et du mauvais, et séparer l'ivraie du bon grain; un tel travail, en le supposant possible, eût été certainement un véritable traité de métaphysique transcendante.

» Le projet de loi que nous venons d'examiner est au contraire pris aussi près de terre que le sujet le permettait; il n'analyse point les doctrines et les opinions en elles-mêmes; il ne remonte point à l'origine du bien et du mal. La provocation, l'outrage, l'offense, l'injure, la diffamation, ne sont pas des êtres chimériques, de pures notions de l'esprit, ce sont des faits, des faits réels, des faits presque matériels, car ils produisent sur les hommes une impression uniforme, dont les traces, pour ainsi dire, s'aperçoivent sur chaque visage. Etablir une distinction précise entre eux, les classer par rapport aux personnes, tel a été le but du travail entrepris par le gouvernement; sans doute il a fallu raisonner pour y parvenir; mais raisonner ce n'est pas se perdre dans les abstractions.

» Votre commission ne vous propose aucun amendement. »

En résumant les opinions exprimées dans les divers rapports que nous venons d'extraire, on voit qu'un grand principe domine toute la loi pénale sur les publications; c'est que cette loi n'a considéré que les délits, sans tenir aucun compte ni de la différence des instrumens, ni des différens usages de la presse, ni enfin de la distinction de la presse avec le langage ou le pinceau, de telle sorte qu'à proprement parler il peut y avoir des crimes et des délits résultant de l'abus de la presse, mais il n'y a point de délits de la presse. De là résulte encore la liberté entière de la presse et l'observation religieuse de l'article de la charte qui déclare que *les Français ont le droit de publier et de faire imprimer leurs opinions*. Ce principe a paru si fécond en heureuses applications qu'aucun orateur dans les deux chambres (M. Bellart excepté) ne l'a combattu, et que tous, au contraire, se sont efforcés de l'améliorer en le consacrant.

La discussion sur la loi pénale de la presse a commencé à la chambre des députés le 14 avril 1819; quatre discours seulement sur l'ensemble de la loi ont été prononcés, le premier est celui de M. Laisné de Villevêque. Cet orateur s'est borné à proposer un amendement que nous retrouverons en son lieu.

En répétant les mêmes éloges donnés à la loi présentée, M. le comte de Solilhac, qui lui succédait à la tribune, s'est également retranché dans la proposition d'un amendement qu'il a soutenu par des motifs trop étrangers à la loi pour qu'il soit nécessaire de les reproduire.

Le troisième député inscrit pour porter la parole sur l'ensemble du projet, est M. Benjamin Constant; cet orateur a enchéri sur l'approbation donnée par ses collègues aux principes de la loi.

« Inscrit contre le projet, dit-il, je reconnais pourtant que son premier principe est digne d'approbation. Avec des amendemens nombreux, il sera possible de développer le bien dont il contient le germe. Il repose sur une maxime profondément vraie, éminemment salutaire, celle que la presse n'est qu'un instrument qui ne donne lieu à la création ni à la définition d'aucun crime ou délit particulier et nouveau. Cette déclaration franche et loyale est un pas immense dans la carrière des idées saines et véritablement constitutionnelles. La presse, déclarée un simple instrument, perd aux yeux du gouvernement le caractère d'hostilité spécial qui a suggéré à tous les gouvernemens tant de fausses mesures; elle perd aussi aux yeux des amis trop ombrageux de la liberté ce titre chimérique à une inviolabilité exagérée que réclamaient pour elle, à des époques terribles, des hommes qui voulaient en abuser. Elle redevient ce qu'elle doit être, un moyen de plus d'exercer une faculté naturelle, moyen semblable à tous ceux de divers genres dont les hommes disposent, et qui doit, de même que tous les autres, être libre dans son exercice légitime, et réprimé seulement dans les délits qu'il peut entraîner. »

M. de Constant a proposé six amendemens, que nous reproduirons lors de la discussion des articles.

Le quatrième et dernier orateur sur l'ensemble de la loi a été M. le chevalier de Figarol.

« Les idées, dit-il, les plus simples et les plus utiles échappent souvent aux hommes les plus instruits et les plus éclairés. Quand elles se présentent à leur esprit, ils sont tout étonnés, presque honteux de ne pas les avoir plus tôt conçues. Plus d'un publiciste avait cru que la presse pouvait produire des délits particuliers, s'était attaché à les définir, et trouvant des difficultés dans cette définition, ne pouvait sortir de l'embarras dans lequel il s'était inutilement jeté.

» La réflexion a dissipé enfin cette erreur, et on a reconnu que tous les crimes et délits qui pouvaient troubler la société en portant atteinte à la morale, à l'honneur, à la vie et à la propriété des citoyens, aussi anciens que les passions où ils prenaient leur source, avaient été commis avant qu'on eût inventé l'art si précieux de faire imprimer ses pensées, et avaient été recueillis par les codes criminels de toutes les nations civilisées. On a reconnu, par une conséquence forcée, que la presse ne pouvant créer ce qui existait avant elle, n'avait pu devenir la source d'aucun nouveau crime ou délit; qu'elle n'avait pu que fournir un instrument de plus pour les commettre. A la vérité, on a senti qu'il en était certains qu'elle pouvait considérablement aggraver par la publication. La calomnie, la diffamation, l'injure, par exemple, en ont obtenu un nouveau degré de gravité : le citoyen, dont un injurieux manuscrit n'aurait souvent flétri l'honneur que dans sa commune ou dans une petite étendue de pays, a pu être déshonoré dans quelques heures aux yeux de la France, aux yeux de l'Europe. Les faux principes, les maximes anti-sociales et désorganisatrices ayant pu se répandre par cette voie avec plus de rapidité, ont rendu les révoltes, les séditions, les mouvemens populaires plus généraux et plus faciles. Mais la nature des crimes et des délits est toujours restée la même, et n'a pas changé par la nouvelle circonstance aggravante qui est survenue.

» La presse ne pouvant devenir la source d'aucun nouveau crime ou délit, il faut en conclure, et cette conséquence est aussi forcée, qu'elle n'a pas pu donner lieu à une législation pénale, distincte et particulière, et qu'elle doit rester dans le domaine de la législation générale. Il ne s'agit donc plus que de chercher dans les lois pénales les crimes et délits auxquels elle a pu servir d'instrument, pour leur appliquer une pénalité juste et proportionnée. »

L'orateur, après quelques considérations de détail; mais qui ne sont suivies d'aucun amendement, conclut à l'adoption pure et simple du projet de loi.

M. Cuvier, commissaire du Roi, a réfuté le petit nombre d'objections qui avait été présenté, en reconnaissant avec une vive satisfaction que les partisans et les antagonistes du projet de loi s'étaient accordés sur la justesse des principes de ce projet, et sur la franchise et la sincérité des intentions dans lesquelles il a été soumis à la chambre.

Telle a été la droiture de la marche des orateurs dans cette délibération, que M. de Courvoisier a renoncé à rentrer dans la lice, et s'en est tenu à déclarer qu'il ne prendrait la parole que sur les amendemens. C'est par la même raison qu'on a consenti à ce que M. Jacquinot de Pampelune, auteur lui-même de plusieurs de ces amendemens, n'en développât les motifs qu'au moment de la délibération des article. La discussion générale à la chambre des députés a donc été fermée.

Sous le même rapport, la condition du projet de loi, dans son ensemble, a encore été plus favorable à la chambre des pairs ; aucun orateur ne s'est levé pour le combattre, et MM. le baron Mounier, de Lacepède et de Pontécoulant ont pris la parole pour le soutenir.

Nous nous dispenserons de donner l'analyse de ces discours, consacrés plutôt à faire ressortir la sagesse de la loi qu'à lui opposer d'inutiles contradictions; nous préférons passer à l'analyse de la discussion sur les dispositions partielles du projet, en y rattachant les amendemens qui ont été présentés pour les modifier, et en suivant pour la série des articles, à partir de l'article sept, l'ordre que la commission a proposé de substituer à celui du projet; ordre que les chambres ont adopté. Pour démontrer que cette modification dans la méthode ne change absolument rien à l'économie de la loi, il suffit de dire qu'elle a consisté à réunir dans un chapitre particulier les offenses publiques envers les membres de la famille royale, les chambres, les corps constitués, les souverains et les chefs des gouvernemens étrangers.

SECTION II.

Discussion des articles.

§ 1er.

CHAPITRE PREMIER DE LA LOI DE RÉPRESSION.

De la provocation publique aux crimes et délits.

ARTICLE 1er DU PROJET.

« Quiconque, soit par des discours tenus, soit par des cris ou menacés proférés dans des lieux ou réunions publics, soit par des écrits, des imprimés, des dessins, des gravures, des peintures ou emblêmes vendus ou distribués, mis en vente et exposés dans des lieux ou réunions publics, soit par des placards et affiches exposés aux regards du public, aura provoqué l'auteur ou les auteurs de tout crime, ou tentative de crime, à les commettre, sera réputé complice et puni comme tel.

» Sera également réputé complice et puni comme tel, quiconque, par les mêmes moyens, aura provoqué l'auteur ou les auteurs de tout délit à le commettre. »

Ici, déjà, commençaient les amendemens de M. Jacquinot de Pampelune. Ceux applicables au premier article consistaient : 1° A supprimer le mot *tenus*, de manière que l'article devait commencer ainsi : « Quiconque, soit par des discours, soit par des cris, etc.; 2° à substituer à ces mots : l'auteur ou les auteurs de tout crime ou tentative de crime à les commettre, ceux-ci : L'auteur ou les auteurs *de toute action qualifiée crime ou délit à la commettre*, etc.; 3° enfin, à supprimer le deuxième paragraphe de l'article.

Comme la chambre a adopté les modifications proposées, il est bon de savoir comment leur auteur les a expliquées et justifiées. Il l'a fait en ces termes :

« Deux principes servent de base au projet de loi qui vous est proposé, et spécialement au chapitre Ier de ce projet.

» La presse y est considérée, non comme la source d'un délit particulier, mais comme un instrument de délits prévus et punis par le droit commun.

» Tous les moyens de publication indiqués dans l'article 1er sont assimilés à la presse, comme pouvant également servir à des intentions coupables et produire des résultats dangereux.

» La *publicité* de la provocation est donc le caractère sans l'existence duquel elle cesse d'être punissable.

» Mais pour qu'il puisse y avoir lieu à l'application de la peine, il est de toute nécessité que cette publicité ait été réelle; qu'on ne puisse pas la supposer par l'effet d'une assimilation ou d'une fiction que repoussent la charte et la bonne foi, qui doivent essentiellement présider à l'application de toute loi pénale.

» La *publicité* ne saurait être douteuse lorsqu'il s'agit d'écrits imprimés, publiés, vendus ou distribués, elle ne l'est pas davantage lorsqu'elle résulte de placards, d'affiches, exposés aux regards du public, même des cris ou menaces proférés dans des lieux ou réunions publics.

» Mais en est-il de même lorsqu'il est question de discours tenus dans un lieu ou dans une réunion publique? Si le discours a été tenu à voix basse, celui qui l'a tenu s'est borné à une simple confidence; en un mot, s'il n'y a pas eu de publicité réelle, peut-on assimiler un pareil fait à celui que la loi a voulu punir?

» Cependant, il est vrai de dire que ces termes du projet de loi, *quiconque, soit par des discours tenus, soit par des cris ou menaces proférés dans des lieux ou réunions publics*, sembleraient punir, ou les simples propos, quelque part qu'ils fussent tenus, ou tout au moins ceux qui, même à voix basse, auraient été tenus dans des lieux publics.

» Je ne pense pas que telles soient ni votre intention, ni celle des auteurs du projet, et c'est pour éviter toute fausse interprétation que je propose de supprimer de la première page du projet le mot *tenus*, en sorte que cette phrase restera ainsi conçue: *Quiconque, soit par des discours, soit par des cris ou menaces proférés dans des lieux ou réunions publics*, etc. Le mot *proféré* comporte une idée de publicité beaucoup plus étendue que l'expression *tenus* dont je propose la suppression. D'ailleurs, je le rapporte non-seulement au mot *discours*, mais aussi aux deux substantifs *cris* et *menaces ;* ce qui achèvera de compléter l'idée de la publicité.

» Cet amendement me paraît d'autant plus nécessaire, que l'inconvénient que je signale s'est manifesté dans l'exécution de l'article 367 du code pénal, qui avait déclaré coupable du délit de calomnie celui qui, dans des lieux ou réunions publics, aurait imputé à un individu quelconque des faits qui, s'ils existaient, exposeraient celui-ci à des poursuites criminelles, ou au mépris, ou à la haine des citoyens.

» La cour de cassation, se tenant à la lettre de la loi, a laissé subsister des jugemens qui avaient puni le délit de calomnie, par cela seul que les imputations avaient été faites dans des endroits publics, bien qu'elles n'eussent eu aucune publicité réelle. Plusieurs des arrêts de cette cour suprême font foi de cette jurisprudence, que je ne blâme point, puisqu'elle prenait sa source dans les termes de la loi ; mais qui, étant évidemment trop sévère, me paraît devoir cesser par l'effet de la correction que je propose.

» A cet amendement, j'en ajouterai un autre que je considère comme important.

» La loi répute complice du crime et de la tentative du crime, celui qui a provoqué publiquement l'auteur de l'un de ces faits à le commettre.

» Ici la provocation à la tentative de crime réunit, comme l'a justement observé M. le garde-des-sceaux, deux caractères de criminalité qui ne permettent pas de la laisser impunie, puisque, *d'une part*, elle manifeste l'intention de produire le crime, et que, *d'autre part*, si cette intention ne s'est pas accomplie, ce n'est pas par la faute, c'est même contre le gré du provocateur.

» Le même article 1er du projet, au § 2, contient la même disposition à l'égard de celui qui a provoqué publiquement l'auteur d'un délit à le commettre.

» Mais il ne contient aucune disposition à l'égard de celui qui a provoqué publiquement l'auteur d'une tentative de délit à s'en rendre coupable.

» Je sais que la loi ne punit pas toutes les tentatives de délits, et qu'elle a seulement spécifié certains délits, contre la tentative desquelles elle a sévi.

» Mais il est très-évident que, dans le cas où la loi punit la tentative de délit, celui qui a provoqué est tout aussi coupable que si le délit eût été consommé, et qu'à cet égard il y a similitude parfaite entre le caractère de la provocation qu'il a commise, et le caractère de la provocation à une tentative de crime.

» Donc, si la provocation à la tentative de crime est punie de la même peine que l'auteur de cette tentative de crime, celui qui a provoqué à une tentative de délit punie par la loi, doit subir aussi la même peine que l'auteur de cette tentative de délit.

» Cette réflexion n'a point échappé aux auteurs du code pénal; aussi dans l'article 60, qui détermine les caractères de la complicité, et assimile en certains cas le provocateur au complice, on n'a point distingué entre le crime, la tentative de crime, et le délit de la tentative de délit; mais on a employé ces expressions générales, et dont l'expérience à prouvé la justesse :

» *Seront punis comme complices d'une action qualifiée crime ou délit, ceux qui, par dons, promesses*, etc., *auront provoqué à cette action*, etc.

» Ainsi, et avec une grande clarté, on a prévu et puni la provocation *au crime, à la tentative de crime, au délit et à la tentative de délit*, dans les cas seulement où cette dernière tentative est spécialement qualifiée délit et punie comme délit par la loi.

» Je propose d'employer la même rédaction dans l'article 1er.

» Elle est en parfait rapport avec celle du Code pénal, et c'est toujours un grand avantage, dans la rédaction d'une loi, que de parler le langage de la législation existante.

» Elle ne présente aucune ambiguité.

» Elle est plus courte, puisqu'elle emporte la suppression du deuxième paragraphe de l'article, paragraphe devenu inutile.

» Enfin elle évite de créer, à l'égard des tentatives de délit, deux sortes de provocation, dont *l'une* ferait punir de la peine infligée à l'auteur de la tentative, conformément à l'article 60 du Code pénal; et *l'autre* rentrerait dans les provocations mentionnées en l'article 3, et pourrait entraîner une peine différente.

» Tels sont les motifs de mon deuxième amendement à l'article 1er. »

M. le garde-des-sceaux a donné son adhésion aux amendemens proposés par M. Jacquinot. « Le second amendement, a-t-il dit, a pour objet de considérer comme complices les provocateurs à la tentative de délit, de même que les provocateurs à la tentative du crime. Le projet n'avait pas cru cette distinction nécessaire, par la raison que provoquer à tenter le délit, c'est vraiment provoquer au délit lui-même; or, les provocateurs au délit, lors même que cette provocation n'a été suivie d'aucun effet, sont punis par l'article 3 d'une peine correctionnelle à peu près équivalente à celle qui pourrait atteindre l'auteur, et par conséquent le complice du délit lui-même. Cependant il faut reconnaître qu'il y a plus de rigueur logique dans la proposition du préopinant et de brièveté dans sa rédaction. »

La chambre adopte les amendemens présentés pour l'article 1er, lequel reste ainsi conçu :

Quiconque, soit par des discours, des cris ou menaces proférés dans des lieux ou réunions publics, soit par des écrits, des imprimés, des dessins, des gravures, des peintures ou emblêmes vendus ou distribués, mis en vente ou exposés dans des lieux ou réunions publics, soit par des placards et affiches exposés aux regards du public, aura provoqué l'auteur ou les auteurs de toute action qualifiée crime ou délit, à la commettre, sera réputé complice et puni comme tel.

Pour achever de bien déterminer l'esprit et le sens de cet article, sur-tout dans les cas d'accusation que l'on fondrait sur ses dispositions, il ne faut point oublier que le gouvernement et les commissions des chambres ont entendu que la provocation au crime ne serait punie comme le crime lui-même, que si le crime était commis ou qu'on eût tenté de le commettre. L'article 2 explique que dans le cas contraire la provocation est un délit.

L'article 1er, rapproché de l'article 3, ne punit la provocation au délit, comme le délit lui-même, que dans le cas où le délit serait commis, la provocation est réputée sans effet si l'on a seulement tenté de le commettre. Le projet assimile la provocation à la complicité, il apporte une dérogation au code pénal, qui punissait en plusieurs cas la tentative du délit comme le délit, et le complice de la tentative comme le complice de l'acte même.

Cette réflexion, spécialement prise dans le rapport fait à la chambre des députés, et répétée à la chambre des pairs, détermine également l'esprit des articles 2 et 3, et c'est là ce qui a particulièrement décidé les chambres à fixer un *minimum* très-faible pour les pénalités, afin de laisser bien comprendre au juge la graduation des peines portées contre des provocations restées sans effet, soit qu'elles aient trait à un crime, soit qu'elles aient trait à un délit ou à la tentative de l'un ou de l'autre.

ARTICLE II DU PROJET.

Quiconque aura, par l'un des moyens énoncés en l'article 1er, *provoqué à commettre un ou plusieurs crimes, sans que ladite provocation ait été suivie d'aucun effet, sera puni d'un emprisonnement qui ne pourra être de moins de trois mois, ni excéder cinq années, et d'une amende qui ne pourra être au-dessous de* 500 *fr.*, *ni excéder* 6000 *fr.*

Ici se retrouve encore un amendement de M. Jacquinot, qui tend à réduire à 50 francs le *minimum* de l'amende. Nous hésitons d'autant moins à en présenter le développement, qu'il fait bien connaître l'esprit de l'art. 2 et de quelques articles subséquens.

« Je propose, dit M. Jacquinot, de réduire à 50 francs le *minimum* de l'amende porté à 500 francs dans cet article du projet de loi ; et comme j'aurai plus d'une fois le même amendement à reproduire ou à appuyer lorsqu'il sera proposé par la commission, je vais exposer en deux mots, et une fois pour toutes, les motifs de cette proposition.

» La charte a aboli la confiscation.

» Gardons-nous de rendre illusoire cette bienfaisante disposition, en obligeant les juges à prononcer des amendes trop considérables.

» La confiscation a été abolie, parce que cette peine ne pesant pas seulement sur le condamné, mais sur sa famille, elle punissait des malheureux pour un crime dont ils étaient innocens.

» Les amendes trop fortes produiraient le même résultat.

» Considérez que les délits prévus par le projet de loi sont souvent ceux des gens de la classe la plus pauvre ; les cris, les menaces proférées dans des lieux publics ne sortent pas d'ordinaire de la bouche des gens riches, et cependant il n'est que trop vrai qu'une amende dont le *minimum* serait de 500 fr. absorberait quelquefois le mobilier du condamné, et réduirait sa femme et ses enfans au désespoir.

» Ne craignez pas de laisser aux tribunaux une grande latitude dans l'échelle d'application des peines ; soyez assurés qu'en général ils n'en abuseront pas. Il n'est aucun de ceux de mes honorables collègues, exerçant des fonctions dans la magistrature, qui ne vous déclare que les tribunaux ont gémi souvent sur les dispositions impératives qui ne leur permettaient pas de fixer les peines au-dessous d'un *minimum* déterminé ; en fixant d'ailleurs un *maximum* pour l'amende, vous évitez jusqu'à la crainte d'une peine trop sévère, et à tout prendre, puisque l'arbitraire est indispensable, il est juste, il est humain, il est digne de vous de lui accorder toute latitude dans une proportion descendante, en fixant pour l'amende un *minimum* beaucoup plus faible que celui qui a été proposé. »

Les deux chambres ont adopté cet amendement.

ARTICLE III DU PROJET.

« Quiconque aura, par les mêmes moyens, provoqué à commettre un ou plusieurs délits, sans que ladite provocation ait été suivie d'aucun effet, sera puni d'un emprisonnement de six jours à deux années, et d'une amende de 200 fr. à 4000 fr., ou de l'une de ces deux peines seulement, selon les circonstances ; sauf les cas dans lesquels la loi prononcerait une peine moins grave contre l'auteur même du délit, laquelle sera alors appliquée. »

M. Jacquinot a reproduit ici un amendement qui tend à réduire le *minimum* de l'emprisonnement à trois jours, et celui de l'amende à trente francs; les chambres et le gouvernement l'ont adopté.

On s'est fondé dans cet article comme dans l'article 2, sur ce que la provocation étant restée sans effet, la société n'en a éprouvé aucune funeste conséquence. Il ne faut pas non plus perdre de vue que le juge, en poursuivant la provocation, doit avoir trouvé et déterminé d'avance les délits prévus et punis par les lois auxquelles il veut appliquer le fait de la provocation, et que les doctrines, les pensées, les opinions, sont laissées libres tant qu'elles ne sont que des doctrines, des pensées, des opinions; qu'elles ne tombent sous la main de la loi qu'alors qu'imprégnées d'une volonté malfaisante et employées à un but certain et incriminé d'avance, elles deviennent de véritables actions. (*Rapport à la chambre des pairs par M. le duc de Broglie*). L'article 3 a donc été adopté dans ces termes :

Quiconque aura, par l'un des mêmes moyens, provoqué à commettre un ou plusieurs délits, sans que ladite provocation ait été suivie d'aucun effet, sera puni d'un emprisonnement de trois jours à deux années, et d'une amende de 30 *fr. à* 4000 *fr., ou de l'une de ces deux peines seulement, selon les circonstances; sauf les cas dans lesquels la loi prononcerait une peine moins grave contre l'auteur même du délit, laquelle sera alors appliquée au provocateur.*

ARTICLE IV DU PROJET.

« Sera réputée provocation au crime, et punie des peines portées par l'article 2, toute attaque formelle par l'un des moyens énoncés en l'article 1er, soit contre l'ordre de successibilité au trône, soit contre l'autorité constitutionnelle du Roi et des chambres. »

Cet article a été l'objet d'une vive controverse. A la chambre des députés, M. Benjamin Constant en avait demandé la suppression. Sa proposition, appuyée par M. Manuel, reposait sur ce principe; que l'attaque formelle contre la successibilité au trône était un crime, et que l'article 1er avait pourvu à son châtiment en déclarant complice de ce crime quiconque y provoquerait par la voie de la presse, comme l'article 2 avait assuré de même la punition de la tentative.

M. Manuel a insisté pour cette suppression, en prétendant sur-tout que les deux premiers articles rendaient inutiles les dispositions de l'article 4, et qu'en législation ce qui était inutile devenait dangereux; qu'il pouvait arriver que des juges peu éclai-

*

rés ou aveuglés par l'esprit de parti, se servissent de ces dispositions d'une manière funeste; qu'enfin, en donnant une attention si spéciale à de certains principes fondamentaux, on laissait croire qu'il y en avait d'autres, qu'on pouvait attaquer sans courir les mêmes risques.

L'amendement de M. Benjamin Constant a été rejeté; mais les motifs de son rejet sont d'une telle importance pour le sens de l'article 4, ils ont été développés avec tant de clarté et de talent par M. le garde-des-sceaux, qu'on peut les offrir comme le guide le plus sûr pour les magistrats chargés de l'application de cet article.

Il est d'abord convenu que les spécifications portées dans les articles 4 et 5 étaient implicitement et virtuellement comprises dans les premiers articles de la loi, qu'il n'était ni possible, ni permis de les chercher ailleurs; mais que, pourtant, d'après l'opinion de plusieurs personnes éclairées, prises dans la chambre et hors de la chambre, il pourrait arriver que tous les esprits ne fussent pas frappés de la même manière, et ne vissent pas clairement écrits dans l'article premier des actes qui cependant sont incontestablement des provocations au crime.

« Maintenant, a-t-il ajouté, qu'il est démontré que les articles 4 et 5 dérivent de l'article 1er, et ne font qu'articuler les conséquences de son principe, la chambre comprend le danger qu'il y aurait à supprimer ces mots par lesquels commencent les articles 4 et 5 : *Sera réputé provocation au crime*. Ils sont là pour avertir le juge, le juré, le citoyen, que mettre en question les droits de la maison de France au trône, l'ordre de successibilité dans cette maison, c'est provoquer au crime. Ces mots indiquent la source de ces articles; ils gouvernent le sens de toutes leurs spécifications; ils déterminent le caractère moral des seules manifestations d'opinion qui doivent être jugées coupables. Une question traitée d'une manière absolument générale, et sans qu'on puisse en faire l'application à la France ni à la maison régnante, ne peut être incriminée; elle ne l'est qu'autant qu'elle peut s'appliquer à l'une et à l'autre; alors, seulement, elle prend le caractère de provocation, et c'est ce caractère que l'article doit énoncer.

» En même tems, comme ici la loi exprimait que la manifestation d'une simple opinion était incriminée, il a fallu indiquer que cette opinion avait une direction expresse, *formelle*, contre l'ordre de la successibilité au trône; il a fallu fermer la porte à toutes les interprétations vagues, aux inductions éloignées; il a fallu préciser, autant que possible, les délits d'une part, afin qu'on évitât de les commettre, et d'autre part pour ne punir que ce qui, en soi-même, est délit.

» L'article doit être entendu dans ce sens : que l'autorité elle-même sera franchement attaquée ; il ne doit pas empêcher les discussions loyales sur les limites plus ou moins vagues qui peuvent exister entre les trois branches du pouvoir législatif, ou sur les formes dans lesquelles peuvent le plus utilement s'exercer ces trois pouvoirs, formes et limites qui sont souvent l'objet de vos débats ; aussi importe-t-il beaucoup d'avertir les magistrats et les jurés qu'ici l'attaque contre l'autorité constitutionnelle du Roi et des chambres doit être *formelle* et équivalente à une provocation. J'insiste donc pour le maintien intégral de l'article. »

La suppression de l'article 4, demandée par M. Benjamin Constant, et ainsi écartée, il est resté un amendement de M. Mestadier qui consistait à retrancher le mot *formelle* qui suit le mot *attaque* dans l'article 4.

Tous les motifs exprimés par M. le garde-des-sceaux pour restreindre le sens de la loi ayant été adoptés par les chambres, l'amendement qui se trouvait par-là même écarté n'est plus d'aucune valeur.

Il n'en a point été ainsi d'un autre amendement proposé par M. Jacquinot, et tendant à faire placer au rang des choses dont l'attaque *formelle* est réputée provocation au crime, *l'inviolabilité de la personne du Roi*.

L'orateur a considéré, sans être contredit, cette inviolabilité comme l'un des remparts constitutionnels derrière lesquels la stabilité du gouvernement, dans la personne de son chef, reçoit une nouvelle garantie de la loi.

La chambre a donc adopté l'amendement dont il s'agit.

Sur le tout, et même sur les articles 5 et 6, il ne s'est élevé à la chambre des pairs aucune autre discussion que celle que le rapport de M. le duc de Broglie a présentée. Elle se résume à poser en fait que ces articles sont à-la-fois inutiles et mal rédigés; « mais, d'un autre côté, ajoute le rapporteur, la commission n'a pu se refuser aux considérations qui sont présentées par M. le garde-des-sceaux. Elle est tombée d'accord qu'à l'issue de plusieurs révolutions terribles, il y a des sujets infiniment plus délicats à traiter qu'ils ne le seraient en tout autre tems, des sujets qu'on ne peut toucher du doigt sans faire frissonner en quelque sorte l'ordre social tout entier. Or, ces sujets, on ne peut les interdire aux écrivains sans violer le principe de la liberté de la presse; mais n'est-il pas sage de les avertir d'avance des dangers dont ils sont semés? n'est-il pas sage de placer un fanal auprès de chaque écueil? n'est-ce pas sur-tout une précaution recommandée par la prudence, lorsqu'une liberté nouvelle se déploie, et que mille écrivains novices n'attendent que l'instant de se précipiter dans la carrière sans aucun autre souci que de se signaler aux yeux du public ?

» Enfin, votre commission a pensé que le danger des interprétations, à l'égard des articles 4, 5 et 6 du projet de loi, était de beaucoup diminué par le renvoi des délits au jury, qui y sont énoncés ; elle a pensé que la nécessité de poser aux jurés une question simple et dégagée de subtilités suffirait pour empêcher que les articles ne fussent souvent invoqués, le ministère public trouvant mieux ses avantages à s'armer contre les mêmes délits des articles 2 et 3 du projet de loi ; car les obscurités, les équivoques, qui, entre les mains des juges, peuvent devenir quelquefois dangereuses contre l'accusé, deviennent le plus souvent, au contraire, à l'aide de l'interposition d'un jury, des moyens d'évasion pour lui, des moyens de surprendre une déclaration favorable fondée sur le défaut de preuves ou de culpabilité suffisante. »

La chambre des pairs a donc également adopté l'article 4, qui, avec les modifications admises par les députés, est resté ainsi conçu :

Art. 4. *Sera réputée provocation au crime, et punie des peines portées par l'article 2, toute attaque formelle par l'un des moyens énoncés en l'article 1er, soit contre l'inviolabilité de la personne du Roi, soit contre l'ordre de successibilité au trône, soit contre l'autorité constitutionnelle du Roi et des chambres.*

ARTICLE V DU PROJET.

» Seront réputés provocations au délit, et punis des peines portées par l'article 3 :

» 1°. Tous cris séditieux publiquement proférés, autres que ceux qui rentreraient dans la disposition de l'article 4.

» 2°. L'enlèvement ou la dégradation des signes publics de l'autorité royale, opérés par haine ou mépris de cette autorité.

» 3°. Le port public de tous signes extérieurs de ralliement non autorisés par le Roi ou par des réglemens de police.

» 4°. L'attaque formelle des droits garantis par les articles 5 et 9 (1) de la charte constitutionnelle. »

Les dispositions que cet article renferme ont paru au rapporteur des députés, nécessaires et douces tout à-la-fois ; nécessaires, en ce qu'elles classent dans un même ordre des détails qui se trouvaient ou mal spécifiés, ou répartis dans des lois différentes ; douces, en ce que, plaçant les cas qu'elles embrassent

(1) Art. 5. Chacun professe sa religion avec une égale liberté et obtient pour son culte la même protection.

Art. 9. Toutes les propriétés sont inviolables, sans aucune exception de celles qu'on appelle *nationales* la loi ne mettant aucune différence entre elles.

sous la dénomination générale de provocation au délit, elles restreignent de beaucoup les pénalités attachées à ces délits par les lois antérieures. De même, le troisième cas a paru au rapporteur remplir d'une manière convenable une lacune qui existait dans le code pénal, et qui, dans de certains cas, forçant le juge de recourir à des interprétations pour la punition d'un délit constant, faisait appliquer, ou l'article 102 du code pénal (1), ou l'article 217 (2), qui sont également sans proportion avec les délits dont il s'agit.

« Quant aux droits garantis, a dit le rapporteur, par les articles 5 et 9 de la charte constitutionnelle,

(1) « Art. 102. Seront punis comme coupables des crimes et complots mentionnés dans la présente section, tous ceux qui, soit par discours tenus dans des lieux ou réunions publics, soit par placards affichés, soit par des écrits imprimés, auront excité directement les citoyens ou habitans à les commettre.

» Néanmoins, dans le cas où lesdites provocations n'auraient été suivies d'aucun effet, leurs auteurs seront simplement punis de bannissement. »

(2) Art. « 217. Sera puni comme coupable de la rébellion quiconque y aura provoqué, soit par des discours tenus dans des lieux ou réunions publics, soit par placards affichés, soit par écrits imprimés.

» Dans le cas où la rébellion n'aurait pas eu lieu, le provocateur sera puni d'un emprisonnement de six jours au moins et d'un an au plus. »

savoir : *la liberté des cultes et l'inviolabilité de toutes les propriétés, sans* aucune *exception, de celles qu'on appelle nationales*, d'une part, les siècles de lumières n'ont plus à redouter les effets qu'aux siècles superstitieux et barbares l'intolérance consigna dans l'histoire en caractères de sang; de l'autre, trop d'intérêts sont liés à la vente des biens nationaux pour que la raison, sur ce point, puisse autoriser la sollicitude : le dernier paragraphe de l'art. 5 est plutôt un hommage à un principe, qu'une précaution contre un danger. »

Ce que le rapporteur a dit à la chambre des députés de ce dernier paragraphe, M. le duc de Broglie l'a dit à la chambre des pairs de tout l'article 5; et l'on a vu plus haut par quelles considérations la commission des pairs s'était décidée à ne point voter le rejet des articles 4, 5 et 6.

La discussion engagée à la chambre des députés a fourni à M. Jacquinot l'occasion de produire deux amendemens. Il a d'abord proposé d'ajouter dans le paragraphe 3 après ces mots *le port public*, ceux-ci : *et l'exposition* de tous signes extérieurs de ralliement, etc. Il s'est appuyé sur ce que, si le port d'une cocarde non autorisée par le Roi est un délit, l'exposition d'un drapeau qui ne serait pas le drapeau royal en est un non moins grave, et peut-être plus condamnable encore ; le Roi est le chef de l'Etat, le chef de l'armée ;

à ce double titre, c'est à lui seul qu'il appartient de déterminer les signes auxquels les défenseurs de l'État doivent se rallier; toute action de porter ou d'exposer un signe autre que ceux qu'il a autorisés, est donc un acte de rébellion, et doit être réprimé.

Cet amendement a été rejeté sur la seule observation faite par M. le garde-des-sceaux, que l'article 1er comprenait l'incrimination dont il était question

Un second amendement de M. Jacquinot a été accueilli, et comme il a donné naissance à un article qui ne se trouvait point dans le projet du gouvernement, il faut expliquer comment il a été créé par la chambre des députés, et quel sens précis il faut y attacher.

M. Jacquinot avait demandé qu'il fût introduit comme quatrième paragraphe de l'article 5, et qu'il fût ainsi conçu : *La provocation à la désobéissance aux lois, ou autres actes de l'autorité publique par l'un des moyens énoncés en l'article* 1er.

En développant les motifs de cet amendement l'orateur a dit que la chambre ne ferait que consacrer un principe déjà reconnu par plusieurs lois qu'ainsi l'article 17 du chapitre 5 de la constitution de 1791 (1), et les articles 202 et 204 du

(1) « Nul homme ne pourra être recherché ni poursuivi pour raison des écrits qu'il aura fait imprimer ou publier

code pénal (1), avaient proclamé ces principes.

M. le garde-des-sceaux, en répondant à M. Jacquinot, a exprimé l'opinion que si la chambre adoptait l'amendement proposé, il ne pourrait, dans tous

sur quelque matière que ce soit, si ce n'est qu'il ait provoqué à dessein la désobéissance à la loi, l'avilissement des pouvoirs constitués, la résistance à leurs actes ou quelqu'une des actions déclarées crimes ou délits par la loi. La censure des actes des pouvoirs constitués est permise ; mais les calomnies volontaires contre la probité des fonctionnaires publics et la droiture de leurs intentions dans l'exercice de leurs fonctions, pourront être poursuivies par ceux qui en sont l'objet. Les calomnies et les injures contre quelques personnes que ce soit, relatives à leur vie privée, seront punies sur leur poursuite. »

(1) Art. 202. « Si le discours contient une provocation directe à la désobéissance aux lois ou autres actes de l'autorité publique, ou s'il tend à soulever ou armer une partie des citoyens contre les autres, le ministre du culte qui l'aura prononcé sera puni d'un emprisonnement de deux à cinq ans, si la provocation n'a été suivi d'aucun effet ; et du bannissement, si elle a donné lieu à désobéissance, autre toutefois que celle qui aurait dégénéré en sédition ou révolte. »

Art. 204. Tout écrit contenant des instructions pastorales, en quelque forme que ce soit, et dans lequel un ministre de culte se sera ingéré de critiquer ou censurer, soit le gouvernement, soit tout autre acte de l'autorité publique, emportera la peine du bannissement contre le ministre qui l'aura publié. »

les cas, trouver place à l'article 5, mais qu'il devrait faire un article séparé; il a ajouté que si les rédacteurs du projet ne l'avaient pas jugé nécessaire, voici quel en était le motif: de deux choses l'une, ou les lois criminelles ont qualifié la désobéissance aux lois impératives, de crime et de délit, et alors celui qui provoque à cette désobéissance, provoque au crime ou au délit; fait qui rentre dans les termes des articles déjà adoptés, ou bien il arriverait que les lois criminelles n'auraient par cru nécessaire de qualifier crime ou délit l'infraction d'une loi impérative, et, alors, si l'infraction elle-même n'est ni crime ni délit, serait-il juste de punir la provocation?

Il s'est particulièrement attaché à prouver le danger de la phrase qui concerne la provocation à la désobéissance aux *autres actes de l'autorité publique*. Si les actes de l'autorité publique, a dit le ministre, sont faits en exécution des lois; désobéir, résister à ces actes, c'est désobéir aux lois elles-mêmes; mais si ces actes n'étaient point une exécution des lois, si même ils étaient contraires aux lois, et les agens de l'autorité sont tellement nombreux que la supposition n'est point impossible, dans ce cas faut-il prescrire l'obéissance? la prescrire sous des peines?

La chambre des députés, adoptant le retranchement proposé par M. le garde-des-sceaux à l'amendement de M. Jacquinot, ainsi que la séparation de cet amendement d'avec l'article 5, en a fait un article à part, qui est le sixième de la loi définitive, que nous inscrirons après l'art. 5.

Nous ne quitterons pas l'article 5 sans rendre compte d'une discussion incidentelle élevée par M. Bedoch, qui a demandé le rejet des paragraphes 2 et 3 de cet article. Il se fondait sur ce que l'enlèvement des signes publics de l'autorité n'était point une provocation, mais un crime punissable comme tel. Il lui a paru que ces expressions : *en haine ou mépris de l'autorité*, étaient vagues et prêtaient à l'arbitraire. « Il sera toujours facile, a-t-il dit, de trouver, si l'on veut, le caractère de haine ou de mépris dans l'enlèvement peut-être fortuit d'un signe de l'autorité ; de telles dispositions sont étrangères à l'objet de la loi. »

M. Guizot, commissaire du Roi, a répondu à la proposition de M. Bedoch dans des termes tellement précis, et qui déterminent si bien la pensée des paragraphes attaqués, que nous ne voulons pas retrancher un seul mot à sa réfutation.

« Je ne conteste point, a-t-il dit, ce qui vient d'être dit sur la nature des délits dont il s'agit ; mais il importe peu que les délits soient considérés comme provocation, ou comme délits en eux-mêmes ; ce qu'il importe, c'est qu'ils soient réprimés. Ils se trouvent énoncés dans le projet de loi, parce qu'ils l'étaient dans la loi du 9 novembre contre les délits directs et les provocations. Or, la loi du 9 novembre n'existera plus. Le Code pénal ne contient point les dispositions applicables aux délits dont il s'agit ; il faut donc les énoncer dans la loi dont vous vous occupez, puisqu'on est unanimement convaincu que ces délits doivent être punis.

» Quand à ces mots, *haine ou mépris de l'autorité*, l'opinant s'est mépris sur l'intention des auteurs du projet, sur le but de ces expressions et l'effet qu'elles doivent avoir. Il a craint d'y voir une porte ouverte à l'arbitraire, et ces mots sont employés précisément pour qu'il n'y ait pas d'arbitraire. Retranchez-les, et un acte fortuit, avec enlèvement d'un signe public, sans intention coupable, peut être considéré comme punissable; avec ces mots, au contraire, l'intention, les circonstances, les divers caractères de l'acte sont soumis à la conscience du jury et sont appréciés par lui. Ainsi la disposition qu'on attaque a été conçue dans les intérêts de l'innocence et pour sa garantie. Nous insistons pour qu'elle soit maintenue. »

L'amendement de M. Bedoch a été rejeté. De cette manière, l'art. 5 se trouvait ainsi conçu :

ARTICLE V.

Seront réputés provocation au délit et punis des peines portées par l'article 3 :

1°. *Tous cris séditieux publiquement proférés, autres que ceux qui rentreraient dans la disposition de l'art. 4;*

2°. *L'enlèvement ou la dégradation des signes publics de l'autorité royale, opérés par haine ou mépris de cette autorité;*

3°. *Le port public de tous signes extérieurs de ralliement non autorisés par le Roi ou par des réglemens de police;*

4°. *L'attaque formelle par l'un des moyens énoncés en l'art.* 1er, *des droits garantis par les art.* 5 *et* 9 *de la charte constitutionnelle* (1).

Ici se présenterait le triple embarras dont nous avons parlé avant d'entamer la discussion des articles, si nous persistions à rester dans l'ordre que

(1) Outre les applications de pénalités prévues par les articles 1, 2 et 3 de la présente loi, et qui sont renfermés dans les diverses dispositions du code pénal; les articles 4 et 5 sont plus spécialement représentés dans ce code.

Voyez code pénal, livre III, titre Ier, chap. 1er, sect. 2.

§ I. Des attentats et complots dirigés contre le Roi et sa famille.

§ II. Des crimes tendans à troubler l'Etat par la guerre civile, etc.

Chap. II. Crimes et délits contre la constitution.

Chap. III. Crimes et délits contre la paix publique.

Sect. 4. Résistance, désobéissance et autres manquemens envers l'autorité publique, tels que la rébellion, entraves au libre exercice des cultes, etc.

nous avons suivi jusqu'ici. L'admission de la disposition relative à la désobéissance aux lois ayant eu lieu sous la forme d'un article particulier, est devenu l'art. 6 de la loi définitive. L'art. 7, sans être changé, a cependant donné lieu à une discussion imprévue sur les imprimeurs, et de là est sorti un article nouveau qui a trouvé place à la fin de la loi, sous le n° 24 de la série des articles, et que nous rappellerons à ce moment; enfin, l'ordre de la délibération, à partir de l'art. 7, a été entièrement interverti, sans que néanmoins les dispositions particulières aient reçu aucune autre modification que celles que la délibération a produites.

Nous avons pensé qu'en continuant de suivre l'ordre du projet pour les articles, nous nous imposerions l'obligation, à-la-fois fatigante pour le lecteur et étrangère au but de notre ouvrage, de replacer chaque article dans l'ordre de son adoption et de sa classification par la chambre des députés; que ces indications de transposition, sans aucun avantage réel, présenteraient au moins l'inconvénient de détourner l'attention de son véritable objet, qui est de se fixer sur le sens que chaque article définitif a eu dans la pensée du législateur. Nous allons donc reprendre la suite de la discussion, en observant l'ordre que la chambre a adopté, à partir de l'art. 8 inclusivement. Ainsi, le chapitre Ier épuisé, nous présenterons le chapitre II, traitant des outrages à la morale publique, et nous suivrons cet ordre, laissant de côté celui du projet primitif, qui avait admis une toute autre classification.

Nous reprenons l'article 6, dont nous avons présenté la discussion. Il est ainsi conçu :

ARTICLE VI.

La provocation par l'un des mêmes moyens à la désobéissance aux lois sera également punie des peines portées en l'art. 3.

ARTICLE VII, *faisant l'art.* VI *du projet.*

Il n'est point dérogé aux lois qui punissent la provocation et la complicité résultant de tous actes autres que les faits de publication prévus par la présente loi.

Cet article a passé sans discussion.

§ 2.

CHAPITRE II DE LA LOI.

Des outrages à la morale publique et aux bonnes mœurs.

ARTICLE VIII.

Tout outrage à la morale publique ou aux bonnes mœurs, par l'un des moyens énoncés en l'art. 1er, *sera puni d'un emprisonnement d'un mois à un an, et d'une amende de* 16 *à* 500 *fr.*

Sont, au surplus, maintenues, pour les cas

qu'elles régissent, les dispositions du code pénal, sect. 6, titre 1er du liv. III (1).

(1) *Délits commis par la voie d'écrits, images ou gravures distribués sans nom d'auteur, imprimeur ou graveur.*

283. Toute publication ou distribution d'ouvrages, écrits, avis, bulletins, affiches, journaux, feuilles périodiques ou autres imprimés, dans lesquels ne se trouvera pas l'indication vraie des noms, profession et demeure de l'auteur ou de l'imprimeur, sera, pour ce seul fait, punie d'un emprisonnement de six jours à six mois, contre toute personne qui aura sciemment contribué à la publication ou distribution.

284. Cette disposition sera réduite à des peines de simple police : 1° à l'égard des crieurs, afficheurs, vendeurs ou distributeurs qui auront fait connaître la personne de laquelle ils tiennent l'écrit imprimé ; 2° à l'égard de quiconque aura fait connaître l'imprimeur ; 3° à l'égard même de l'imprimeur qui aura fait connaître l'auteur.

285. Si l'écrit imprimé contient quelques provocations à des crimes ou délits, les crieurs, afficheurs, vendeurs et distributeurs seront punis comme complices des provocateurs, à moins qu'ils n'aient fait connaître ceux dont ils tiennent l'écrit contenant la provocation.

En cas de révélation, ils n'encourront qu'un emprisonnement de six jours à trois mois ; et la peine de complicité ne restera applicable qu'à ceux qui n'auront point fait connaître les personnes dont ils auront reçu l'écrit imprimé, et à l'imprimeur, s'il est connu.

286. Dans tous les cas ci-dessus, il y aura confiscation des exemplaires saisis.

287. Toute exposition ou distribution de chansons, pam-

Pour éclairer la discussion de cet article, qui, dans les deux chambres, a été si prolongée, il convient d'abord de poser la règle principale en la prenant dans la charte, premier principe de notre droit public. La charte dispose, art. 5, que chacun pro-

phlets, figures ou images contraires aux bonnes mœurs, sera punie d'une amende de 16 fr. à 500 fr., d'un emprisonnement d'un mois à un an, et de la confiscation des planches et des exemplaires imprimés ou gravés de chansons, figures ou autre objet du délit.

288. La peine d'emprisonnement et l'amende prononcée par l'article précédent, seront réduites à des peines de simple police :

1° A l'égard des crieurs, vendeurs ou distributeurs qui auront fait connaître la personne qui leur a remis l'objet du délit ;

2° A l'égard de quiconque aura fait connaître l'imprimeur ou le graveur ;

3° A l'égard même de l'imprimeur ou du graveur qui auront fait connaître l'auteur ou la personne qui les aura chargée de l'impression ou de la gravure.

289. Dans tous les cas exprimés en la présente section, et où l'auteur sera connu, il subira le *maximum* de la peine attachée à l'espèce du délit.

Disposition particulière.

290. Tout individu qui, sans y avoir été autorisé par la police, fera le métier de crieur ou afficheur d'écrits imprimés, dessins ou gravures, même muni des noms d'auteur, imprimeur, dessinateur ou graveur, sera puni d'un emprisonnement de six jours à deux mois.

fesse sa religion avec une égale liberté, et obtient pour son culte la même protection. En combinant cette disposition avec celle que renferme l'art. 8 sur le droit de publier et de faire imprimer les opinions, on est plus frappé que d'une nécessité, et c'est celle de voir réprimer par la loi les abus qui naissent de cette liberté et de ces droits.

Pourtant, le gouvernement n'avait point fait d'abord intervenir le mot *religion* dans l'article du projet de loi, et voici les motifs qu'en donne le rapporteur de la commission des députés :

« La religion, dit-il, se compose du dogme, du culte et de la morale. Les dogmes et les cultes diffèrent ; la morale est immuable, comme la nature et la raison.

» Une loi qui reconnaît les divers cultes chrétiens, et qui protège tous les autres, ne peut, sans se placer en opposition avec son principe, prohiber à aucun d'eux l'exposition et la défense de ses dogmes et de ses principes ; ces dogmes se combattent ; telle secte ne voit dans telle autre qu'outrage à la divinité, erreur, hérésie ; les pratiques de tel culte ne semblent à tel autre culte qu'idolâtrie ou superstition. La loi, pourtant, leur accorde une protection commune ; comment donc rédiger le texte qui doit également leur assurer la liberté qui leur est promise et le respect qui leur est dû.

» Si l'on punit vaguement l'outrage à la religion, n'est-il pas à craindre que cette énonciation ne prépare un prétexte à l'intolérance? De quelle religion aura parlé la loi? Si l'une domine, elle qualifiera d'outrage la défense de toutes les autres. La discussion mène à l'aigreur; l'aigreur, en cette matière, précipite bientôt aux excès, si la liberté la plus entière n'en use la violence; et cette liberté disparaît pour peu que la loi balance inégalement son appui.

» Le projet de loi a donc sagement évité cette rédaction; mais en écartant les dangers qu'elle peut offrir, il en conserve les effets utiles par une disposition moins équivoque. En punissant *l'outrage à la morale publique*, il permet à tous les cultes la libre exposition de leurs principes; il les défend réciproquement de leurs atteintes, et collectivement de tout outrage.

» La morale est *la science des mœurs*, la religion est *le culte qu'on rend à la divinité*. Quels que soient les dogmes et les pratiques, les préceptes ne sauraient être que l'expression de la morale. Outrager la morale publique, c'est donc offenser ces préceptes qui font des bonnes mœurs une obligation; ces vérités qui trouvent leur sanction dans les dogmes que toutes les religions professent, telles que l'existence de Dieu, la crainte et l'espérance d'une vie future.... La morale est la base commune de tous les cultes; c'est le besoin commun de tous les gouvernemens et de tous les hommes. »

Lors de la discussion à la chambre des députés, une foule d'amendemens ont été présentés par les membres de la chambre. La commission en avait également proposé un, tendant à la suppression du second paragraphe de l'article du projet. Elle l'avait motivé sur ce que les articles de la sect. 6, titre 1er du livre III du Code pénal, que ce paragraphe rappelle, ne se trouvant point textuellement abrogés par la loi actuelle, leur maintien était de droit. Le gouvernement ayant consenti à la suppression demandée, et les chambres l'ayant adopté, nous n'y reviendrons plus.

Nous allons également et d'abord nous occuper d'une manière sommaire des autres amendemens ou retirés ou écartés par les chambres, et dans ce sens seulement qu'ils puissent aider au développement de la pensée des législateurs, à l'égard de la loi actuelle.

Le premier amendement est celui de M. Benjamin Constant, qui avait demandé la suppression des mots *à la morale publique*, dans l'article dont il s'agit.

Il s'était fondé sur ce que, d'un côté, la religion devait être considérée comme un bienfait, et de l'autre, sur ce que la charte, consacrant la liberté des cultes, le mot *outrage* devenait ou d'une inutilité dangereuse, ou d'un vague effrayant. L'orateur a pensé que ce n'était point aux tribunaux à faire respecter les dogmes, que cette tâche appartenait à l'éducation, et que la religion avait son sanctuaire dans le cœur des hommes, qui ne cessent jamais d'en avoir besoin; que le pouvoir temporel ne devait point être mêlé dans des choses aussi élevées, que c'était sur-tout par le respect qu'ils sauraient se faire porter, que les ministres de la religion aideraient au respect qu'on lui doit. « Alors, a dit l'orateur, la religion se raffermira sans l'assistance des lois pénales, et sans le secours des cachots, parce que la religion ne sera plus alors que bienfaisante et consolatrice. »

Au moment de la discussion, M. le garde-des-sceaux a demandé le rejet de l'amendement proposé par M. Benjamin Constant.

« Chacun, a-t-il dit, est d'accord sur le sens du mot *morale*, et il présente une acception nette à tous les esprits. Ce point accordé, et le sens du mot *morale* bien entendu, il devient facile d'expliquer le sens du mot *morale publique*. La morale publique est celle que la conscience et la raison révèlent à tous les peuples comme à tous les hommes, parce que tous l'ont reçue de leur divin auteur, en même tems que l'existence; morale contemporaine de toutes les sociétés, que sans elle nous ne pouvons pas comprendre; parce que nous ne saurions les comprendre sans les notions d'un Dieu vengeur et rémunérateur du juste et de l'injuste, du vice et de la vertu, sans le respect pour les auteurs de ses jours et pour la vieillesse, sans la tendresse pour les enfans, sans le dévouement au prince, sans l'amour de la patrie, sans toutes les vertus enfin qu'on trouve chez tous les peuples, et sans lesquelles tous les peuples sont condamnés à périr. L'histoire nous apprend à quelles époques divers cultes sont nés parmi les peuples; elle nous dit les noms de leurs fondateurs, elle ne peut pas nous dire l'époque à laquelle a commencé la morale publique, parce qu'elle est antérieure aux religions positives, parce qu'elle était avant elles la seule religion des peuples.

» Dans quelque superstition, dans quelque abrutissement qu'un peuple soit tombé, il n'est jamais arrivé que tous les caractères sacrés de cette morale publique, de cette religion primitive, aient été effacés, et toujours il a été possible de les faire revivre. Plus une religion a sanctionné cette morale commune à toutes, plus elle a été sainte, et c'est l'honneur immortel du christianisme de l'avoir portée au dernier degré de pureté et de sublimité.

» La morale publique n'est donc ni une chose

nouvelle, ni un phénomène parmi les nations; et j'ai peine à concevoir qu'on soit arrivé à élever de pareils doutes. Il est des tems de douleur et d'oppression qui en affaiblissent beaucoup le sentiment; ils ne l'éteignent jamais. Je suppose qu'un tyran ait long-tems pesé sur un pays. Si, du sein d'une longue servilité, un homme ignoré jusqu'alors s'éveille, qu'il se dévoue pour les siens, qu'il fasse entendre les premiers accens de vérité et de liberté, cet homme devient tout-à-coup l'honneur de son pays, il est proclamé le vengeur, l'organe de la morale publique; tous les cœurs lui répondent, et la tyrannie est ébranlée jusque dans ses fondemens. Voilà à quels traits on reconnaît et l'on reconnaîtra toujours la morale publique; c'est pour les nations le premier des patrimoines, le plus précieux des trésors; il s'enrichit de tous les actes de vertu, de tous les dévouemens, de tous les sacrifices; il n'y a pas de bon citoyen qui ne soit appelé à l'accroître; c'est aux ames héroïques qu'il est donné de l'augmenter sans mesure. La France est riche déjà de ce patrimoine; elle est appelée à s'enrichir encore, et lorsque vous aurez défendu par vos lois la morale publique de tout outrage, bienfaiteurs de votre pays, vous en aurez été les véritables organes.

Nous allons voir plus tard comment ces considérations, présentées par M. le garde-des-sceaux avec d'autres objections opposées à d'autres amendemens, ont déterminé M. de Constant à abandonner la suppression de celui qu'il avait proposé.

Le premier amendement qui se présente est celui de M. Chabron de Solilhac ; il consiste à faire commencer l'article 8 par ces mots : *Tout outrage fait à la religion de l'Etat ou à un autre culte, à la morale publique, etc.*

Dans le développement des motifs, M. de Solilhac se défend sur-tout de l'intention d'ouvrir un arène devant les tribunaux pour y présenter au combat les doctrines de différens cultes ; mais il pense que le gouvernement ne saurait apporter trop de soin à la punition de l'impiété et du sacrilége, qui attaquent toutes les religions.

M. Ribard (de la Seine-Inférieure) enchérissant sur les idées de son collègue, et restreignant son amendement à la religion chrétienne, en a proposé un nouveau qui aurait fait commencer l'article 8 par ces mots : *Tout outrage à la majesté divine, à la croyance, et à la morale chrétienne, et aux bonnes mœurs, sera puni, etc.*

Nous passons sous silence un discours très-étendu, dans lequel M. de Kératry (du Finistère) combat les opinions de ses collègues en soutenant que dans les mots *morale publique* se trouvent renfermées toutes les idées de la morale religieuse qui en sont les véritables principes.

Nous en userons de même à l'égard d'une opinion de M. de Saint-Aulaire, qui tend également à repousser les deux amendemens énoncés ci-dessus.

M. le comte d'Hautefeuille combat également les propositions de MM. de Solilhac et Ribard; mais c'est pour substituer un nouvel amendement aux leurs, et il propose d'ajouter aux mots *morale publique*, ceux-ci : *et religieuse*.

L'orateur, après avoir exprimé les désirs que les délits qui s'attaquent à la base la plus auguste et la plus indispensable du pacte social fussent précisés d'une manière plus formelle, continue ainsi : « L'on m'objectera peut-être qu'ils sont évidemment compris dans les premiers; mais je répondrai que s'ils le sont, c'est au moins d'une manière bien plus vague et plus indéterminée; et que s'ils ne le sont pas, c'est une lacune à laquelle il faut porter remède. Quant à la crainte qu'un orateur a manifestée hier, dans un cas parfaitement semblable, que les juges, trompés sur les intentions du législateur par une définition de délits qu'ils eussent jugée superflue, ne s'arment d'une plus grande rigueur pour les punir; je dirai que, du moment où l'on ne vous propose d'augmenter ni le *maximum* ni le *minimum* des peines portées à l'article 8; cette inquiétude me paraît tout-à-fait illusoire, et que des juges intègres et éclairés, tels qu'on doit toujours les supposer, ne les en gradueront pas moins suivant leur conscience et la gravité des cas. »

M. Royer-Collard repousse à-la-fois tous les amendemens.

« Il est reconnu de toutes parts, dit-il, que les opinions ne sont l'objet de la loi, ni comme vraies ou fausses, ni comme salutaires ou nuisibles. Outre que la loi est sans discernement à cet égard, les expériences décisives du 16e et du 18e siècle attestent son impuissance, soit à établir, soit à détruire des doctrines.

» Aussi, Messieurs, ne s'agit-il pas de simples opinions sur la morale publique, de quelque nature qu'elles soient; l'article qui vous est proposé ne punit que l'outrage. Je prie que l'on remarque la distance de l'opinion à l'outrage. Contre les défenseurs de la liberté philosophique du raisonnement, la question est là.

» Pourquoi l'outrage à la morale publique est-il punissable? Parce qu'il blesse la société dans des sentimens qui lui sont chers; parce qu'il diffame ce qu'elle honore, et que la société offensée a le droit de venger ses injures, comme elle venge celles qui s'adressent à chacun de ses membres.

» La morale publique, est-ce la même chose que la religion, ou bien est-ce autre chose?

» Avant de répondre à cette question, il faut la poser dans des termes plus exacts.

» Là où il y a liberté légale de conscience, à moins d'une inconséquence qui ne pourrait pas être involontaire, la religion, c'est les diverses religions qui ont une existence publique, et que l'Etat reconnaît. Les religions diverses, prises ensemble et embrassées d'une même vue, c'est, dans la plus noble acception de ce mot, le sentiment religieux, sentiment universel, don immédiat de la divinité, espèce d'organe intérieur par lequel nous découvrons, au-delà de ce monde et de cette vie, une autre vie et un autre monde, et une justice qui juge les justices humaines. Le sentiment religieux seul est le principe des devoirs réciproques et la sanction de la morale publique.

» Je reprends maintenant la question en ces termes: la morale publique diffère-t-elle du sentiment religieux?

» Oui, sans doute, elle en diffère; mais comme l'effet de la cause, ou la conséquence du principe, ou le précepte de la sanction; c'est-à-dire que bien qu'elle en diffère, elle en est inséparable. Mais si le sentiment religieux est inséparable de la morale publique, il ne peut être outragé que celle-ci ne le soit en même tems; par conséquent, la protection accordée par l'article 8 à la morale publique embrasse le sentiment religieux dans lequel se résout constitutivement la religion.

» Il reste une difficulté grave : en admettant que la religion ainsi définie soit dans la morale publique, est-il nécessaire de l'y laisser ? ne serait-il pas plus sûr et plus convenable de l'en faire sortir en l'appelant par son nom? La loi ne lui doit-elle pas cet hommage?

» Je suis obligé de ramener la question à ses véritables termes. Là où il y a liberté légale de conscience, ce n'est pas la religion en général, mais les religions particulières et positives qu'il faudrait protéger à part de la morale publique; celle-ci, puis celle-là, puis cette autre encore; l'amendement de M. Chabron en fait foi. Or, sans relever et sans vouloir même expliquer ce qu'il y aurait d'inconvenant dans une semblable énonciation, il est aisé de voir qu'entre ces deux manières de s'expliquer, la morale publique ou les religions, c'est la première qui a l'acception la plus sûre, la plus vaste, et, si je puis le dire, la plus protectrice. En effet, si dans la langue de la philosophie morale les religions se traduisent naturellement par le sentiment religieux, ce mot, dans la langue sévère de la loi, peut aussi et doit peut-être s'entendre uniquement des croyances qui seraient reconnues communes à toutes les religions; car il y aurait contradiction à ce que la même protection s'appliquât avec la même énergie aux croyances opposées. Or, cette réduction des religions aux croyances communes, outre qu'elle suppose un travail qui est encore à faire, et qui ne sera pas apparemment imposé aux tribunaux et aux jurys; cette réduction, dis-je, ne voit-on pas que, dans sa neutralité dédaigneuse, elle dépouille chaque religion de ses dogmes, de son culte, de sa hiérarchie, de sa discipline? Ainsi dépouillée, que lui reste-il comme religion positive? N'est-elle pas à ce titre mise véritablement hors de la loi?

» Il ne doit pas en être ainsi, parce que le sentiment religieux ne fait pas de tels sacrifices. Comme dans chaque religion il s'attache à tout, il peut être offensé partout. A la différence de l'esprit, il admet les dogmes opposés, en ce qu'il peut y être également outragé. Or, partout où il est outragé, la morale publique s'indigne et le venge. Si donc nous cherchons quel est pour la religion le bouclier le plus large, c'est la morale publique, et même il n'y en a pas d'autres.

» Pour conclure, Messieurs, effacer la morale publique de la loi, ce serait déclarer, à la face du monde civilisé, que la société n'est pas offensée quand la morale publique en est outragée; déclaration fausse en elle-même, et qui serait injurieuse à la nation dont vous êtes les organes. Modifier l'article 8 par une addition quelconque, ce serait en réalité l'affaiblir et le restreindre. »

M. Lainé entreprend de répondre à tous les orateurs qui l'avaient précédé; il commence par exprimer de vives craintes sur ce que les tribunaux ne lisant dans la loi que les mots *morale publique*, ne pussent pas se croire autorisés à prononcer des peines contre les *outrages à la religion*. Il a bien entendu que les orateurs du gouvernement renfermaient virtuellement la religion dans la morale publique; mais cette pensée implicite ne pourrait guère servir, à l'égard des magistrats, qu'à donner à la loi une interprétation quelquefois fausse, et toujours dangereuse. L'orateur est d'autant plus porté à le croire que dans son esprit les deux idées de *religion* et de *morale publique* sont absolument distinctes et séparées; or, quel est le magistrat qui pourra se croire en droit de donner la même signification à deux mots qui semblent inhérens aux uns, et qui pour d'autres présentent un sens entièrement différent; et ce n'est pas seulement parmi les législateurs qu'on trouve cette dernière opinion : les philosophes, d'accord cette fois avec les théologiens, séparent soigneusement la *morale* de la *religion*. Comment, au milieu de tant de dissidences le magistrat prendra-t-il plutôt une opinion qu'une autre ?

Il n'y a donc point de règles positives pour déterminer le véritable sens des mots *morale publique*, employés pour la première fois dans une loi répressive.

L'orateur, en établissant la nécessité de décorer la loi du mot de *religion*, s'attache particulièrement à démontrer qu'il ne s'agit point de favoriser une religion au dépend d'une autre; aussi, dit-il, « quand on demande à quelle religion on appliquera le mot que je propose d'introduire dans la loi, j'ose répondre : à toutes les religions autorisées ou reconnues, en outrager une, c'est les outrager toutes; car, malgré la différence de leurs dogmes et de leurs rites, elles sont toutes intéressées à défendre leur principe commun, le point d'appui qu'elles ont ensèmble au-dessus de la terre. »

Ici M. Lainé s'attache à démontrer que la loi, annoblie par le mot de *religion*, n'interdirait ni les controverses, ni l'explication des doctrines, ni même les critiques, et que c'est au contraire pour les protéger, quand elles sont décentes, que la loi doit punir les outrages qui les dénaturent. Il établit que, dans les tems où nos lois étaient trop rigoureuses et dans les pays qui ont encore des lois semblables, les controverses sont nombreuses et les critiques multipliées. Que si, en d'autres tems, on a abusé de la religion qui porte à la concorde, les passions ont pris un autre cours, et dédaignent de se servir de la religion comme d'un instrument. Il ne serait donc pas plus sage de bannir la religion des lois parce qu'elle aurait été le prétexte de sanglantes persécutions, qu'il ne le serait de bannir le nom de liberté en soulevant les esprits par le tableau des excès de la licence. Le peu de gravité des peines énoncées dans l'article 8, les précautions prises pour assurer la liberté des cultes par la charte, par le code, et par la discussion actuelle, sont autant de motifs pour punir les outrages à la religion, en même tems que cette punition serait le meilleur moyen de mettre plus d'harmonie dans la loi, et de rassurer les esprits, la morale et la société. Les tribunaux, qui dans les termes *morale publique* ne trouveraient pas de quoi punir les outrages à la *religion*, trouveront dans cette dernière expression la faculté de réprimer ce que le législateur entend réprimer, et cela suffira pour tous les hommes de bon sens. L'orateur termine en disant que s'il est vrai que ce siècle soit plus religieux que le siècle précédent, il faut conserver ce bien et l'étendre; que c'est le moins assurément que la loi, qui punit si rigoureusement les offenses aux autorités, punisse aussi les outrages contre la base et le fondement de toute autorité.

M. le garde-des-sceaux a combattu en ces termes les opinions émises par M. Lainé :

« Les divers orateurs qui ont abordé avec conscience et recueillement la matière élevée et difficile qui vous occupe, n'ont pu s'accorder sur les amendemens à proposer à l'article que vous présente le gouvernement. Cette circonstance seule a révélé mieux encore que l'aveu positif qu'ils en ont fait dans leurs discours, l'embarras où ils se trouvent d'indiquer un changement qui obtienne votre assentiment, qui seulement les satisfasse eux-mêmes. Cet embarras avoué et cette contradiction seraient, en tout cas, la justification la plus éclatante du projet de loi, s'il avait besoin de justification. Vous vous rappelez que dans la dernière session un amendement analogue vous fut proposé. Vous en comprîtes les difficultés, vous en pressentîtes les dangers ; il fut écarté. Dans l'autre chambre, cet amendement fut reproduit ; subitement adopté, il a contribué au rejet de la loi tout entière.

» Le noble orateur qui m'a précédé a souvent proféré le mot *religion ;* il ne l'a pas défini, et j'avoue que je suis encore à chercher quel sens positif il y attache ; les hommes les plus recommandables n'échappent pas tout-à-fait à l'influence de leur époque, et l'on ne peut se dissimuler que la tendance de la nôtre est de généraliser beaucoup le sens du mot *religion*, d'y voir une spéculation abstraite, un sentiment inhérent à l'ame plutôt qu'une croyance, une pratique, une observance rigoureuse. Mais, Messieurs, si l'on s'était placé dans ce dernier point de vue, le seul véritable, à peine eût-on conçu l'idée d'une disposition qui tend à-la-fois à enchaîner tous les cultes et à les armer tous les uns contre les autres.

» L'amendement de M. Solilhac tend à punir tout outrage fait à un culte, à une religion quelconque. A cet amendement se rattachent tous les autres, qui n'en sont, pour ainsi dire, que les variantes; le combattre, c'est les combattre tous.

» Nous savons, Messieurs, que la charte accorde à chacun la même protection pour son culte, mais elle assure en même tems une égale liberté à la religion de chacun.

Or, qu'est-ce, dans le sens réel et positif, dans le sens où l'entendent les fidèles, qu'est-ce que la religion ? C'est à-la-fois ce qu'il y a de plus *libre* et de plus *fort*. Or, l'amendement proposé porte atteinte à la liberté de toute religion, et il en méconnaît toute la force. Sous ce dernier aspect, il me paraît téméraire et dangereux; sous le premier, il est tyrannique et irreligieux.

» J'ai avancé que la religion, c'est-à-dire une religion positive, comme l'ont compris tous les peuples, et non cette religion générale, dont l'idée purement philosophique est entièrement moderne, et n'a jamais été admise par les véritables croyans; j'ai, dis-je, avancé que la religion, ainsi entendue, est ce qu'il y a de plus libre, parce qu'elle consiste dans une croyance positive, parce que sa base est la foi, une foi qui n'est pas une tradition humaine, mais une vérité absolue que le croyant a reçue de Dieu même. Elle est ce qu'il y a de plus libre, parce qu'elle est supérieure à toutes les lois que pourraient tenter de lui donner les hommes. La foi sincère n'est, de sa nature, ni silencieuse, ni stérile; elle enjoint au croyant de ne pas cacher la lumière sous le boisseau, de prêcher son évangile sur les toits, dans les places et dans les cités, de combattre l'erreur avec le même zèle et la même chaleur qu'il doit propager la vérité.

» Or, quel sera l'effet de l'amendement? ce sera, Messieurs, d'entraver, de menacer toute prédication, et plus particulièrement la prédication de la religion de l'Etat, parce que les dogmes de celle-ci sont plus absolus, ses principes plus fixes, ses doctrines plus inflexibles, le zèle de ses enfans plus vif et plus invincible.

» Il est bien vrai qu'aujourd'hui les cultes différens habitent paisiblement les uns à côté des autres. Demandez, cherchez la raison de cette paix, et vous la trouverez uniquement dans la liberté parfaite dont ils jouissent tous. Leurs égards réciproques sont essentiellement volontaires ; ils tiennent à leur indépendance dans le domaine religieux, au droit qu'à chaque croyant d'exprimer entièrement sa croyance, et de dire tout ce qu'il pense des croyances étrangères. Du moment que vous voudrez imposer des restrictions, montrer des châtimens à celui que Dieu même a chargé d'annoncer sa foi, il bravera les uns et franchira les autres. L'empêcherez-vous d'appeler les cultes étrangers des cultes adultères ? De les traiter d'impies, de sacriléges ? d'attaquer les dogmes et les rites étrangers ? de les qualifier d'abominables erreurs ou d'infâmes profanations ? Voilà le langage que les ministres du culte, que les simples fidèles ont, religieusement parlant, le droit de tenir. Voilà, n'en doutez pas, si vous les provoquez, le langage qu'ils tiendront, et il suffira qu'un seul ait tenu ce langage, et qu'en vertu de votre loi on ait essayé de l'en punir, pour que tous unanimement se croient obligés de répéter la même profession de foi. Vous les traînerez dans les cachots, vous les ruinerez par des amendes ; chargés de vos fers, et sur le fumier où vous les aurez réduits, ils proféreront les mêmes paroles, ils prêcheront le même évangile, et combattront avec la même force les mêmes erreurs. Et quels crimes avaient commis, dans les premiers âges de l'Eglise, ces chrétiens expirant par milliers dans les tortures? Quels crimes, Messieurs? ils avaient insulté aux croyances de Rome et de la Grèce, ils avaient outragé le culte de l'empire. Je le dis avec conviction, les peines qu'on vous propose sont plus douces; mais entre la loi qu'on vous demande et les lois de Dioclétien, je ne vois, à ne considérer que le principe, aucune différence. Il y en aurait une cependant dans l'application; mais elle ne serait pas à l'avantage de la proposition, car les souverains d'alors essayaient de défendre tous les cultes contre un seul; et nous, sans en protéger un seul, nous les attaquerions tous: car c'est les attaquer que de vouloir leur fermer la bouche et mettre un frein à la libre expression de leurs sentimens et de leurs croyances.

» On vient de citer nos lois anciennes et leur sévérité; il fallait en même tems accuser leur impuissance; il fallait, en les jugeant par leurs effets, remonter jusqu'à l'erreur de leur principe. Ces lois ont-elles réussi à étouffer la licence et les blasphêmes? ont-elles fécondé les semences de la foi? Non, Messieurs, la religion et la morale ont langui, l'incrédulité et le vice ont prospéré sous les lois oppressives; car la liberté n'est pas moins nécessaire au perfectionnement moral et religieux des peuples qu'à leur perfectionnement politique.

» On cite la loi anglaise. Cette loi dérivait du même principe et d'un état de choses analogue. En France, à l'époque où ces lois furent portées, une seule religion était reconnue par l'Etat, qui n'en tolérait point d'autres. Il pouvait alors paraître simple que les lois en prissent la défense. Tentative infructueuse, dont le résultat ne doit guère encourager à l'imiter. En Angleterre, quoi qu'en ait dit l'honorable orateur qui m'a précédé, il y a une religion dominante, et durement dominante, qui exclut des emplois supérieurs ceux qui ne la pratiquent point. Sans doute le caractère du siècle adoucit chaque jour cette législation; mais les lois ont été faites à une époque où cette religion n'y était pas seulement dominante, mais encore tyrannique. Comment donc pourrait-on nous citer les lois de l'Angleterre où de l'ancienne France, à nous qui avons admis en principe la liberté de tous les cultes, et par suite leur indépendance dans le domaine religieux?

» J'ai dit que l'essence de la religion était méconnue sous un autre rapport. Effectivement, c'est oublier sa force que de vouloir l'armer du glaive de nos lois. Et qui est l'homme, cet être faible et passionné, pour offrir au Tout-Puissant le secours de son bras? Veut-il donc s'emparer de sa force ou lui prêter ses faiblesses? Cette vaine présomption ne s'est déjà que trop montrée. Les siècles passés et l'histoire nous enseignent, dans des pages sanglantes, quels en ont été les funestes résultats. Est-ce dans ces voies que nous voulons suivre nos devanciers? ou croit-on qu'il n'y ait plus parmi nous d'esprit de parti capable de venger sa querelle, en affectant de prendre en main celle de la religion? Et qui nous répondra de l'avenir? qui même du présent?

» Reconnaissons, Messieurs, la témérité et le danger des propositions que je combats; reconnaissons qu'elles tendent à faire sortir la loi civile de son empire pour envahir l'empire de la loi divine; que chaque loi souveraine et indépendante dans ses limites devient tyrannique dès qu'elle les dépasse; que la loi civile ne peut régler le domaine religieux sans devenir elle-même irréligieuse, et que si une loi doit s'armer pour l'autre et protéger ses principes et ses dogmes, c'est à la loi divine à protéger les lois humaines et les hommes qui les font.

» Je crois que ces réflexions suffisent pour repousser tous les amendemens qui tendraient à insérer dans l'article le mot *religion*. Je demande, à mon tour, à ceux qui ne partageraient pas ma conviction, qu'ils veuillent bien donner aux tribunaux une règle positive, et dire ce qu'ils entendent par le mot *religion*. Comprennent-ils sous ce nom toutes les religions positives et révélées? L'objet de mon discours jusqu'ici a été de démontrer que les religions positives étant essentiellement des croyances, des dogmes, des rites, la loi qu'on voudrait faire à cet égard serait tyrannique pour toutes ces religions et éminemment irréligieuse ; soutiennent-ils qu'ils ne s'agit pas de religions révélées, mais d'une religion qui domine les religions positives et leur est commune à toutes, en un mot, d'une religion abstraite et philosophique ?

» Je répondrai qu'il serait très-dangereux d'insérer dans la loi un mot aussi mal défini, parce que rien n'avertira les juges et les jurés que c'est de cette religion philosophique plutôt que des religions ou de l'une des religions positives que l'on entend parler. Ainsi l'on n'échappe au vague qu'on a reproché aux mots *morale publique* que pour tomber dans un vague plus grand, et sur-tout accompagné de bien d'autres dangers, comme je crois l'avoir invinciblement démontré.

» Sans doute il est libre de discuter toutes les propositions relatives au droit public, excepté les dogmes politiques fixés. Et ici je répète avec plaisir les paroles qu'on vient d'entendre de la bouche d'un bon citoyen et d'un loyal député, M. Kératry. Nous avons des dogmes politiques fixés, que tout Français doit révérer ; mais nous n'avons pas de dogmes religieux communs à tous les Français. Nous avons fait des lois pour mettre à couvert ces dogmes politiques communs à tous; mais nous ne pouvons pas faire des lois pour faire respecter des dogmes religieux qui n'obligent pas tous les Français. La conclusion me paraît évidente; et ceci répond au dernier argument de M. Lainé.

» Je crois avoir aussi repoussé l'argument tiré de l'article 5 de la loi que vous avez votée sur la liberté des cultes, puisque c'est au nom de cette liberté que j'ai moi-même combattu l'amendement. »

M. de Courvoisier, rapporteur de la commission, appuie les opinions émises par M. le garde-des-sceaux; il insiste sur-tout, sur la nécessité de ne pas rendre plus explicite l'alliance des mots *morale publique* et *religion*. Il soutient que sous l'empire du code pénal, et en vertu de l'art. 287 (1), qui ne parle que des mœurs, tous les outrages à la religion ont été punis d'après ce texte. Il cite en preuve que lors de la présentation qui eut lieu, l'an dernier, d'une loi sur la presse, un député ayant proposé d'introduire par amendement le mot *religion*, tous les magistrats se levèrent pour affirmer que la jurisprudence des tribunaux rendait l'amendement inutile et la précaution superflue; la chambre partagea cette opinion. L'orateur pense qu'en allant plus loin dans la loi actuelle, on s'expose à tous les dangers

(1) Voyez la citation de l'art. 287, page 74.

que peuvent présenter ou l'esprit d'intolérance ou la contagion de l'erreur. Par des exemples très-bien choisis dans l'histoire de plusieurs peuples, l'orateur établit cette vérité ; il en conclut que plus la loi sera restreinte à cet égard, plus elle montrera de sagesse. La religion est protégée par l'art. 8, et le juge ne sera gêné ni par l'esprit, ni par la lettre ; c'est là, aux yeux de l'orateur, le plus haut point de perfection que la loi puisse atteindre.

A ce moment, M. Benjamin Constant déclare qu'en proposant, par amendement, de retrancher de l'article les mots *morale publique*, c'est qu'il avait craint que ces mots, impliquant nécessairement celui de *religion*, ne présentassent une idée vague, qui, dans l'application, pourrait donner lieu à des actes contraires à la liberté et à des persécutions. « Mais, dit-il, j'ai entendu M. le garde-des-sceaux. Il vient, dans son discours, de défendre et la liberté des cultes, et la liberté de la discussion ; nous n'avons plus rien à craindre, et je retire mon amendement. »

Après quelques débats sur la manière dont l'amendement de M. Lainé serait rédigé, M. Cuvier obtient la parole, en qualité de commissaire du roi; il s'exprime en ces termes :

« Nous voulons tous empêcher la propagation de ces doctrines avilissantes qui prêchent l'immoralité et livrent le cœur des hommes aux passions les plus grossières, mais nous voulons en même tems laisser subsister entre les divers cultes cette heureuse harmonie que l'état actuel des choses en France, et, j'ose le dire, dans presque toute l'Europe, même dans les parties de l'Europe où l'on parle encore le langage qu'on voudrait faire parler ici, ces lois ont perdu la force qu'elles avaient dans les tems où elles ont été rédigées, que peut-être elles devaient avoir alors, mais qui deviendrait aujourd'hui une source de querelles sanglantes. Oui, nous voulons laisser toute liberté de discussion philosophique.

» Les orateurs qui ont proposé d'insérer le mot *religion* dans la loi, et ceux qui ont demandé qu'il en fût rayé, en sont tous convenus; mais les partisans de la loi soutiennent qu'une telle insertion ferait manquer ce but même, qui est de laisser subsister la liberté religieuse et philosophique. Je pense qu'ils émettent une opinion fondée sur l'histoire, sur la nature des choses et du cœur de l'homme. Pour l'établir, il faut que j'explique bien nettement le sens dans lequel les auteurs de la loi entendent les paroles qu'ils ont écrites. C'est de cette explication que je partirai pour prouver qu'il ne faut rien y ajouter. La déclaration solennelle que j'en fais ici, je la fais au nom des ministres du

Roi, qui ont soumis le projet à Sa Majesté; et je crois que la chambre, en la sanctionnant par son assentiment, lui donnera toute son authenticité.

» Nous entendons que la base de la morale publique, la seule base de l'ordre social, consiste dans ce sentiment religieux qui détermine à rendre au Créateur de l'univers le culte qu'il croit lui devoir, qui fait chercher à chacun dans l'existence de la divinité et d'une vie à venir, la sanction des devoirs qu'il doit remplir dans ce monde. C'est là le sentiment que nous avons exprimé par les mots *morale publique ;* ce sentiment universel qui a été donné par Dieu même à l'homme en le créant, ce sentiment qu'un incrédule, au milieu de tous ses sophismes, ne peut détruire entièrement en lui-même. Voilà ce que nous entendons par la *morale publique*. Outrager ce sentiment par des insultes grossières non-seulement en général, mais en attaquant d'une manière populaire, directe, claire et précise, les vérités sur lesquelles il repose; l'outrager ensuite en ulcérant le cœur de ceux qui, par leur culte particulier, lui donnent des applications qu'ils croient vraies, voilà ce que nous appelons outrager la *morale publique*. Outrager la religion comme religion, insulter ceux qui la professent, les livrer au ridicule, tourner en dérision les rites de chaque religion en particulier, tout cela c'est outrager la morale publique, c'est l'insulter, parce que c'est détruire d'une manière outrageante et odieuse les bases sur lesquelles elle repose.

» Après cette déclaration claire, qu'il me soit permis de dire qu'en ajoutant le mot *religion* soit au singulier soit au pluriel, vous donneriez des armes dangereuses qui, contre votre intention, pourraient produire de funestes effets. Je dis que le mot *religion*, soit au singulier, soit au pluriel, sur-tout quand vous le placez à côté des mots *morale publique*, indique non-seulement ce sentiment général qui unit l'homme à son créateur, mais il indique une religion positive, un culte spécial, auquel celui qui le professe attribue la même vérité qu'aux vérités générales que je viens d'énoncer ; que si vous l'employez purement et simplement sans désigner quelle espèce de culte vous entendez professer, alors les partisans d'un culte spécial auront le droit de traîner les partisans d'un autre culte devant les jurés, et de dire : Il m'a outragé, il a prétendu que mon culte était insensé, faux, qu'il était le produit de la superstition; il m'a appelé idolâtre, fanatique.... En un mot, la religion des faux dieux mêmes qu'on a citée, puisqu'elle était aussi un culte, une base de la morale publique, puisque Bossuet lui-même l'a présenté ainsi, la religion des faux dieux aurait aussi ce droit, elle pourrait aussi traîner devant le jury le premier philosophe chrétien qui la présenterait sous son véritable jour.

» Si vous n'entendez parler que d'une seule religion, si vous prenez la religion de l'Etat, de la majorité, alors vous livrez les autres aux persécutions. Je sais que l'esprit du siècle s'y oppose, je sais que dans une capitale, où l'indifférence pour la religion est un vice qui corrompt les mœurs, ce danger n'est pas à craindre; mais qui nous répond que dans des provinces éloignées, dans des lieux où les lumières, les tolérances, l'esprit philosophique n'ont point encore pénétré, que là, dans une assemblée formée de personnes prises dans la classe peu éclairée, qui n'ont pas d'autre guide de leur raison que leur pasteur, les choses les plus simples et les plus innocentes ne soient présentées comme des insultes et des outrages, et n'attirent la persécution sur ceux qui les professent.

» Je dis plus, il est impossible d'employer d'une manière vague le mot *religion*, soit au singulier, soit au pluriel, sans vous exposer à des malheurs que vous avez tous fait profession de vouloir éviter. Il serait impossible de spécifier aucune proposition, je ne dis pas religieuse, mais même philosophique, qui ne puisse conduire au désordre que nous avons voulu empêcher. Je n'ai pas besoin de vous répéter les argumens qui vous ont été présentés à cet égard, il me suffit de dire que du moment où l'on investit d'un même respect toutes les religions, les attaquer comme fausses, c'est les insulter. Il n'est personne de vous qui ne connaisse pas assez l'histoire du 17e siècle pour ne pas savoir de quelle manière ont été traités les Descartes et les Pascal, qui étaient des hommes non-seulement les plus religieux, philosophiquement parlant, mais encore les plus attachés au culte particulier de leurs pères. Comment empêcherez-vous que cela ne se renouvelle quand la haine et les passions pourront se rallumer? Pascal a été accusé de fatalisme, et Descartes, qui a trouvé de nouvelles preuves de l'existence de Dieu, a été accusé de détruire l'existence de Dieu. Encore, à cette époque, ils avaient des juges familiarisés avec ces sortes de matières; ils étaient traduits devant leurs pairs; aujourd'hui, ressusciterez-vous la Sorbonne? ou bien irez-vous traduire devant des juges de province des hommes tels que Buffon et Montesquieu, qu'on a accusés des erreurs dont je parle? Certainement il n'est pas de tribunal composé d'hommes simples devant lequel, avec un peu d'art, d'éloquence, de subtilité sur-tout, on ne puisse présenter Montesquieu, dans ses plus belles pages, comme le destructeur de l'ordre monarchique, le contempteur de la morale et l'antagoniste de la religion. Cependant tout le monde dit que le livre de Montesquieu est encore la source où nous allons puiser les plus saines doctrines pour le maintien des Etats. Eh bien! ce que l'on ne pouvait pas faire alors sans inconvénient, lorsqu'on avait des juges qui avaient passé toute leur vie dans ces études profondes, comment le ferez-vous aujourd'hui avec des jurés?

» On met, a-t-on dit, une arme entre les mains de tout le monde, en permettant à l'incrédulité de renouveler ses sophismes. Oui, mais c'est une arme qui est émoussée, qui ne peut plus blesser. Si vous employez le mot *religion* dans le sens positif, vous rendez une arme qui a fait couler tant de sang, et vous la mettez dans les mains d'hommes qui se ne feront point un scrupule d'en verser.

» L'esprit actuel est un esprit religieux. Quel homme d'honneur oserait souiller sa plume des sophismes qui ont déshonoré le 18e siècle? Je dis plus, il n'y aurait aucun succès à le faire. Les derniers écrivains qui ont voulu attaquer la religion ne l'ont pas osé faire d'une manière directe, ils n'auraient pas eu de lecteurs; ils ont été obligés d'employer l'obcénité pour faire lire leurs ouvrages de quelques hommes dépravés; eh bien! vous les punirez comme obcènes, et la loi est à cet égard très-sévère.

» Nous savons bien que des conférences solennelles, que des colloques ont été établis pour discuter différens points de doctrine ; mais comment est-on parvenu à les obtenir ? Ils ne durent pas leur origine à la diversité des opinions ; les premiers qui manifestèrent ces opinions furent condamnés au feu. C'est lorsqu'on fut fatigué des guerres civiles qui ensanglantèrent l'Etat, guerres qui, si elles pouvaient avoir un prétexte, l'auraient dans la violation de la liberté des consciences ; c'est alors, dis-je, qu'on sut la respecter assez pour accorder des conférences amicales. Ces conférences ne servirent à rien, leur solennité même ne fit que donner aux haines et aux passions des forces nouvelles. C'est bientôt après ces colloques qu'eurent lieu la Saint-Barthelemy et les guerres qui durèrent jusqu'à ce qu'enfin l'un des cultes fut entièrement proscrit.

» Voilà, Messieurs, les raisons puissantes qui nous ont déterminés à ne pas insérer le mot *religion* dans l'article. Je sais qu'aucun de nous n'a l'intention de tirer de l'insertion de ce mot les conséquences affreuses qu'il pourrait présenter ; mais je crois que vous ne pouvez pas douter que, s'il y était inséré, il ne pût, dans telle ou telle circonstance, servir de moyen au faux zèle, au zèle emporté, pour exciter des persécutions, et par conséquent des troubles.

» En me référant aux explications claires et précises que je crois avoir données au mot *morale publi-*

que, je demande que la chambre ne fasse aucun changement à l'article. »

La chambre, d'une commune voix, demande la clôture de la discussion ; l'amendement de M. Lainé est rejeté, et l'on revient à celui de M. le comte d'Hautefeuille, qui, ainsi que nous l'avons vu, tend à faire ajouter aux mots *morale publique* ceux-ci, *et religieuse*. L'auteur de cet amendement reparaît à la tribune pour le soutenir ; il insiste particulièrement sur la nécessité de se garantir de l'invasion de l'impiété, du sacrilège et des désolantes doctrines de l'athéisme ; il ne trouve point, du reste, qu'il soit plus inconvenant de protéger par la loi les outrages à la religion, qu'il ne l'est de venger les outrages contre la personne du Roi.

D'autres orateurs défendent le même système. Suivant l'un d'eux (M. de Puymaurin), si l'amendement n'est point adopté , les tribunaux n'auront point de règles pour appliquer la loi ; selon un autre (M. de Marcellus), si l'amendement n'était point adopté , il faudrait effacer, des préambules des lois , ces mots, *Louis , par la grâce de Dieu*.

M. le garde-des-sceaux déclare qu'il ne voit aucun inconvénient à l'adoption de l'amendement, parce qu'il est persuadé que le vœu de la chambre a été de maintenir pleine et entière la liberté de toutes les religions et de tous les cultes, soit dans l'expression de leurs croyances, soit dans la discussion des autres croyances. De plus, tous les orateurs sont tombés d'accord que l'outrage fait à la morale publique renfermait l'outrage à ce sentiment religieux propre à tout homme moral, à tout Français, quelle que soit sa croyance spéciale et la communion religieuse dont il fait partie. Ce sens bien entendu, l'amendement peut être une répétition inutile, mais qui ne saurait être dangereuse en l'admettant de cette manière : 1° qu'elle n'est pas restrictive des mots *morale publique*, et qu'elle ne permet point l'outrage à aucun des sentimens généreux et nationaux que renferment ces mots; 2° que ces mots *morale religieuse* n'embrassent point les croyances spéciales à chaque culte, et n'en limitent ni la liberté, ni la controverse; sous ce rapport, l'orateur accepte cette version, *morale publique et religieuse*, parce qu'elle indique ce qui est commun à tout homme moral, indépendamment du culte qu'il professe.

Le rapporteur de la commission se range au même avis par les mêmes considérations.

L'amendement de M. d'Hautefeuille a été adopté, à la presque unanimité, par la chambre des députés.

Une discussion aussi étendue, aussi profonde et aussi lumineuse semblait avoir fixé d'une manière irrévocable le sens de l'art. 8; mais à la chambre des pairs, de nouvelles considérations se sont présentées, le champ de la discussion s'est agrandi, et il en est sorti un nouvelle moisson d'idées, qui servira à déterminer d'une manière encore plus précise le sens de l'art. 8.

Nous commencerons par offrir la partie du rapport de M. de Broglie qui s'y applique.

« Le chapitre II, dit-il, et ceux qui suivent classent les délits qui tendent à dépouiller l'homme de la plus chère de ses propriétés, l'estime de ses semblables, ou qui l'attaquent dans la plus précieuse partie de son patrimoine, comme créature morale et intelligente, son respect pour la religion, la vertu et l'honnêteté.

» Ce sont ces objets de la vénération des gens de bien que l'article 8 se propose de mettre à couvert contre l'insulte.

» Personne de vous n'ignore, Messieurs, quelle grave et solennelle discussion cet article a élevée dans l'autre chambre. Nous n'entreprendrons pas de l'envisager de si haut. Nous croyons cependant devoir fixer sur lui votre attention pour quelques instans.

» Cet article était le véritable écueil du projet de loi. Il était tout-à-fait impossible à rédiger avec clarté et précision. Le sujet même y résiste obstinément.

» En effet, la provocation est un délit clair et précis, mais pourquoi? parce qu'elle se dirige vers un but qui est lui-même clair et précis. C'est de son but qu'elle emprunte sa certitude et son évidence.

» La diffamation, dont nous parlerons tout à l'heure, est un délit clair et précis. Pourquoi encore? c'est qu'elle porte sur des personnes certaines et connues, c'est qu'elle leur cause un dommage que tous les hommes apprécient d'après une mesure commune.

» Mais les atteintes portées à la vertu, à la décence, à la religion, considérée, soit dans un sens positif, soit dans un sens général et philosophique, ne tombent sur personne en particulier; elles ne se réalisent en aucun dommage qu'il soit possible d'évaluer.

» Ce sont des noms sacrés, sans doute, des noms qui réveillent en nous toutes les idées dans lesquelles nous concentrons et nos affections les plus pures, et nos plus chères espérances; mais ce sont cependant des noms qui ne désignent rien de précis ni d'uniforme.

» Le bon, le juste, l'honnête, sont, depuis l'origine du monde, diversement définis par les sages.

» Pour chaque fidèle, la religion, c'est sa croyance, toute sa croyance, sa seule croyance.

» Le législateur, en entreprenant d'assurer à chacun protection entière dans les objets de son culte, mais rien de plus, n'a entre ses mains aucun fil qui puisse le guider; il marche et frappe presque au hasard.

» Et non-seulement il est toujours près de se tromper, mais ses erreurs peuvent entraîner les plus grandes conséquences.

» Dans un pays où la liberté des cultes est un droit constitutionnel, et où la liberté des discussions philosophiques est un droit acquis par une prescription plus que centenaire, si une loi était rendue qui permît à quiconque se verrait contester avec quelque vivacité, soit un sentiment qu'il trouve bon, soit une opinion qu'il trouve juste, soit un dogme qu'il estime vrai, soit une pratique qui découle de ce dogme, de porter plainte en justice, et de voir sa plainte accueillie, les tribunaux retentiraient incessamment des cris de l'école, leurs arrêts deviendraient des décisions de théologie et de métaphysique; les diverses communions religieuses, qui vivent en paix aujourd'hui, ressaisiraient bientôt les armes, et peut-être verrions-nous avant peu une grande partie de la population, tourmentée et dégoûtée de ces débats, s'égarer de nouveau jusqu'à imputer à la religion le tort du législateur.

» Pressés entre tant de dangers et de difficultés, que pouvaient faire les rédacteurs du projet de loi? Sans doute ils se sont bien dit d'abord que le législateur, en pareille matière, devait se constituer le vengeur de la société, c'est-à-dire de la communauté des gens de bien, mais de la société tout entière, et non pas d'aucun de ses membres en particulier; qu'il devait punir là seulement où toutes les ames vertueuses étaient également offensées, mais éviter à tout prix de prêter son bras au triomphe d'une croyance ou d'une secte sur une autre croyance.

» Portant ensuite leurs regards sur le vaste champ des controverses et des discussions humaines, ils ont dû reconnaître, d'une part, que tout ce qui se produisait dans un langage modeste et conforme aux bienséances méritait protection, sur quelque sujet que ce fût; ensuite, que ce serait violer la liberté des cultes que d'interdire à telle ou telle religion le droit de lancer l'anathème sur toute autre, et de se proclamer exclusivement *vérité;* enfin, qu'on ne pouvait, sans compromettre les progrès des sciences physiques et de la philosophie naturelle, placer des dogmes positifs sous la protection des tribunaux.

» Après avoir ainsi constaté le domaine de la liberté, les rédacteurs du projet de loi ont aperçu facilement que la main du législateur ne pouvait s'étendre que sur ces attaques gratuites et brutales, heureusement rares dans ce siècle, et que l'impudence ou l'impiété dirigent contre des objets respectables, uniquement parce que ces objets sont respectés. Ces attaques, le projet de loi les qualifie *outrages ;* s'il eût existé dans la langue un terme plus vif, plus fort, plus énergique, il eût été choisi, sans doute, afin de mieux éviter toute méprise.

» Mais c'était peu, il fallait faire un pas de plus, et indiquer au moins quelle chose il était défendu d'outrager.

» On a cherché soigneusement l'expression la plus large, la plus compréhensive, celle qui embrassait le mieux dans sa généralité tous les élémens de l'ordre intellectuel et moral chez un peuple civilisé.

» On a livré à la vengeance de la loi les outrages à la *morale publique*.

» Le mot était nouveau, il pouvait être critiqué ; mais il avait du moins l'avantage de ne rien exclure, et de ne rien désigner ; de remettre seulement entre les mains de la société, représentée par divers jurys successifs, une arme pour se défendre précisément sur le point où elle se sentirait blessée.

» Des personnes scrupuleuses et timorées n'ont pas trouvé que l'expression répondît suffisamment à leurs appréhensions. Elles ont désiré qu'on insérât dans l'art. 8, comme complément aux mots *morale publique*, ces mots *morale religieuse*. La chambre des députés et le gouvernement ont agréé cette addition. Votre commission vous propose de la conserver. »

Deux séances ont été consacrées, par la chambre des pairs, à la discussion de l'art. 8.

Dans la première, M. le duc de Fitz-James a proposé une nouvelle rédaction de l'article, qui aurait consisté à faire précéder ces mots : *à la morale publique*, par ceux-ci : *à la religion chrétienne;* toute la pensée de l'opinant se réduit à ceci, que la religion ne sera pas suffisamment défendue par l'article tel qu'il avait été rédigé, et que la religion chrétienne a droit à des priviléges que n'auraient point les autres cultes.

M. de Barante s'est présenté le premier pour réfuter cette doctrine; il a pensé qu'il n'était pas au pouvoir de la loi de rétrécir le domaine de la religion; partant de cette considération, il a soutenu que tout ce que pouvait faire le législateur était d'atteindre, comme coupables envers la société, ceux qui tenteraient d'attaquer un principe sur lequel repose la société tout entière; il lui a paru que l'art. 8 remplissait cet objet.

Une opinion prononcée par M. le vicomte de Montmorency rentre tellement dans celle de M. de Fitz-James, qu'il est inutile de lui donner aucun développement.

M. le duc de la Rochefoucault s'élève avec la plus vive chaleur contre l'idée d'une protection spéciale accordée à une religion quelconque. Il la regarde comme inconstitutionnelle, et comme propre à réveiller les passions qu'une sage tolérance a si heureusement calmées; en conséquence, il repousse l'amendement.

Dans la seconde, M. l'évêque de Saint-Malo appuie l'amendement; il veut confondre le dogme et le culte avec la morale, et faire accorder à tous une égale protection. Or, l'amendement lui paraît le seul moyen d'y parvenir.

M. le comte Lemercier, pense que l'article suffit pour assimiler des outrages faits à la morale religieuse à ceux qui auraient lieu contre la religion, et il en vote l'adoption pure et simple.

M. le duc de Doudeauville, après avoir déploré avec beaucoup d'amertume l'état actuel de la religion en France, exprime l'opinion que le seul moyen de lui rendre son lustre serait de l'environner d'autant de garanties, de respect et d'inviolabilité qu'il est possible à une loi d'en fournir. Déjà, l'année dernière, il avait proposé d'insérer le mot *religion* dans une loi sur la liberté de la presse, qui était alors en délibération. Il s'applaudit d'avoir à le reproduire, et il vote en faveur de l'amendement.

M. de Montalivet trouve dans la chaleur même des défenseurs de l'amendement une occasion de s'éclairer sur les dangers qu'il présente; il a réfléchi que si tant de vivacité se montrait dans une assemblée composée de l'élite de la nation, les mêmes discussions pourraient prendre dans les classes moins élevées un caractère tel, qu'elles pussent être soumises à l'art. 8; d'un autre côté, il craint qu'un zèle mal entendu de la part des juges et des jurés ne leur fasse oublier l'impartialité, qui est leur premier devoir; il vote contre l'amendement.

M. le comte de Saint-Roman pense qu'il ne faut point craindre de voir reparaître le fanatisme religieux, mais bien plutôt l'oubli complet de la religion; il trouve dans l'art. 7 de la charte (1) une protection privilégiée en faveur des cultes chrétiens, il en conclut qu'on doit conformer les lois à cette disposition fondamentale, et il vote l'adoption de l'amendement, qui lui paraît atteindre ce but.

M. le comte Cornet pense absolument le contraire, d'après l'art. 5 de la charte; il vote le maintien de l'article.

M. de Seze se prononce en faveur de l'amendement; la raison qu'il en donne, c'est que la religion ne peut pas rester étrangère à nos lois.

M. de Lally-Tollendal regrette de ne pouvoir joindre son suffrage à tous ceux qui sont donnés à l'amendement; mais, suivant lui, la liberté des croyances et des cultes ne peut pas être troublée sans amener les plus fâcheuses conséquences, il dé-

(1) Les ministres de la religion catholique, apostolique et romaine, et ceux des autres cultes chrétiens, reçoivent seuls des traitemens du trésor royal.

sire, sans doute, qu'elle n'arrive pas jusqu'à la licence, mais il croit que c'est de la charité humaine, bien plus que d'une loi possible qu'il faut attendre ce bienfait. Il désire, au reste, que les commissaires du roi puissent fixer d'une manière précise le sens de l'article 8, en faveur duquel il vote purement et simplement.

M. le garde-des-sceaux répond à l'instant même au vœu du noble pair. Son excellence dit qu'il ne s'agit point de chercher de nouveaux argumens pour résoudre la question, mais qu'il s'agit seulement de la bien poser. La loi ne doit point tendre de piéges aux citoyens; l'art. 5 de la charte décide tout, dans le cas dont il s'agit. Les articles 6 et 7 n'y font aucune espèce d'altération; tous les amendemens, un seul excepté, qui ont été présentés à la chambre des députés, ont été rejetés, parce qu'on a craint qu'ils ne donnassent lieu à de fausses interprétations; on a adopté celui de *morale religieuse*, qui dit tout, sans rien dire de trop; on reproduit aujourd'hui les mots: *religion chrétienne*, qui laissent, dit-on, la liberté des controverses, pourvu que ces discussions soient modérées: or, l'histoire peut dire si jamais il en a été ainsi, et si les disputes théologiques ne remplissent pas ses plus sanglantes pages. La religion, d'ailleurs, n'a t-elle pas toujours été le lévier le plus puissant pour soulever les peuples ; le but de l'amendement serait d'appuyer la religion sur la loi civile, et de ramener ces tems où de telles choses se trouvant confondues, les libertés publiques et les droits du pouvoir ont été méconnus. N'est-ce pas depuis le moment où le grand Henri donna la liberté des consciences, que la religion a brillé de son plus bel éclat, tandis qu'au contraire une révocation fameuse a été suivie de la corruption hypocrite de la cour, et de la régence avec ses débordemens. C'est par ce funeste système qu'a été amenée et rendue si terrible la catastrophe dont la France ne se consolera jamais. Si l'on déteste les conséquences, il faut savoir détester le principe, en prévenant le retour des unes par l'abjuration de l'autre, et en préservant de toute atteinte la charte et les règles qu'elle a consacrées.

L'amendement de M. de Fitz-James est rejeté, et l'article 8 adopté en ces termes :

Tout outrage à la morale publique et religieuse, ou aux bonnes mœurs, par l'un des moyens énoncés en l'art. 1er, *sera puni d'un emprisonnement d'un mois à un an, et d'une amende de* 16 *fr. à* 500 *fr.*

Nous avons donné une étendue extraordinaire à la discussion de cet article ; nous espérons que ceux qui auront lus les discours prononcés sur cet objet nous sauront gré de cette extension. Dans des intérêts si délicats, placés tout entiers dans le domaine de la conscience, au milieu d'abstractions qui sont de nature à égarer les meilleurs esprits, il convenait de n'étouffer aucune des lumières fournies par les éloquens publicistes qui ont déterminé le sens et les termes de l'art. 8. Si l'on reste bien pénétré, d'après ses dispositions, que la liberté la plus entière est laissée à la discussion du dogme et des rites des divers cultes, et que l'outrage à la morale de toutes les religions est seul puni, nous n'aurons point à regretter d'avoir consacré plusieurs pages à bien fixer ce point de législation.

§ 3.

CHAPITRE III DE LA LOI DÉFINITIVE.

Des offenses publiques envers la personne du Roi.

ARTICLE IX.

Quiconque, par l'un des moyens énoncés en l'art. 1er *de la présente loi, se sera rendu coupable d'offenses envers la personne du roi, sera puni d'un emprisonnement qui ne pourra être de moins de six mois, ni excéder cinq années, et d'une amende qui ne pourra être au-dessous de* 500 *fr. ni excéder* 10,000 *fr.*

Le coupable pourra, en outre, être interdit de tout ou partie des droits mentionnés en l'article 42 *du code pénal, pendant un tems égal à celui de l'emprisonnement auquel il aurait été condamné ; ce tems courra à compter du jour où le coupable aura subi sa peine.*

Il ne pouvait pas y avoir dans l'une ou dans l'autre des chambres de discussion sur le fond de cet article, seulement la rédaction en a été changée, d'après l'avis de la commission à la chambre des députés. Dans l'article du projet primitif, le mot *offense* était comme représenté par ceux-ci : *Imputations ou allégations offensantes, ou injures envers la personne du roi.* On a pensé qu'il existait des êtres individuels ou collectifs placés si haut dans le respect des hommes, que le trait le plus empoisonné, bien que lancé contre eux, ne peut les atteindre : quoiqu'on publie à leur sujet, peu importe, en ce qui les concerne personnellement; il y a délit, mais il n'y a pas de dommage; il y a un criminel, mais il ne peut pas y avoir de victime. Voilà un délit particulier que le mot *offense* caractérise avec une justesse parfaite. C'est donc avec beaucoup de raison que le projet de loi a nommé *offense* toute publication dirigée contre le roi, les princes de sa famille, les chambres et les souverains étrangers. (Rapport de M. de Broglie.)

§ 4.

CHAPITRE IV.

Des offenses publiques envers les membres de la famille royale, les chambres, les souverains et les chefs des gouvernemens étrangers.

ARTICLE X.

L'offense, par l'un des moyens énoncés en l'article 1er, *envers les membres de la famille royale, sera punie d'un emprisonnement d'un mois à trois ans, et d'une amende de* 100 *à* 5000 *fr.*

A cet article, qui du reste n'a été l'objet d'aucune discussion particulière, comme aux deux articles suivans, se sont rattachés d'abord deux amendemens de la commission, le premier tendant à substituer le mot *offense* de la même manière que dans l'article précédent; le second tendant à faire réduire le *minimum* des peines, qui étaient dans le projet de trois mois d'emprisonnement et de 300 fr. d'amende, à un mois et à 100 francs. Ces amendemens ont été adoptés.

Il n'en a pas été ainsi d'un amendement général, par lequel M. Laisné de Villevêque avait proposé la réduction à moitié du *maximum* des mêmes peines.

ARTICLE XI.

L'offense, par l'un des mêmes moyens, envers les chambres ou l'une d'elles, sera punie d'un emprisonne-

ment d'un mois à trois ans, et d'une amende de 100 *à* 5000 *fr.*

Aucune discussion particulière.

ARTICLE XII.

L'offense, par l'un des mêmes moyens, envers la personne des souverains ou envers celle des chefs des gouvernemens étrangers, sera punie d'un emprisonnement d'un mois à trois ans, et d'une amende de 100 *à* 5000 *fr.*

M. Bignon, dans la discussion à la chambre des députés, a demandé la suppression totale de cet article, et subsidiairement l'amendement que nous rapporterons après en avoir analysé les motifs. L'orateur a d'abord soutenu qu'en aucun pays il n'existait de loi écrite et précise sur les délits, que cet article a pour objet de prévoir et de punir ; il prétend ensuite que l'article est inutile et dangereux pour les princes et pour les peuples; inutile pour les princes, dans leur intérêt privé, en ce que si *l'offense* est individuelle, le mépris est la seule vengeance qui convienne à leur dignité; inutile dans leur intérêt public, en ce que si l'offense est la suite d'un sentiment d'inimitié répandu contre eux, la loi ne peut leur offrir qu'une réparation insuffisante et sans effet. Quand, dans une nation, il se répand de tels sentimens contre un souverain étranger, la chose s'élève au-dessus de la portée des tribunaux, et par cela même l'article n'est pas seulement inutile, il est dangereux pour les peuples et pour les princes eux-mêmes; dangereux pour les peuples, car si l'offense n'est qu'un avertissement donné à une nation des projets de rupture, d'un traité avec un prince étranger, ce qui constituerait ce prince en état de violation de la foi jurée, il arrivera qu'au moment même où ce prince préparera ses armes, la nation qu'il menace fera punir le citoyen courageux qui l'aura prévenue de son danger. Dans les tems ordinaires, lorsque le gouvernement aura requis des poursuites sur la demande d'un prince étranger, s'il arrive que les magistrats reconnaissent qu'une procédure ne peut pas être continuée, ne dira-t-on pas que cette décision a été prise sous l'influence du gouvernement, et la querelle ne naîtra-t-elle pas de ce qui était destiné à la prévenir ? Dans le cas d'une accusation injuste, quels dommages-intérêts l'innocent pourra-t-il obtenir ? L'article est dangereux pour les princes eux-mêmes; car si l'offense qui leur est faite provient de dispositions hostiles répandues dans la nation d'où cette offense est partie, non-seulement ceux qui l'ont commise courront avec joie au-devant des condamnations, mais encore ils trouveront des imitateurs nombreux.

L'orateur a ensuite établi que, si l'article n'était inutile ni dangereux, il devrait du moins renfermer la condition expresse d'une réciprocité complète de la part des souverains étrangers envers le roi de France; tel est l'objet de l'amendement de M. Bignon.

M. le garde-des-sceaux a répondu que dans tous les pays vivant sous des lois, ces lois doivent protéger la sûreté de l'étranger, sa vie, sa propriété et son honneur. Il n'y aurait point de loi particulière pour les *offenses* envers les souverains, que comme étrangers ils auraient le droit de réclamer l'application des lois générales, sauf à eux à juger des occasions où ils devraient le faire. La seule question est de savoir si on élèvera la peine en raison de la dignité. Or, la nature de l'offense résout suffisamment cette difficulté, et l'introduction du jury dans le jugement de ces sortes de cas achève de leur donner l'importance et l'indépendance qui leur appartient. Le seul danger réel si bien signalé par M. Bignon, c'est que les tribunaux ne confondent la critique des actes des gouvernemens étrangers avec les offenses à la personne des souverains. Or, il suffit d'ajouter à ce mot *offense* ceux-ci : *envers la personne des souverains*, pour indiquer que la loi veut uniquement réprimer l'offense personnelle, et non pas la critique, et encore moins la discussion des actes des souverains étrangers, critique qu'il importe de laisser parfaitement libre.

La chambre des députés a adopté cet article ainsi

modifié, et il n'a donné lieu à aucune discussion dans la chambre des pairs.

§ 5.

CHAPITRE V DE LA LOI DÉFINITIVE.

De la diffamation et de l'injure publique.

ARTICLE XIII.

Toute allégation ou imputation d'un fait qui porte atteinte à l'honneur ou à la considération de la personne ou du corps auquel le fait est imputé, est une diffamation.

Toute expression outrageante, termes de mépris ou invectives, qui ne renferment l'imputation d'aucun fait, est une injure.

Cet article a donné lieu à des discussions grammaticales très-déliées et pourtant très-importantes puisqu'il faut y rattacher le sens que le législateur a donné aux définitions qu'il contient.

On a déjà vu, dans l'exposé des motifs, que la pensée du gouvernement avait été de punir le tort réel qui pourrait résulter pour un particulier, tout aussi bien d'un fait vrai que d'un fait faux, et de faire cesser par-là les discordances que le mot de *calomnie* avait fait naître entre la loi et l'opinion, le droit et le fait.

Le rapporteur de la chambre des députés a pensé

que le mot *diffamation* supposait l'intention et la possibilité de porter atteinte à l'honneur ou à la considération d'autrui pour l'imputation d'un fait qui peut être vrai. Les mots *allégation et considération* sont nouveaux dans le langage des lois, mais ils étendent sagement le texte, et le législateur ne saurait veiller avec trop de vigilance au repos et à la réputation du citoyen.

Allégation et *imputation*, *honneur* et *considération*, ne sont point synonymes ; *imputer*, c'est *affirmer ; alléguer*, c'est annoncer sur la foi d'autrui ou laisser à l'assertion l'ombre du doute.

Tout ce qui touche *à la réputation*, *à la probité*, touche *à l'honneur;* et l'on peut, sans blesser *l'honneur*, porter atteinte à la considération : dire méchamment qu'un négociant a éprouvé des pertes, qu'il gère avec inhabilité son négoce ; énoncer faussement tel ou tel fait à l'appui de l'imputation, c'est laisser son honneur intact, c'est nuire pourtant à la considération dont il jouit.

« Les raisons, dit M. de Broglie, qui ont fait préférer le terme de *diffamation* à celui de *calomnie* sont extrêmement judicieuses. La calomnie est l'imputation à un tiers de faits faux, d'actions supposées, propres à le déshonorer, c'est un crime très-odieux, sans doute, mais ce n'est pas à dire que la justice doive épargner celui qui déchire gratuitement son semblable, même lorsqu'il ne dirait que des vérités. La violation du secret de famille ou de faits relatifs à la vie privée d'un citoyen, divulgués à mauvaise intention, constitue un délit qui ne dépend ni de la vérité ni de la fausseté des faits imputés ; le siége du délit n'est pas dans l'imposture, ce n'est pas le délit de calomnie.

» Ces réflexions n'avaient point échappé aux rédacteurs du code pénal.

» Pour concilier à-la-fois et l'emploi du mot *calomnie*, et les besoins de la société, ils avaient forcé violemment le sens du terme (1). Ils avaient

(1) *Article* 367 *du code pénal.*

Sera coupable du délit de calomnie celui qui, soit dans des lieux ou réunions publics, soit dans un acte authentique et public, soit dans un écrit imprimé ou non, qui aura été affiché, vendu ou distribué, aura imputé à un individu quelconque des faits qui, s'ils existaient, exposeraient celui contre lequel ils sont articulés à des poursuites criminelles ou correctionnelles, ou même l'exposeraient seulement au mépris ou à la haine des citoyens.

La présente disposition n'est point applicable aux faits dont la loi autorise la publicité, ni à ceux que l'auteur de l'imputation était, par la nature de ses fonctions ou de ses devoirs, obligé de révéler ou de réprimer.

368. Est réputée fausse toute imputation à l'appui de laquelle la preuve légale n'est point rapportée : en conséquence, l'auteur de l'imputation ne sera pas admis, pour sa défense, à demander que la preuve en soit faite ; il ne

déclaré imposture, de leur pleine autorité, toute imputation de faits qui ne serait pas justifiée par l'exhibition d'un jugement en forme authentique.

» En telle sorte qu'un homme qui aurait publié un fait notoire, incontesté et incontestable, devrait être puni comme imposteur.

» Autant aurait valu le punir comme voleur ou comme homicide.

» Une telle fiction ne pouvait plus être tolérée dans un tems de liberté de la presse; les rédacteurs du projet de loi se sont donc arrêtés au choix du terme *diffamation*, qui exprime avec beaucoup de justesse et de netteté précisément l'idée que le code pénal avait voulu attacher de force au mot *calomnie*; et comme dans ce système la vérité ou la fausseté des faits imputés, sans être une circonstance indifférente, quant au degré de perversité morale du diffamateur, n'est cependant pas le point décisif, le point de solution de la question soumise au jury, il n'y a nulle raison de continuer à admettre la preuve légale des faits, preuve constatée par l'exhibition d'un jugement authentique comme excuse de la diffamation.

pourra pas non plus alléguer comme moyen d'excuse, que les pièces ou les faits sont notoires, ou que les imputations qui donnent lieu à la poursuite sont copiées ou extraites de papiers étrangers ou d'autres écrits imprimés.

» Le projet de loi érige donc la diffamation en délit, et raye de nos lois pénales le mot *calomnie*. Il est d'autant plus à regretter, que par son opposition avec le mot *diffamation* il aurait fourni le moyen d'éviter les inconvéniens attachés au texte de l'art. 13 qui a le grand vice d'être une définition.

» On entend bien ce que c'est que le mot *offense*, en disant qu'il exprime un délit sans qu'il y ait dommage, et qu'il indique un criminel sans qu'il puisse y avoir de victime. C'est ainsi qu'on a nommé *offense* la publication dirigée contre le roi, les princes, etc.

» En passant aux simples particuliers, il suffisait par opposition d'employer à leur sujet un autre mot, celui de *diffamation;* il suffisait que ce mot donnât ouverture à une action civile en dommages et intérêts pour qu'il eût déjà un sens fixé jusqu'à un certain point; pour qu'il désignât une offense accompagnée d'un tort réellement souffert et sollicitant de la loi une réparation personnelle.

» Il est donc permis de regretter le mot *calomnie;* en le plaçant à la suite des expressions *offenses* et *diffamations*, appliquées à des cas divers et à des personnes différentes, le jurisconsulte aurait démêlé sans peines le vœu du législateur, tandis que les définitions et les synonymies ne font qu'embrouiller l'esprit du juge et enrichir le fonds de subtilités dont les avocats sont toujours richement pourvus de toutes celles qui peuvent germer dans la tête des grammairiens.

» Il en est de même de la définition de l'injure ; on dit que l'injure est un terme de mépris ou une invective : si on avait appelé le délit *invective*, on eût sûrement dit que l'invective était une injure. L'injure est ce qu'elle est, les mêmes paroles ne sont point injurieuses à tous les degrés de l'échelle sociale; c'est au plaignant à établir ce qui est injure à son égard, c'est au tribunal à le reconnaître et à prononcer. »

Nous avons fait précéder du rapport de la commission des pairs, devenu le sentiment de cette chambre elle-même, la discussion qui s'est établie à la chambre des députés, parce que l'extrême clarté que M. le duc de Broglie a répandue sur l'esprit de l'article 13 nous guidera dans cette discussion.

A la chambre des députés, M. Chauvelin s'est borné à observer que le mot *considération*, entièrement nouveau dans nos lois, aurait pu être remplacé avec avantage par le mot *honneur ;* il a soutenu que cette dernière expression serait entendue de tout le monde, tandis que l'autre présentait un vague qui pouvait être dangereux dans l'application de la loi.

M. Guizot, commissaire du roi, a répondu qu'il ne s'agit pas de savoir si le mot est nouveau dans nos lois, mais s'il est clair et s'il explique bien l'idée que la loi veut qu'on lui attache. Quel est l'objet de la loi? C'est de punir un tort que l'auteur d'une diffamation ou d'une censure fait à un citoyen dans l'estime publique. Le mot est clair; il s'adresse aux jurés. Les jurés en trouveront, selon le cas, la véritable application. Il est impossible, dans une loi, de faire une définition précise d'une telle expression; mais on peut dire que la considération tient spécialement à la manière dont on exerce sa profession; pour un négociant particulièrement, elle s'explique assez d'elle-même. La question sera soumise au jury, qui entendra très-bien l'expression; elle est peut-être plus claire que le mot *honneur*, et elle remplit mieux l'intention de la loi, qui est de punir un tort et de le réparer; car la considération se rapporte à l'idée que les autres ont de vous, et l'honneur se rattache davantage à l'idée que vous tenez à en conserver vous-même. L'orateur demande la conservation du mot *considération*.

M. Bedoch a demandé ensuite qu'on substituât au mot *considération* le mot *réputation*, parce qu'il est plus usuel.

M. le garde-des-sceaux a défendu l'expression consignée dans la loi contre les deux opposans; il a établi que la considération s'entendait particulièrement de l'estime que chacun peut avoir acquise dans l'état qu'il exerce, estime qui est pour lui une propriété précieuse que la diffamation peut atteindre sans porter cependant atteinte à son honneur; car on peut être homme d'honneur, n'être pas diffamé comme tel, et l'être, par exemple, dans les autres qualités morales qui font un bon négociant, un bon avocat, un bon médecin. En un mot, un homme quelconque a mérité par ses actions, par sa vie toute entière une portion d'estime, il a acquis une mesure de considération morale par ses concitoyens; eh bien! voilà le patrimoine que la loi doit protéger et défendre, et c'est l'objet de l'article.

Nous ne nous arrêtons point à une discussion assez subtile, sur le même objet, qui a eu lieu entre M. de Chauvelin et M. Guizot; la chambre a écarté toutes les substitutions de mots qu'on lui avait présentées, et elle a adopté l'article 13.

ARTICLE XIV.

La diffamation et l'injure commises par l'un des moyens énoncés en l'article 1er de la présente loi, seront punies d'après les distinctions suivantes.

Cet article ne pouvait être et n'a été, en effet, l'objet d'aucune discussion.

ARTICLE XV.

La diffamation ou l'injure envers les cours, tribunaux ou autres corps constitués, sera punie d'un emprison-

nement de quinze jours à deux ans, et d'une amende de 50 francs à 4000 francs.

Sur cet article, M. de Courvoisier a demandé que les mots *diffamation ou injure* fussent remplacés par celui d'*offense*, afin d'admettre l'introduction du jury dans le jugement de ces sortes de délits.

M. Royer-Collard et M. le garde-des-sceaux ont répondu que le privilège, que le respect qu'on devait au roi et aux grands corps de l'Etat ne pouvait être ni étendu ni affaibli, que, de plus, en laissant l'article tel qu'il est, on ne préjugeait rien sur la compétence qui serait réglée par le second projet de loi, ainsi que l'admission ou le rejet de la preuve. L'article est adopté.

A la chambre des pairs, M. le vicomte Dubouchage observe que les divers articles contenus dans le chapitre 5 prononcent contre la diffamation et l'injure des peines graduées sur le plus ou moins de respect dont il importe à la société d'entourer les institutions ou les individus qui peuvent en être atteints; mais, à son grand étonnement, il n'a vu compris dans le même degré de cette échelle ni les cultes, auxquels cependant la charte assure protection, ni les ministres de ces cultes, qu'il importe tant de défendre contre les attaques grossières dont ils sont chaque jour l'objet. Le code pénal, il est vrai, punit les atteintes portées au libre exercice des cultes, les outrages faits à leurs ministres ; mais il n'a pour objet que les voies de fait ou les menaces, et ne peut s'appliquer aux insultes que la presse multiplie, que la gravure rend plus frappantes encore, et dont les lieux publics de la capitale offrent sans cesse à tous les yeux le funeste exemple. La chambre ne saurait demeurer indifférente à de pareils intérêts. L'opinant propose en conséquence un article additionnel qui viendrait après l'article 15, et qui serait rédigé en ces termes :

« La diffamation ou l'injure envers les cultes, dont l'article 5 de la charte garantit le libre exercice, et envers les ministres des cultes, sera punie des peines portées en l'article précédent. »

M. le garde-des-sceaux demande à combattre la proposition du noble pair (1). Cette proposition contient deux parties bien distinctes et qu'il faut examiner séparément. La première aurait évidemment pour effet de remettre en question ce que la chambre a décidé dans sa séance d'hier, en adoptant l'article 8 du projet. Quel était, en effet, le but de l'amendement qui fut alors rejeté? n'était-il pas, comme celui de l'article additionnel aujourd'hui proposé, d'atteindre par une disposition plus explicite les outrages faits aux cultes? et n'est-ce pas là pré-

(1) Discours imprimé spécialement par ordre de la chambre des pairs.

cisément ce que la chambre a trouvé plus dangereux qu'utile? Elle s'est convaincue par les explications auxquelles la discussion a donné lieu, que celui-là serait puni en vertu de l'article 8, qui, par pétulance de caractère, par perversité d'intention, outragerait ce qu'honorent ses concitoyens; mais qu'aussi la vivacité, même la plus énergique, du croyant dans la défense de sa foi, ne pourrait jamais donner matière à d'injustes poursuites. Elle a voulu que l'impiété fût punie, mais qu'elle le fût seule, et qu'il ne restât aucun prétexte à la persécution. Tels furent, hier, les motifs de sa décision, et ces motifs doivent aujourd'hui la déterminer encore à écarter la première partie de l'article additionnel. Cette première partie, d'ailleurs, ne pourrait, sans déranger tout le système de la loi, se placer dans le chapitre 5, uniquement relatif aux offenses envers les personnes. C'était dans le chapitre 2 seulement, que sa disposition eût pu se trouver comprise, et la délibération sur ce chapitre est terminée. Quant à la seconde partie de l'article additionnel proposé, celle qui concerne les ministres des cultes, M. le garde-des-sceaux observe que, comme tous les autres Français, ils se trouvent nécessairement compris dans les dispositions générales des articles 18, 19 et 20, et que la charte ne leur attribuant aucun caractère public, il était impossible d'insérer à leur égard dans la loi une disposition spéciale ; c'est d'ailleurs aux magistrats qu'il appartiendra d'apprécier l'influence que devra nécessairement avoir sur la gravité de la peine le respect dû au saint ministère dont ils sont chargés ; cette seconde partie doit donc avoir le même sort que la première. »

M. le rapporteur demande la parole, non pour ajouter aux motifs de rejet présentés par M. le garde-des-sceaux, mais pour faire remarquer combien il est peu convenable de venir ainsi jeter des amendemens au milieu d'une discussion partielle, sans avoir annoncé cette intention lors de la discussion générale ; combien sur-tout cette marche est irrégulière à l'égard d'un amendement dont l'objet ne se rattache en rien à la discussion actuelle, et dont le but véritable est de reproduire, sous une autre forme, une question déjà décidée.

Deux autres pairs appuient l'amendement.

Le pair de France, ministre de l'intérieur (1), obtient la parole et dit : « L'observation du noble rapporteur de la commission serait juste si l'on pouvait considérer la proposition du noble vicomte (M. Dubouchage) comme une proposition nouvelle ; il est, en effet, impossible que la chambre puisse délibérer avec la maturité et la réflexion qui

(1) Ce discours est un de ceux dont la chambre des pairs a ordonné l'impression séparée.

doivent accompagner la confection des lois sur des dispositions improvisées qui ne lui ont pas été précédemment soumises, et dont l'adoption irréfléchie pourrait contrarier le système entier de la loi dans laquelle on veut les intercaler sans examen. Mais l'amendement proposé par le noble vicomte n'est point dans ce cas; la disposition qu'il contient n'est point une disposition nouvelle, elle n'est autre chose que celle que vous avez rejetée hier; et si quelques expressions en ont été modifiées, le fond et le sens en sont absolument les mêmes; les motifs qui vous ont fait écarter l'une suffiraient pour vous faire repousser l'autre, si d'autres considérations ne venaient pas se joindre à celles qui vous ont déterminés au premier rejet. Il est facile de le démontrer, le chapitre sur lequel vous délibérez traite des diffamations envers les chambres et les corps constitués; on vous propose de le rendre applicable aux diffamations *envers les cultes*, mais la diffamation n'est relative qu'aux individus ou aux agglomérations de personnes. On ne diffame pas les choses, on les outrage; aussi est-ce au chapitre des outrages que le noble duc, auteur du premier amendement, a demandé que sa proposition fût placée.

» Le gouvernement s'était proposé, dans la rédaction de ce chapitre, de ne laisser impuni aucun outrage contre ce qui est de l'intérêt de la société, tout ce qu'il est convenu par elle d'honorer et de respecter, tout ce qui est saint et sacré aux yeux des hommes; il a cru que les expressions de la morale publique et religieuse et les bonnes mœurs comprenaient et exprimaient suffisamment sa pensée. Le noble duc et un assez grand nombre de vous en ont pensé autrement, ils ont craint que les outrages contre les choses saintes ne fussent pas comprises dans cette définition, et ils ont proposé l'amendement que la chambre n'a pas cru devoir adopter. Qu'est-il résulté de cette décision? que vous avez jugé, comme le gouvernement et le roi lui-même l'avaient entendu, que le chapitre 3 suffisait pour assurer la punition des outrages contre la religion, qu'il n'avait certes pu être dans l'intention des rédacteurs de la loi, pas plus que dans la vôtre, de laisser impunies, et que les craintes qui avaient inspiré l'idée de l'amendement étaient mal fondées.

» Pour mon compte, si j'ai cru que cet amendement était dangereux en ce qu'il manquerait son but, qu'il dépasserait presque toujours, je l'ai sur-tout repoussé parce qu'il me paraissait inutile, et que, dans ma pensée, le chapitre 3 y avait suffisamment et complètement pourvu. J'ai bien entendu le noble duc avancer que les dispositions de ce chapitre ne permettraient pas d'atteindre les outrages même les plus graves envers les choses saintes. « Qu'un misé-

» rable écrivain, vous a-t-il dit, ose appeler le fils de » Dieu imposteur, je défie le jury de le punir. » Et moi je répondrai, avec ma conscience d'homme et par conséquent de juré, que je défierai de l'absoudre, que la morale serait un vain mot, et qu'il faudrait désespérer sur-tout de la noble institution du jury, s'il en pouvait être autrement; et la conscience d'aucun de vous, Messieurs, ne démentira la mienne.

» La diffamation envers les ministres des cultes ne peut pas plus être l'objet d'un amendement à l'article dont la chambre s'occupe, puisque cet article ne traite que des chambres et des corps constitués. Le clergé, vous a-t-on dit, n'est-il pas un corps respectable? Le clergé a droit à tous nos égards et à tout notre respect, mais il ne forme point un corps dans l'Etat, il ne saurait figurer comme tel dans nos lois; quelques personnes peuvent regretter que cela soit ainsi; mais la charte, qui fixe irrévocablement nos institutions, ne laisse aucun espoir aux regrets.

» Les ministres de la religion seront donc impunément diffamés? Pas plus que vous, Messieurs, pas plus que les membres de l'autre chambre et des corps constitués. La loi, d'ailleurs, n'atteint-elle pas les diffamations envers les simples particuliers eux-mêmes? Les membres de la religion exercent dans la société une sorte de magistrature religieuse et civile qui environne leur caractère d'un respect qu'accroît encore leurs lumières et leurs vertus, et il n'est pas possible de douter que dans l'appréciation du degré de gravité, de l'offense et dans l'application de la peine, les juges et les jurés ne traitent avec une juste sévérité les diffamateurs qui oseraient les outrager dans leur honneur ou dans leur saint ministère. Ainsi l'amendement du noble vicomte, étranger à l'article auquel on veut le rattacher, est en outre inutile en ce qui touche les cultes, déjà protégés par le chapitre précédent; inutile aussi à l'égard des ministres des cultes, il ne saurait donc être adopté. »

La question préalable est demandée et admise sur l'amendement de M. Dubouchage, et l'art. 15 est adopté.

ARTICLE XVI.

La diffamation envers tout dépositaire ou agent de l'autorité publique, pour des faits relatifs à ses fonctions, sera punie d'un emprisonnement de huit jours à à dix-huit mois et d'une amende de 50 *fr. à* 3000 *fr.*

L'emprisonnement et l'amende pourront, dans ce cas, être infligés cumulativement ou séparément, selon les circonstances.

A la chambre des députés, M. de Cassaignolles

avait demandé qu'on ajoutât par amendement à l'article, ces mots : *Toute personne ayant agi dans un caractère public*.

M. le garde-des-sceaux a répondu que cet amendement est non-seulement inutile, mais encore inadmissible ; inutile, parce que s'il avait quelque valeur ce ne serait qu'autant qu'on le placerait dans l'art. 20 de la seconde loi, comme la commission l'a demandé, ce qui peut être fait sans inconvénient : inadmissible, en ce que ce n'est pas par la considération de ce qu'on pourra ou non admettre la preuve contre les fonctionnaires, qu'une peine plus grave est prononcée dans le cas des diffamations qui leur seraient adressées, mais uniquement en raison de leur caractère public.

Il n'y a pas eu d'autre discussion.

ARTICLE XVII.

La diffamation envers les ambassadeurs, ministres plénipotentiaires, envoyés, chargés d'affaires ou autres agens diplomatiques accrédités près du Roi, sera punie d'un emprisonnement de huit jours à dix-huit mois, et d'une amende de 50 fr. à 3000 fr., ou de l'une de ces deux peines seulement, selon les circonstances.

M. Bignon produit ici un amendement qui, ainsi que celui qu'il avait proposé pour l'offense envers les souverains étrangers, est fondé sur le principe de la réciprocité; il le développe par des considérations analogues aux premières.

M. le garde-des-sceaux repousse cet amendement, sur le principe général que tous les étrangers doivent trouver en France sûreté et protection à l'ombre des lois; que, d'après le principe du droit des gens, les ambassadeurs étant considérés comme les représentans de leurs souverains, ils ont droit à une protection plus spéciale; la chambre rejette l'amendement et adopte l'article.

ARTICLE XVIII.

La diffamation envers les particuliers sera punie d'un emprisonnement de cinq jours à un an, et d'une amende de 25 fr. à 2000 fr., ou de l'une de ces deux peines seulement, selon les circonstances.

Cet article a été adopté sans discussion.

ARTICLE XIX.

L'injure contre les personnes désignées par les art. 16 *et* 17 *de la présente loi, sera puni d'un emprisonnement de cinq jours à un an, et d'une amende de* 25 *francs à* 2000 *francs, ou de l'une de ces deux peines seulement, selon les circonstances.*

L'injure contre les particuliers sera punie d'une amende de 16 *francs à* 500 *francs.*

Ici se rattache un amendement de M. Jacquinot,

il avait proposé d'ajouter au premier paragraphe de l'article les mots suivans : *sans préjudice de l'application des art. 222 et suivans, formant le paragraphe 2, titre 4, chapitre III, titre 1er, livre 2 du code pénal, dans les cas prévus par lesdits articles* (1).

(1) 222. Lorsqu'un ou plusieurs magistrats de l'ordre administratif ou judiciaire auront reçu, dans l'exercice de leurs fonctions, ou à l'occasion de cet exercice, quelque outrage par paroles, tendant à inculper leur honneur ou leur délicatesse, celui qui les aura ainsi outragés sera puni d'un emprisonnement d'un mois à deux ans.

Si l'outrage a eu lieu à l'audience d'une cour ou d'un tribunal, l'emprisonnement sera de deux à cinq ans.

223. L'outrage fait par gestes ou menaces à un magistrat dans l'exercice ou à l'occasion de l'exercice de ses fonctions, sera puni d'un mois à six mois d'emprisonnement; et si l'outrage à eu lieu à l'audience d'une cour ou d'un tribunal, il sera puni d'un emprisonnement d'un mois à deux ans.

224. L'outrage fait par paroles, gestes ou menaces à tout officier ministériel, ou agent dépositaire de la force publique, dans l'exercice ou à l'occasion de l'exercice de ses fonctions, sera puni d'une amende de 16 francs à 200 francs.

225. La peine sera de six jours à un mois d'emprisonnement, si l'outrage mentionné en l'article précédent a été dirigé contre un commandant de la force publique.

226. Dans le cas des articles 222, 223 et 225, l'offenseur pourra être, outre l'emprisonnement, condamné à faire réparation, soit à la première audience, soit par écrit; et le tems de l'emprisonnement prononcé contre lui ne sera

En développant les motifs de son amendement, M. Jacquinot avait établi le principe qu'en outrageant un ou plusieurs magistrats dans l'exercice de leurs fonctions, le coupable ne s'adressait pas seulement à la personne, mais qu'il était en rébellion

compté qu'à dater du jour ou la réparation aura eu lieu.

227. Dans le cas de l'art. 224, l'offenseur pourra de même, outre l'amende, être condamné à faire réparation à l'offensé; et s'il retarde ou refuse, il y sera contraint par corps.

228. Tout individu qui, même sans armes, et sans qu'il en soit résulté de blessures, aura frappé un magistrat dans l'exercice de ses fonctions, ou à l'occasion de cet exercice, sera puni d'un emprisonnement de deux à cinq ans.

Si cette voie de fait a eu lieu à l'audience d'une cour ou d'un tribunal, le coupable sera puni du carcan.

229. Dans l'un et l'autre des cas exprimés en l'article précédent, le coupable pourra, de plus, être condamné à s'éloigner, pendant cinq à dix ans, du lieu ou siège le magistrat, et d'un rayon de deux myriamètres.

Cette disposition aura son exécution à dater du jour où le condamné aura subi sa peine.

Si le condamné enfreint cet ordre avant l'expiration du tems fixé, il sera puni du bannissement.

230. Les violences de l'espèce exprimée en l'art. 228, dirigées contre un officier ministériel, un agent de la force publique, ou un citoyen chargé d'un ministère de service public, si elles ont eu lieu pendant qu'ils exerçaient leur ministère, ou à cette occasion, seront punies d'un emprisonnement d'un mois à six mois.

231. Si les violences exercées contre les fonctionnaires et

contre la loi elle-même, dont le magistrat outragé était l'organe; qu'il était nécessaire d'entourer d'un grand respect tous les fonctionnaires chargés de l'exécution des lois, parce que l'ordre public en dépend; que c'est avec les articles 222 et suivans du code pénal que les magistrats réprimaient une foule de désordres que l'absence de ces dispositions ferait renaître, et que c'était d'après ces motifs qu'il en demandait le maintien exprès et formel.

M. Bedoch trouvant une contradiction manifeste entre l'art. 16 de la loi actuelle et le paragraphe invoqué, demande l'adoption pure et simple du projet de gouvernement.

M. le garde-des-sceaux pense que plusieurs articles du paragraphe invoqué du code pénal ne se trouvant point dans le cas de l'abrogation prononcée à la fin de la présente loi, ils étaient par cela même dans celui de la réserve générale qui s'y trouve ex-

agens désignés aux articles 228 et 230, ont été la cause d'effusion de sang, blessures ou maladies, la peine sera la réclusion : si la mort en est suivie dans les quarante jours, le coupable sera puni de mort.

232. Dans le cas même ou ces violences n'auraient pas causé d'effusion de sang, blessures ou maladies, les coups seront punis de la réclusion, s'ils ont été portés avec préméditation ou guet-à-pens.

233. Si les blessures sont du nombre de celles qui portent le caractère de meurtre, le coupable sera puni de mort.

primée; c'est aux tribunaux à examiner en quoi la loi aura dérogé ou non au code pénal. Quant à l'article 16, il est certain qu'il abroge de droit toute disposition semblable, quelque part qu'elle soit. Tous les cas qui, du reste, ne rentreraient pas dans les offenses faites par voies de publication et prévus par la loi actuelle, seront punis selon le code, sans qu'il soit besoin de le dire spécialement. La chambre rejette l'amendement.

Sur le second paragraphe de l'article, M. Benjamin Constant a proposé un amendement tendant à ce que les délits d'injures envers les particuliers fussent seuls jugés par les tribunaux de police correctionnelle.

Sur l'observation de M. Bedoch, que la question était purement de compétence, et que, par conséquent, elle appartient à la seconde loi, la chambre a rejeté l'amendement.

ARTICLE XX.

Néanmoins l'injure qui ne renfermerait pas l'imputation d'un vice déterminé, ou qui ne serait pas publique, continuera d'être punie des peines de simple police.

L'article est adopté sans discussion.

§ 6.

CHAPITRE VI.

Dispositions générales.

ARTICLE XXI.

Ne donneront ouverture à aucune action, les discours tenus dans le sein de l'une des deux chambres, ainsi que les rapports ou toutes autres pièces imprimées par ordre de l'une des deux chambres.

Un amendement improvisé par M. Lainé a élevé sur cet article une discussion très-prolongée. Ce député a demandé à faire comprendre dans le privilége que l'article stipule *les opinions écrites qui n'auraient pas pu être prononcées à la tribune, et que leurs auteurs auraient fait imprimer et distribuer.* Il a exposé que dans une discussion importante beaucoup de députés qui refusent de paraître à la tribune, ou qui ne peuvent pas obtenir leur tour dans l'ordre de la parole, font distribuer leurs opinions; ce ne sont pas des discours prononcés, mais des opinions écrites sur des objets en délibération. Si ces opinions ne sont pas explicitement mentionnées dans la loi, il peut se faire que telle autorité, ne voyant affranchis que les discours tenus et les pièces imprimées par ordre, se croie en droit de poursuivre la responsabilité de ces opinions. Les députés qui ne paraissent point à la tribune ne jouiraient pas de la libre manifestation de leurs pensées. Circonscrire l'article dans les termes présentés, ce serait nuire à la liberté de la discussion et se priver des lumières qui peuvent y être répandues dans les opinions écrites et non prononcées.

M. le garde-des-sceaux a pensé que l'amendement était extrêmement grave. Le principe d'après lequel les opinions des députés sont soustraites à la juridiction des tribunaux ordinaires réside dans la souveraineté du pouvoir que la chambre exerce dans ses fonctions; mais elle ne peut point étendre le privilége à ce qui ne fait point partie de ses délibérations; or, elles se composent uniquement de ce qui est proféré à haute voix dans cette chambre. Tout ce qu'un député fait imprimer est aussi étranger aux délibérations que ce qu'un simple citoyen ferait imprimer lui-même. La chambre ne peut reconnaître et autoriser que ce qui s'est passé à la tribune, parce que là s'exerce la police et la juridiction qui lui appartiennent sur chaque député, à qui elle accorde la liberté de parler; or, comme la juridiction de la chambre ne peut point s'étendre à l'écrit qu'un député livre à l'impression, cet écrit ne doit point jouir du privilége. Qu'arriverait-il du contraire? C'est qu'on ferait imprimer ce que la chambre n'aurait pas souffert qu'on dît à la tribune; c'est qu'on pourrait se permettre tout outrage, toute offense en s'affranchissant de toute juridiction ; cela est impossible.

M. Manuel pense que la loi doit encourager la libre publication de tout ce qui appartient directement ou indirectement à la chambre, mais il estime qu'il y aurait un moyen de concilier cette liberté avec la répression des abus qui en peuvent naître : ce serait de soumettre les poursuites des tribunaux à l'autorisation de la chambre. Par-là il n'y aurait pas d'impunité, et le député serait jugé par ses pairs.

M. Cuvier exprime l'opinion que dans un gouvernement représentatif il ne peut point y avoir de privilége sans qu'il y ait motif puissant, remède et contre-poids ; or, c'est ce qui n'aurait point lieu pour les opinions écrites, imprimées et non prononcées à la tribune ; il reproduit, en les appliquant à beaucoup d'autres cas, les inconvéniens exposés sur ces sortes d'opinions par M. le garde-des-sceaux. Il étend même l'interdiction du privilége aux opinions prononcées à la tribune, et dont la chambre n'a point ordonné l'impression, parce qu'il est impossible de constater qu'elles soient à l'impression exactement telles qu'elles ont été à la tribune, et parce qu'elles deviendraient d'autant plus dangereuses qu'elles se présenteraient comme protégées par la sanction ou par l'indulgence de la chambre. Les députés se donneraient ainsi un privilége contre eux-mêmes et contre l'ordre public.

M. Laisné de Villevêque appuie l'amendement par le motif qu'enlever aux députés le droit de donner tous les avis qu'ils peuvent croire nécessaires, c'est leur ravir le plus beau droit dont ils jouissent.

M. le garde-des-sceaux, pour répondre avec détail aux argumens présentés, remonte à l'origine du gouvernement représentatif, qui laisse aux membres des chambres la liberté la plus illimitée dans leurs votes sur les objets soumis à leur délibération, mais qui doit aussi renfermer dans des limites inviolables la jouissance de ce droit. Il démontre que rien ne serait plus inconstitutionnel que de donner à un citoyen, quel que fût d'ailleurs son rang dans l'Etat, le privilége de braver les lois et d'être coupable impunément. Si donc un député fait imprimer son opinion, il rentre dans le droit commun; dès-lors ce député ne parle plus à la chambre, il ne veut plus agir sur elle, mais sur la multitude, et, alors, citoyen ordinaire, il passe sous les lois communes à tous les citoyens.

M. Lainé, dans un autre discours, reproduit ses raisonnemens et en ajoute de nouveaux en faveur de son amendement; il dit que le premier caractère des lois doit être l'impartialité, et que ce serait une partialité de la loi que de priver un député de la garantie offerte à ceux qui prononcent leurs opinions, parce qu'il n'aurait pu exprimer la sienne à la tribune; il ajoute que si la chambre n'a pas actuellement le droit de censurer les opinions imprimées, rien n'empêche qu'on l'ajoute, qu'on en donne même un plus grand par la loi nouvelle. On a paru craindre que des opinions débarrassées de la juridiction de la chambre ne continssent des élémens dangereux; mais est-ce que la tribune est plus vierge que la presse, et ne leur doit-on pas la même liberté ou les mêmes restrictions?

M. Manuel propose deux sous-amendemens; le premier *qui tend à exiger l'autorisation de la chambre, pour l'ouverture d'une action*, et le second *qui étend aux rapports, discours et pièces dont la chambre aura ordonné l'impression, le privilège affecté aux discours prononcés à la tribune*. L'orateur donne de nouveaux développemens à l'opinion qui, pour lui, fonde les deux modifications qu'il propose.

M. Royer-Collard répond à toutes ces propositions. Dans sa pensée, *les discours tenus* sont les élémens de la discussion. La discussion est le moyen de la délibération; si les discours tenus dans les chambres étaient soumis à une action extérieure quelconque, la délibération des chambres ne serait pas indépendante et ne remplirait pas la condition de leur existence. Voilà pourquoi c'est un axiome du gouvernement représentatif, que la tribune n'est justiciable que de la chambre; il suit de-là qu'il n'y a pas ouverture à l'action en diffamation pour les discours tenus dans les chambres ; mais il ne s'ensuit pas que la diffamation soit permise à la tribune. Tout ce que l'article établit, c'est que la diffamation, en ce cas, ne pourrait être réprimée et punie que par la chambre. Il est donc constant que pour tout discours prononcé à la chambre sans improbation, il y a un jugement réel, quoique tacite, duquel il résulte que ce discours, quel qu'il soit, n'est qu'un exercice légitime des fonctions de député ; l'amendement de M. Manuel est donc superflu. Il n'est pas besoin d'une disposition législative pour autoriser la publication, et cette disposition laisserait toujours subsister la question de fait, qui est de savoir si le discours a été tenu tel qu'il a été publié, ce qui est un débat nécessairement réservé contre tous publicateurs quelconques. L'orateur, passant à l'amendement de M. Lainé, qui tend à étendre l'inviolabilité relative, accordée par l'article aux discours tenus, jusqu'à ceux qui ne l'ont pas été, se demande ce que c'est qu'un discours qui n'a pas été tenu ? Il comprend bien que la chambre juge des paroles qu'elle entend, qu'elle est obligée d'entendre, mais il ne conçoit pas qu'elle juge des écrits qu'elle ne lit pas, qu'elle n'est pas obligée de lire. Selon lui, la conséquence de l'amendement de M. Lainé serait que, relativement à la diffamation, le député, qui est responsable quand il parle, qui peut être puni par la chambre s'il abuse de la parole, serait affranchi de toute responsabilité s'il écrivait au lieu de parler. A cette condition, il aurait le privilége de la diffamation; il y serait inviolable. « Privilége insolent, dit l'orateur, que nous devrions nous empresser d'abdiquer si nous avions le malheur d'en être revêtus. Pour moi, je déclare que je le refuse; je ne crois pas qu'il soit permis à un homme d'honneur d'accepter ce droit de vie et de mort sur la réputation de ses concitoyens.

» On vient de vous dire que c'est dans l'intérêt commun; ne le croyez pas, Messieurs, toujours le privilége s'est présenté sous des formes bénignes; il ne veut rien pour lui; il n'est qu'un dévouement, un sacrifice. Mais laissez-le grandir et s'endurcir, et vous le verrez bientôt opprimer tous les droits, parce que c'est sa nature incorrigible. Le privilége est actif, industrieux, infatigable; il pense à tout; ouvrez-lui la porte à laquelle il frappe en ce moment, et vous serez dispensés de faire une loi sur les journaux; les journaux seront à lui; la diffamation y sera privilégiée, sous le titre de *discours qui n'ont pas été tenus à la chambre*.

» On vous dit encore que le privilége dont il s'agit est une arme de la liberté contre le pouvoir. Je ne puis assez admirer, je l'avoue, la facilité avec laquelle on abuse des mots. Que sommes-nous donc ici, si ce n'est un pouvoir ? Ce que nous demandons pour nous, n'est-ce pas en qualité de membres d'un pourvoir ? Et contre qui le demandons-nous ? Contre tous. De quoi s'agit-il ? Que nous soyons au-dessus des lois, qu'il n'y ait pas de justice contre nous, que le public entier nous appartienne, que chaque citoyen relève de nous dans sa réputation et dans son honneur. Certes, ce sont ceux qui repoussent de toutes leurs forces cette domination intolérable qui sont sur le terrain de la liberté.

» Les intentions sont pures, qui en doute ? L'apologie à laquelle vient de se livrer le préopinant était superflue. Ce que M. le garde-des-sceaux a seulement voulu dire, et ce que je répète avec la même conviction, c'est que toutes ces propositions sont empreintes de la grande et constante erreur de la révolution, erreur qui fit peut-être la plus grande partie de ses crimes, et qui fut de vouloir faire la liberté avec le despotisme, l'égalité avec le privilége, et trop souvent la justice avec la violence et la cruauté. Il est tems de le savoir après trente années, la liberté ne se fait qu'avec la liberté, l'égalité avec l'égalité, la justice avec la justice.

» Point de privilége, Messieurs, c'est notre honneur de vivre sous la loi commune, ayant l'ambition d'y rester ; point d'inviolabilité contre nos concitoyens. Et pour dernière réponse à nos adversaires, je leur dirai : si vous voulez être inviolables, ayez au moins des ministres responsables ; je n'abaisse point votre condition en l'égalant à la condition royale. »

La chambre rejette d'abord le sous-amendement de M. Manuel, ensuite l'amendement de M. Lainé. Quant au second amendement de M. Manuel, il semble se confondre avec un amendement de M. Benjamin Constant, lequel est ainsi conçu. « Ne donnera également ouverture à aucune action, la publication par un tiers, textuellement ou en extrait, des discours, rapports et autres pièces émanées des chambres ou d'un de leurs membres, quand les auteurs de ces discours ou rapports en reconnaissent l'authenticité. »

La chambre vote d'abord sur l'amendement de M. Manuel, et le rejetant, nous ne croyons plus devoir nous occuper de ce qui n'est pas resté dans la loi, nous écarterons donc la très-courte discussion qui s'est établie à ce sujet.

Quant à l'amendement de M. Benjamin Constant, comme il a donné naissance à l'art. 22 de la loi définitive, nous en reprendrons la discussion après l'énonciation de cet article.

L'art. 21 avait obtenu une approbation complète du rapporteur de la commission à la chambre des pairs ; toutefois, M. le comte de Pontécoulant avait demandé une explication franche et positive sur la question de savoir si, dans le cas où les membres des chambres pouvant être poursuivis pour raison de discours imprimés et non prononcés, ils jouiraient du droit que la charte accorde aux uns, pour toujours, aux autres, pendant la durée de la session, de ne pouvoir être poursuivis ni jugés que de l'autorité de l'une des chambres, dont chacun d'eux fait partie.

A ce sujet, M. le garde-des-sceaux obtient la parole, pour donner à la chambre quelques explications qu'a paru désirer sur cet article un des orateurs entendus (1). La disposition qu'il contient n'a eu dans l'esprit de ses rédacteurs, ne peut avoir pour quiconque voudra l'examiner avec attention, d'autre but, d'autre effet, que de constater en faveur des pairs et des députés le privilége incontestable qui leur appartient, de n'être soumis qu'à la seule censure de la chambre dont ils font partie, pour raison des discours par eux prononcés dans la chambre, sur quelque sujet que ce puisse être. Mais ce privilége, qu'il était nécessaire de proclamer solennellement pour garantir d'autant mieux l'indé-

(1) Ces explications font partie de celles dont M. le marquis de Lally a demandé et obtenu l'impression spéciale et séparée.

pendance des chambres et la liberté des débats législatifs, ce privilége n'est pas le seul qui appartienne aux membres de l'une et de l'autre chambre. Aux termes de la charte, les pairs et les députés jouissent de la prérogative commune de ne pouvoir être arrêtés que de l'autorité de la chambre dont ils sont membres; mais cette prérogative accordée aux pairs pour tous les instans n'appartient aux députés que pendant le tems nécessaire pour l'exercice de leurs fonctions législatives. Cet utile privilége ne pouvait être détruit ni modifié, et n'avait pas besoin d'être consacré par l'art. 21 ; aussi cet article ne s'en occupe-t-il pas ; il n'a pas dû s'occuper davantage du privilége particulier, garanti par la charte aux membres de la pairie, et qui consiste à ne pouvoir être jugés en matière criminelle que par la chambre des pairs. Ces deux priviléges distincts restent tels que la charte les a établis, et rien, dans la lettre de l'art. 21 non plus que dans les discussions auxquelles il a donné lieu, ne peut faire soupçonner qu'on ait eu l'idée d'y porter la plus légère atteinte. »

M. le comte de Pontécoulant regrette que M. le garde-des-sceaux ne se soit point prononcé sur la question importante de savoir si la juridiction de la chambre des pairs sur ses membres comprend les matières correctionnelles comme les matières du grand criminel. Cette question ne saurait être douteuse, mais il croit utile qu'une déclaration positive de Messieurs les commissaires du roi vienne ôter tout prétexte à la controverse.

M. le pair de France, ministre de l'intérieur, déclare que cette question, qui au surplus lui paraît étrangère à la discussion actuelle, et que l'art. 34 de la charte (1) peut seul faire naître, ne présente, dans son opinion, aucune difficulté. A son avis, la charte n'a employé les mots *en matières criminelles* que par opposition aux *matières civiles*, et sans égard aux distinctions que l'on peut établir entre les diverses branches des matières criminelles.

M. le comte de Boissy-d'Anglas observe que l'article 21 ne paraît avoir pour objet que les discours prononcés dans le sein de l'une ou l'autre chambre; il se demande si le pair, si le député que la faiblesse de son organe empêcherait de se présenter à la tribune, devra être soumis à une autre juridiction que celle de la chambre dont il fait partie, parce qu'il aura cru de son devoir de lui soumettre par écrit les idées qu'il ne pouvait lui faire entendre. A son avis, les opinions émises, soit par écrit, soit à la tribune par un membre de l'une ou de l'autre cham-

(1) « Aucun pair ne peut être arrêté que de l'autorité de la chambre, et jugé que par elle en matière criminelle. »

bre, sur des objets de leur compétence, doivent être également affranchies de toute juridiction étrangère. S'il en était autrement, l'indépendance du pouvoir législatif ne serait pas entière, et dans des occasions importantes, l'intérêt public pourrait être compromis par les entraves apportées aux courageux efforts de ses défenseurs. Le noble pair demande que les commissaires du roi s'expliquent sur cette importante question.

Le pair de France, ministre de l'intérieur (1), obtient la parole. Il pense, comme le noble comte (M. Boissy-d'Anglas), que les priviléges de la pairie importent autant à l'État qu'à la pairie elle-même, qui ne peut avoir d'autres intérêts que celui de l'Etat. Dans les gouvernemens constitutionnels, les priviléges que les lois fondamentales reconnaissent n'ont et ne peuvent avoir pour base et pour objet que l'intérêt de la société. Dans un tel régime, les droits concédés aux corps ou aux individus ne sont qu'un moyen de remplir les devoirs qui leur sont imposés ; s'ils étaient autre chose, ils seraient abusifs et attentatoires aux droits communs. Les priviléges de la pairie ont été donnés comme une garantie pour l'ordre constitutionnel et pour nos institutions politiques, à la tête desquelles la pairie

(1) Pièce imprimée spécialement par ordre de la chambre des pairs.

est placée ; parmi ces priviléges, le plus important pour la société comme pour la chambre est la juridiction que la charte lui confère sur ses membres. Cette juridiction n'est point limitée dans cette enceinte, elle s'étend sur tous les actes dont les pairs pourraient se rendre coupables ; car le ministre ne doute pas que la chambre n'ait un droit de censure et de discipline intérieure sur les actions privées de ses membres qui, sans être frappées par les lois, seraient contraires à la délicatesse, ou blesseraient la dignité du caractère de la pairie ; ainsi, que les écrits publiés par les pairs l'aient été d'abord à cette tribune, ou qu'ils aient été simplement livrés à l'impression, c'est devant la chambre seule que leurs auteurs auront à en répondre, par la chambre qu'ils pourront être jugés. »

M. de Pontécoulant prie M. le garde-des-sceaux de vouloir bien donner son adhésion à cette déclaration, attendu qu'il est spécialement chargé de la défense de la loi.

Cette demande ayant été renouvelée par un autre pair de France (M. le comte de Boissy-d'Anglas), M. le garde-des-sceaux (1) croit devoir, pour terminer cette discussion, remettre sous les yeux de la chambre l'article qui l'a fait naître. Que résulte-

(1) Pièce dont la chambre des pairs a ordonné l'impression spéciale.

t-il de cet article? Que les pairs ou les députés ne pourront être soumis à aucune action pour les discours par eux tenus dans le sein de l'une des deux chambres; l'article ne dit rien de plus; et c'était à ces limites que devait, en effet, se restreindre le privilége nécessaire à l'indépendance des chambres. Dès qu'un membre de l'une ou de l'autre sort du cercle de ses fonctions législatives, en publiant par une autre voie des opinions auxquelles la tribune était ouverte, il doit rentrer, aux yeux de la loi, dans la classe des écrivains ordinaires, et reste soumis à l'action ouverte contre eux. Mais ici naît la question de savoir à quelle juridiction cette action doit être soumise, et c'est cette question que la loi n'a pas dû traiter, parce qu'elle lui était étrangère.

L'art. 21, ne donnant lieu à aucune autre observation, est mis aux voix et adopté à la chambre des pairs.

ARTICLE XXII.

Ne donnera lieu à aucune action le compte fidèle des séances publiques de la chambre des députés, rendu de bonne foi dans les journaux.

Le projet primitif ne renferme aucune disposition semblable ou même analogue à celle-ci; l'article est purement additionnel, il est né de la discussion, les expressions *de bonne foi* qu'il contient en rendent la stipulation extrêmement délicate. Il est donc de la plus haute importance de bien faire connaître les motifs par lesquels les deux chambres se sont déterminées à l'introduire dans la loi.

Nous avons vu la chambre des députés rejeter l'amendement de M. Manuel, en se réservant de prononcer sur celui de M. Benjamin Constant, relatif, comme lui, à l'autorisation de la libre publication par la voie des journaux.

Dans le développement des motifs, M. Constant a particulièrement insisté sur la nécessité d'assurer aux débats de la chambre des députés une grande publicité. Il a montré le despotisme enchaînant la liberté publique par des entraves mises à la publication des actes de la représentation nationale, il en a conclu la nécessité de rendre une grande extention aux publications de cette nature. La seule condition qui lui est attachée, a été d'astreindre les journaux à la fidélité et à l'exactitude du compte qu'ils voudraient rendre, mais cette condition même est très-embarrassante. Faudra-t-il donner textuellement les discours, et, en général, les détails de chaque séance? Cela est physiquement impossible. Si l'on ne peut pas l'exiger, quelle sera la garantie de la fidélité des extraits auxquels les journaux devront se borner; l'orateur l'a trouvée dans la stipulation de la reconnaissance d'authenticité, donnée par les auteurs des discours ou rapports qui émaneront d'eux, et dont on publiera des extraits. La seule objection qui se présente est que les journalistes se trouveront ainsi sous la dépendance des députés. L'orateur n'y voi aucun inconvénient, parce qu'il ne doute pas de la loyauté des membres de la chambre; mais, au surplus, il déclare adhérer d'avance à toutes les améliorations qu'on pourrait offrir pour le mode dont i s'agit; ce qui lui importe, c'est que la liberté soi entière, c'est que les journaux obtiennent des garanties claires et fixes, c'est enfin qu'on préserve le tribunaux, pour leur propre dignité, des chicanes e des interprétations qui les avilissent.

M. Guizot, commissaire du Roi, établit des principes sur la question dont il s'agit. Le premier, c'es que les journalistes doivent rentrer dans le droi commun, et que la prétendue juridiction de l chambre, sous laquelle on prétendrait les placer deviendrait exceptionnelle, si elle n'était pas illusoire. Suivant l'orateur, la publicité des débats d la chambre des députés est dans la faculté accordé au public d'assister aux discussions; maintenant que font les journalistes quand ils publient ce qu s'est dit dans la chambre? Ils élargissent l'enceint ou le public est admis; ils font jouir la France entière d'un droit que tout le public ne peut pas matériellement exercer. Ainsi, il n'y a pas de délit dan la publication des séances et des débats. Il n'y a qu'une condition qu'on puisse attacher à ce droit, c'est la fidélité de la publication; fidélité morale, et qui ne peut pas être matérielle, puisque la totalité d'une séance ne peut jamais être reproduite. Les journalistes sont donc responsables de la publication des débats de la chambre, en ce sens, qu'on peut les accuser de les avoir reproduits infidèlement dans l'intention de nuire ou de diffamer; ce sera à l'accusateur à prouver le fait d'infidélité, le fait de mauvaise intention, tout cela est hors du domaine de la loi, qui se borne à définir le délit, et à y attacher une pénalité. L'amendement de M. Constant est inadmissible, 1° en plaçant le journaliste à la discrétion du député, si le député niait, le journaliste même innocent serait condamné; 2° le public serait à la discrétion de tous les deux, car il suffirait au député et au journaliste d'être d'accord, pour imprimer tout ce qu'ils voudraient; 3° enfin, il est contraire à l'institution du jury, car il lui prescrit une règle de conviction, il lui enjoint de déclarer la publication, fidèle toutes les fois que l'authenticité en sera reconnue par le député.

Quant aux considérations d'après lesquelles on insiste si vivement sur la latitude à donner à cette partie de la liberté, M. Guizot pense que la meilleure garantie que la loi puisse donner à la liberté, c'est son silence.

Au milieu de la discussion, MM. Bedoch et Chauvelin ont proposé un amendement dont la base est évidemment prise dans les principes posés par M. Guizot, et qui consistent à ramener à la fidélité morale la garantie de la liberté laissée aux journaux. Cet amendement tendait à introduire les mots *de bonne foi* dans la rédaction proposée par M. Constant.

M. le garde-des-sceaux a trouvé qu'il était parfaitement inutile que la loi reconnût la faculté qu'avaient les journalistes de rendre un compte fidèle des discussions de la chambre, que, néanmoins, si on voulait absolument le dire, il ne fallait pas du moins dire autre chose; S. Exc. a donc proposé de rédiger la disposition demandée dans un article additionnel; et c'est cette rédaction, à laquelle la chambre a unanimement adhéré, qui forme l'article 22 dont nous venons de présenter la discussion.

ARTICLE XXIII.

Ne donneront lieu à aucune action en diffamation ou injures, les discours prononcés, ou les écrits produits devant les tribunaux : pourront néanmoins les juges, saisis de la cause, en statuant sur le fond, prononcer la suppression des écrits injurieux ou diffamatoires, et condamner qui il appartiendra en des dommages-intérêts.

Les juges pourront aussi, dans le même cas, faire des injonctions aux avocats et officiers ministériels, ou les suspendre de leurs fonctions.

La durée de cette suspension ne pourra excéder six mois ; en cas de récidive, elle sera d'un an, au moins, et de cinq ans au plus.

Pourront, toutefois, les faits diffamatoires, étrangers à la cause, donner ouverture, soit à l'action publique, soit à l'action civile des parties, lorsqu'elle leur aura été réservée par les tribunaux, et, dans tous les cas, à l'action civile des tiers.

Dans le projet primitif, le dernier paragraphe était ainsi conçu : *Pourront toutefois les faits diffamatoires, non pertinens ou étrangers à la cause, donner ouverture, soit à l'action publique, soit à l'action civile du tiers.*

Le changement de rédaction de ce paragraphe est dû à M. Jacquinot, qui en avait fait l'objet d'un amendement. Il a passé sans discussion.

ARTICLE XXIV.

Les imprimeurs d'écrits dont les auteurs seraient mis en jugement en vertu de la présente loi, et qui auraient rempli les obligations prescrites par le titre II de la loi du 21 *octobre* 1814, *ne pourront être recherchés pour le simple fait d'impression de ces écrits, à moins qu'ils n'aient agi sciemment, ainsi qu'il est dit à l'art.* 60 *du code pénal, qui définit la complicité.*

Cet article est encore un de ceux qui sont nés de la discussion. Lors de la délibération de l'article 6, M. Benjamin Constant avait demandé, par amendement, qu'il fût ajouté un article portant que le brevet des imprimeurs ne pourrait leur être retiré. C'est cette proposition que la chambre a modifiée, qui fonde l'article dont nous nous occupons.

Dans le développement des motifs de son amendement, M. Constant a particulièrement insisté sur la nécessité de donner des garanties positives aux imprimeurs; il a pensé que les anciens réglemens consacrés par le titre II de la loi du 21 octobre 1814 (1) n'offraient aucune sécurité aux personnes de cette profession. Il cite divers exemples de brevets retirés à des imprimeurs, sans jugement préalable. Il demande que cet arbitraire cesse, que les brevets soient définitifs, et que les imprimeurs ne se trouvent plus à la merci de l'autorité.

M. Guizot répond qu'il est aussi impossible de déclarer d'avance qu'un imprimeur a eu l'intention de concourir à un délit par voie de publication, qu'il est impossible de dire qu'il n'a pas eu cette intention; ce qu'il faut d'abord juger, c'est la

(1) Voyez à l'Appendice le titre II de cette loi.

question de savoir si la publication est coupable ; si elle l'est, quiconque y a concouru, qu'il soit imprimeur ou non, est incontestablement complice, c'est-à-dire coupable ; c'est un fait qui est ou qui n'est pas, voilà tout.

Délier un imprimeur de toute responsabilité, c'est déclarer à l'avance qu'il ne saura jamais le mal qu'il pourra faire ; c'est le réduire à la nature de ses presses, de ses caractères, de son papier. L'orateur ne croit pas que cette supposition soit admissible. On craint que les imprimeurs, effrayés, ne se refusent à imprimer, et que la liberté de la presse n'en soit compromise ; on demande pour les imprimeurs des garanties particulières ; il vaudrait mieux en demander pour les auteurs, car celles-là pourraient du moins protéger et couvrir les imprimeurs, s'il était impossible que les garanties générales n'eussent pas seules l'efficacité qu'on demande aux garanties particulières. Cette vérité trouve ici, et à l'instant même, son application, car si un imprimeur, trompé par de fausses indications, publie l'ouvrage d'un auteur inconnu ou domicilié hors de France, suivant l'amendement il doit être, par cela seul, déclaré coupable ; or, cela est d'une injustice révoltante ; si la loi du 21 octobre est vicieuse, il faut la réformer ; mais il ne faut pas proposer de remédier à un mal par un mal plus grand encore. Ce n'est point au moment où les auteurs rentrent dans le droit commun, qu'il est permis d'en faire sortir les imprimeurs.

M. de Chauvelin adhère aux opinions exprimées par M. Guizot; il demande seulement qu'on les retrouve dans un article de loi; en conséquence, il propose un amendement qui comprend les publicateurs avec les imprimeurs dans la même déclaration d'innocence, en tant qu'ils se seraient conformés aux règles prescrites par le titre 2 de la loi du 21 octobre.

Sur des observations de M. le garde-des-sceaux, et sur une addition proposée par M. de Courvoisier, l'amendement se trouve ainsi modifié : *Les imprimeurs, etc., ne pourront être recherchés pour le simple fait d'impression de ces écrits, à moins qu'ils n'aient agi sciemment, ainsi qu'il est dit à l'art.* 60 *du code pénal, qui définit sa complicité* (1).

(1) « Art. 60. Seront punis comme complices d'une action qualifiée crime ou délit, ceux qui, par dons, promesses, menaces, abus d'autorité ou de pouvoir, machinations ou artifices coupables, auront provoqué à cet action, ou donné des instructions pour la commettre.

» Ceux qui auront procuré des armes, des instrumens ou tout autre moyen qui aura servi à l'action, sachant qu'ils devaient y servir.

» Ceux qui auront, avec connaissance, aidé ou assisté l'auteur ou les auteurs de l'action dans les faits qui l'auront

Toute la chambre se trouvant réunie à l'opinion qui consacre cette addition, l'article additionnel est adopté, et sur la demande de M. le garde-des-sceaux, il est classé à la place que nous venons de lui donner sous le n° 24.

ARTICLE XXV.

En cas de récidive des peines et délits prévus par la présente loi, il pourra y avoir lieu à l'aggravation des peines prononcées par l'art. 4, livre 1er du code pénal (1).

préparée ou facilitée, ou dans ceux qui l'auront consommée; sans préjudice des peines qui seront spécialement portées par le présent code contre les auteurs de complots ou de provocations attentatoires à la sûreté intérieure ou extérieure de l'Etat, même dans le cas où le crime qui était l'objet des conspirateurs ou des provocateurs n'aurait pas été commis. »

(1) *Des peines de la récidive pour crimes et délits.*

« Art 56. Quiconque, ayant été condamné pour crime, aura commis un second crime emportant la dégradation civique, sera condamné à la peine du carcan.

» Si le second crime emporte la peine du carcan ou le bannissement, il sera condamné à la peine de la réclusion.

» Si le second crime entraîne la peine de la réclusion, il sera condamné à la peine des travaux forcés à tems et à la marque.

» Si le second crime entraîne la peine des travaux forcés

M. de Chauvelin avait demandé le rejet de l'article du projet parce qu'il décidait d'une manière absolue que l'application des peines de récidive aurait lieu ; ce qui lui semble beaucoup trop rigoureux.

M. le garde-des-sceaux ayant consenti à ce que cette disposition ne fût que facultative, la chambre a adopté l'article tel qu'il est ici indiqué.

ARTICLE XXVI.

Les art. 102, 217, 367, 368, 369, 370, 371, 372, 374, 375, 377 *du code pénal, et la loi du* 9 *novembre* 1815, *sont abrogés.*

Toutes les autres dispositions du code pénal, aux-

à tems ou la déportation, il sera condamné à la peine des travaux forcés à perpétuité.

» Si le second crime entraîne la peine des travaux forcés à perpétuité, il sera condamné à la peine de mort.

» Art. 57. Quiconque, ayant été condamné pour un crime, aura commis un délit de nature à être puni correctionnellement, sera condamné au *maximum* de la peine portée par la loi, et cette peine pourra être élevée jusqu'au double.

» 58. Les coupables condamnés correctionnellement à un emprisonnement de plus d'une année, seront aussi, en cas de nouveaux délits, condamnés au *maximum* de la peine portée par la loi, et cette peine pourra être élevée jusqu'au double ; ils seront de plus mis sous la surveillance spéciale du gouvernement pendant au moins cinq années, et dix ans au plus. »

quelles il n'est pas dérogé par la présente loi, continueront d'être exécutées.

L'article a été adopté sans aucune discussion.

De l'art. 21 à l'art. 26 et dernier, la chambre des pairs a voté toutes les dispositions qu'ils contiennent, sans débat.

Nous n'avons pas reproduit ici quelques amendemens et articles additionnels présentés à la chambre des députés par MM. Becquey et Bogne de Faye; le lecteur en sentira facilement la raison; notre but a été de présenter l'esprit et le sens de la loi adoptée, et les digressions dans lesquelles nous aurions pu nous jeter se rapportant à des propositions non accueillies, nous auraient écartés de la ligne que nous nous sommes tracée, sans procurer aucun avantage.

CHAPITRE II.

Discussion de la loi relative à la poursuite et au jugement des crimes et délits commis par la voie de la presse, ou par tout autre moyen de publication.

SECTION Ire.

Discussion de l'ensemble de la loi.

Nous avons, pour toute cette loi, suivi la même méthode qu'on a remarquée lors de la première, à partir de l'art. 8, c'est-à-dire que nous présentons chaque article tel qu'il a été adopté en définitif, en faisant remarquer et ressortir les modifications apportées au projet de loi primitif. Ce mode, en évitant une répétition fastidieuse des mêmes dispositions, nous a paru renfermer l'avantage spécial vers lequel nous tendons, celui de bien fixer l'esprit et le sens des lois actuelles.

L'exposé des motifs présenté à la chambre des députés par M. le garde-des-sceaux pour la seconde loi en même tems que pour la première, est ainsi conçu :

« Quelque soin qu'apporte la loi pénale, soit à protéger les intérêts publics et privés, en réprimant la licence des publications, soit à préserver la libre manifestation de la pensée contre l'abus de la répression, elle ne saurait atteindre ce double but qu'autant qu'une autre loi, dictée par le même esprit, offrira à tous sûreté dans la poursuite, impartialité dans le jugement.

» Il faut même le reconnaître ; c'est sur-tout dans cette dernière loi que l'ordre et la liberté, inséparables intérêts, doivent trouver leurs plus fermes garanties. Les dispositions pénales les plus imparfaites sont, à un certain point, corrigées dans leurs effets par la franchise de la procédure, l'indépendance du jugement ; les meilleures seraient vaines sans ces deux conditions.

» Ces vérités évidentes donnent une haute importance à tous les articles du second projet que nous vous présentons.

» Un premier point est à régler : par qui et sous quelles conditions s'exercera la poursuite ?

» Toutes les fois qu'il s'agit de provocation au crime ou au délit, d'offense à la personne sacrée du roi ou aux membres de son auguste famille, d'outrages à la morale publique ou aux bonnes mœurs ; comme c'est alors la société qui est attaquée, le ministère public doit agir d'office, sans autre direction que celle de ses supérieurs hiérarchiques.

» Dans les autres cas, l'intérêt de la liberté a paru commander des modifications.

» 1°. Quant à la répression des attaques dirigées contre les chambres, il est nécessaire de prévoir l'ascendant qu'une majorité devenue constante exercera sur le gouvernement, et par-là sur l'action du ministère public. Dans la meilleure direction, cette majorité aurait encore besoin du contrôle de l'opinion et d'une presse libre. Mais ce contrôle, toujours plus ou moins incommode aux pouvoirs, paraîtrait d'autant plus insupportable à cette majorité, qu'elle s'égarerait davantage et entraînerait avec elle le gouvernement plus loin de l'intérêt et du vœu général. Dans une telle situation, cette majorité pourrait être tentée de devenir oppressive, d'imposer silence à une salutaire opposition. Il faut alors qu'une délibération solennelle de la chambre, qui se croit offensée, précède la poursuite; il faut que la minorité de la chambre puisse être entendue dans la discussion; il faut que l'opinion avertie puisse se prononcer. Avec cette garantie, il sera bien difficile que la poursuite ait lieu autrement que dans les cas suffisamment graves; il sera impossible d'en abuser contre la liberté.

» Il est d'ailleurs de la dignité des chambres qu'elles ne puissent, elles présentes, être traduites en jugement, car tous procès intenté dans l'intérêt d'un pouvoir, l'y traduit plus ou moins lui-même; il est de leur dignité qu'elles ne puissent être compromises dans une lutte judiciaire que de leur consentement. Si, dans leur propre cause, elles s'étaient trompées, les *verdicts* des jurés, c'est-à-dire un nouvel organe de l'opinion, prise à sa source, les avertirait elles et le gouvernement.

» 2°. C'est également aux cours, aux tribunaux et autres corps constitués à reconnaître ce que, dans chaque circonstance, leur commande l'intérêt de leur dignité ou de leur considération.

» La publicité, cette première garantie de la justice des jugemens comme de tous les actes des pouvoirs, serait vaine si les actes des cours et des tribunaux, si ceux des autres corps constitués ne pouvaient être librement examinés, et ce libre examen serait compromis par des poursuites trop légèrement entreprises.

» 3°. Enfin, le ministère public ne peut être autorisé à poursuivre la réparation de l'injure faite à un fonctionnaire, à un particulier, qu'autant que l'un ou l'autre porte plainte. Nul, sans son consentement, ne doit être engagé dans des débats où la justice même et le triomphe ne sont pas toujours exempts d'inconvéniens; et si le maintien de la paix publique semble demander qu'aucun délit ne reste impuni, cette même paix gagne aussi à ce qu'on laisse se guérir d'elles-mêmes des blessures qui s'enveniment dès qu'on les touche.

» Ce n'est pas à dire, cependant, qu'il suffise de la plainte d'une partie pour déterminer l'action publique. Toutes les fois que le délit de diffamation ou d'injure est plutôt une atteinte à l'intérêt privé qu'à celui de la société, et c'est presque toujours le cas, la partie publique laisse à la partie civile le soin d'obtenir elle-même réparation.

» La plainte portée, la loi doit décider la question de savoir si l'ouvrage qu'elle accuse pourra ou non être saisi avant le jugement; les opinions se partagent sur cette question.

» On combat la saisie comme contraire au principe de la publicité; principe d'après lequel chacun doit être à même d'apprécier le jugement que le jury portera de l'ouvrage incriminé. On la combat comme inutile, puisque la publicité du débat judiciaire, les journaux qui le répètent, propagent le scandale que la saisie avait pour objet d'éviter. On la combat comme injuste, puisqu'elle est un dommage, une sorte de peine anticipée que trop souvent l'acquittement ne répare qu'imparfaitement.

» On soutient, au contraire, la saisie comme une conséquence naturelle de la poursuite commune à tous les délits. La raison ne commande-t-elle pas, en effet, de saisir les instrumens, d'arrêter les suites du délit dont on poursuit la répression? Sans doute, la saisie ne doit et ne peut intervenir qu'après la publication, parce que c'est dans la publication seule que consiste le délit, et qu'on ne peut poursuivre et saisir qu'après le délit. Mais lorsqu'un écrit, par exemple, est poursuivi comme provoquant au crime, comme outrageant les mœurs, comme diffamant ce qu'il y a de plus respectable et de plus sacré, est-il nécessaire, est-il moral, est-il sensé même que le magistrat contemple, immobile et désarmé, le progrès du mal et la propagation du scandale? La publicité de l'examen et du jugement ne suffira-t-elle pas pour que l'opinion prononce entre l'ouvrage, son accusateur et ses juges? Et remarquez que cette publicité judiciaire n'a pas, comme on l'objecte, les dangers de la publication elle-même, parce que les attaques coupables ne sont reproduites au grand jour que pour y être repoussées et condamnées. Quand au dommage qui peut résulter d'une injuste poursuite, il est commun à tous les prévenus et à tous les délits. Le mal trop réel est inséparable de la justice elle-même.

» Après avoir balancé ces deux systèmes, les ministres du Roi se sont décidés à vous proposer la saisie avant le jugement. Les raisons de ce dernier système nous paraissent sur-tout mieux fondées dans nos mœurs ; et, en y réfléchissant, les amis les plus éclairés de la liberté de la presse penseront peut-être que, dans son intérêt même, il importe de rassurer, par de telles précautions, cette portion aussi nombreuse qu'estimable de la société, qu'effraient encore parmi nous le mouvement actuel de cette liberté, ses excès et de trop affligeans souvenirs.

» Cependant, cette partie de notre législation recevra une importante amélioration. La saisie ne se fera plus après le dépôt seulement; elle ne précédera plus la publication, elle ne pourra que la suivre, et le public, qui connaîtra l'ouvrage, pourra, dans son principe même, juger l'action intentée.

» Vous verrez, au surplus, Messieurs, que le

projet de loi prend toutes les précautions pour empêcher qu'en aucun cas il puisse être abusé de la mesure dont il s'agit, et ces précautions ne seront jamais illusoires, c'est une assurance que vous donne encore le projet, en déclarant que l'action publique elle-même périt, si, dans un délai très-court, il n'est statué sur la saisie.

» Le réglement de la compétence présente de sérieuses difficultés. Sera-ce seulement au lieu où l'ouvrage ou le journal a été imprimé, déposé, publié, que la poursuite sera intentée? Sera-ce au contraire partout où l'ouvrage ou le journal a pu parvenir, que l'auteur, l'éditeur, le journaliste, seront tenus de comparaître? Le projet de loi a cherché, pour ces questions, la solution qui a paru concilier le mieux tous les intérêts.

» Si le dépôt a été opéré, la partie publique ne pourra introduire sa poursuite que devant le juge du lieu du dépôt.

» Dans le cas où c'est la partie civile qui poursuit elle-même, elle pourra, supposé que la publication ait été opérée dans les lieux qu'elle habite, y poursuivre les auteurs de cette publication.

» La question de savoir par qui seront jugés les délits dont vous allez régler la poursuite, est bien plus grave encore, mais elle est aussi, nous le croyons du moins, de toutes la plus éclaircie. Tout a été dit et bien dit pour et contre à cette tribune. Le ministère, en vous proposant le jury, ne cède pas moins à sa propre conviction qu'à l'opinion publique, et croit servir la liberté de la presse, autant que favoriser la répression de ses abus. Il est convaincu que le jury est désormais le seul protecteur efficace des intérêts que pourrait menacer la licence des publications. Il va plus loin, il a la confiance que le jury rassurera les plus timides par la juste sévérité de ses décisions.

» Toutefois, bien que le jury soit, en cette matière, le meilleur instrument à nos yeux, il est sage, et sur-tout en commençant à étendre des attributions fatigantes et pénibles pour les citoyens qui y sont appelés, de le faire avec mesure et sobriété, et dans le cas seulement où son intervention ne saurait être remplacée.

» Ainsi ces questions : Telle publication provoque-t-elle au crime ou au délit? outrage t-elle la morale publique ou les bonnes mœurs ? telle imputation est-elle offensante ou diffamatoire ? Ces questions, disons-nous, trouveront toujours leur meilleure solution dans la rectitude d'une première impression, dans la seule droiture du sens, et sur-tout dans l'indépendance de la position. Leur nature et leur gravité les attribuent naturellement au jury.

» Il n'en est pas de même de l'injure qui ne renferme l'imputation d'aucun fait ; son caractère n'a rien d'ambigu, rien n'a pu la légitimer. Il n'y a aucun motif pour n'en pas laisser le jugement aux tribunaux correctionnels.

» La nécessité de faire juger de simples délits par les cours d'assises nous a amenés à leur tracer un mode pour juger les défauts et les oppositions. Nous avons cherché à concilier les droits du prévenu avec la prompte expédition de la justice.

» Le ministère aurait-il à craindre le reproche de ne pas vous apporter avec les lois répressives des abus de la presse et des publications, la loi sur la réforme du jury ? Nous craindrions, avec plus de fondement, un autre reproche, celui de n'avoir pas encore consacré assez de tems et de méditations aux questions graves et multipliées dont nous vous proposons en ce moment la solution ; et nous nous serions nous-mêmes accusés d'imprudence si, à des difficultés aussi réelles, dans une matière aussi étendue, nous eussions en ce moment ajouté les difficultés plus grandes et plus épineuses encore de la réforme du jury.

» Nous dirons seulement que de premiers travaux sur ce sujet ont été entrepris, mais qu'il faut un plus long espace de tems pour les mûrir. Une loi sur les abus de la presse se corrige facilement par l'expérience ; la réforme du jury, manquée, pourrait compromettre l'institution et la société elle-même.

» Tel qu'il est aujourd'hui, le jury est incontestablement préférable aux tribunaux correctionnels, pour le jugement des délits de publication. La responsabilité légale et morale des administrateurs se développe évidemment tous les jours, et nous garantit provisoirement, au moins jusqu'à un certain degré, le soin et l'impartialité dans la composition de la liste des jurés. Tel qu'il est aujourd'hui, le jury juge des crimes dont la découverte demande assurément plus de sagacité que celle des délits de publication. Enfin, adopter pour ce genre de délit l'institution du jury, c'est en rendre la réforme plus urgente et plus indispensable.

» Le prévenu de diffamation est traduit devant le jury. Pourra-t-il se prévaloir de la vérité des faits qu'il a allégués? Sera-t-il admis à en faire la preuve? notre législation actuelle lui en a refusé le droit; sauf le cas infiniment rare où il est armé de la preuve légale du fait, sorte de preuve qui ne peut consister, comme on sait, que dans un acte authentique.

» La jurisprudence anglaise, au contraire, dans l'action civile, qui est la forme de poursuite la plus usitée, ne voit que le dommage causé par l'imputation, et admet la preuve pour ou contre le dommage et sa quotité.

» Le système de la preuve est, dans le vrai, le seul qui soit capable de satisfaire pleinement l'honnête homme calomnié. Le calomniateur défié inutilement de prouver ses imputations, n'a plus la ressource des subterfuges ordinaires; il ne peut plus dire qu'il a cédé trop inconsidérément à la force de la vérité, à un juste sentiment d'indignation, et que si le jugement devait dépendre de l'exactitude des faits, il lui serait facile de montrer son innocence, en prouvant beaucoup plus devant les juges qu'il n'a avancé contre la partie qui le poursuit. Il ne peut alléguer mille présomptions, dont la malignité ne manque jamais de s'emparer et de faire son profit; en un mot, forcé dans son dernier retranchement, la justice éclatante et non équivoque de sa condamnation répare entièrement l'honneur de l'offensé, au lieu d'y porter une nouvelle atteinte, comme il arrive trop souvent dans ces sortes de causes. Malheur, sans doute, à quiconque a failli, si la preuve est acquise contre lui! mais est-il juste de sacrifier l'homme irréprochable à celui qui ne l'est pas? Que chacun recueille le prix de ses œuvres: ce résultat est aussi utile que moral.

» Avouons-le, Messieurs, ce système suppose des mœurs plus fortes, plus mâles, de véritables mœurs publiques, enfin; mais serait-il accueilli par un peuple doué d'une susceptibilité jalouse sur tout ce qui touche à l'honneur et à la considération ? par un peuple qui aime la liberté, mais qui abhorre le scandale ? Supporterions-nous l'idée de mettre au jour notre vie privée, de dévoiler nos relations les plus intimes, souvent nos plaies les plus douloureuses et les plus secrètes, à la première parole offensive ? Ne verrions-nous pas là un appât présenté à la médisance, une arène ouverte à la licence et à la malignité. Telle est la crainte, Messieurs, qui nous a déterminés à vous proposer d'interdire la preuve.

» Il est une exception, cependant, que réclame hautement la liberté publique. C'est le cas où l'imputation s'adresse aux dépositaires ou aux agens de l'autorité, et où elle concerne les actes ou les faits de leur administration. La vie privée des fonctionnaires n'appartient qu'à eux-mêmes : leur vie publique appartient à tous. C'est le droit, c'est souvent le devoir de chacun de leurs concitoyens de leur reprocher publiquement leurs torts ou leurs fautes publiques. L'admission à la preuve est indispensable. La censure, sachant qu'elle sera dans l'obligation de prouver, en aura plus de mesure et de dignité. Le droit reconnu de dire la vérité fera punir plus sévèrement la calomnie et l'injure contre les hommes revêtus du pouvoir, et ceux-ci, à leur tour, seront d'autant plus fermes dans la ligne du devoir, que si leurs méfaits ne peuvent échapper à un impartial jury, au jugement du pays, ils trouveront aussi dans ce tribunal le vengeur certain de leur honneur offensé.

» Le projet de loi n'a point dû parler ici de la preuve légale. Il n'y a point diffamation, suivant la définition de la loi pénale, à répéter un fait généralement notoire, et bien moins lorsque cette notoriété prend sa source dans la publicité des actes de l'autorité.

» L'individu attaqué dans sa considération, dans sa moralité, pourra produire devant le jury les témoins de l'une et de l'autre; la même faculté est justement refusée à son accusateur.

» La mise en liberté provisoire du prévenu d'un délit, moyennant caution, est dans le droit commun soumise à la discrétion du juge; dans bien des cas, il n'en peut être autrement. Dans cette matière spéciale, il est sans inconvénient, et dès-lors il est juste qu'elle soit de droit. Pour garantir ce droit, le projet de loi fixe le *maximum* du cautionnement qui pourra être exigé.

» Après que la condamnation d'un ouvrage a été rendue publique, la réimpression, la vente, en seront plus coupables. Le projet de loi vous propose donc d'appliquer dans ce cas le *maximum* de la peine.

» Enfin, Messieurs, il est dans la nature des

crimes et délits commis avec publicité, et qui n'existent que par cette publicité même, d'être aussitôt aperçus et poursuivis par l'autorité et ses nombreux agens. Il est de la nature des effets de ces crimes et délits d'être rapprochés de leur cause. Elle serait tyrannique, la loi qui, après un long intervalle, punirait une publication à raison de tous les effets possibles les plus éloignés, lorsque la disposition toute nouvelle des esprits peut changer du tout au tout les impressions que l'auteur lui-même se serait, dans l'origine, proposé de produire, lorsque enfin le long silence de l'autorité élève une présomption si forte contre la criminalité de la publication. Il a donc paru convenable d'abréger beaucoup le tems de la prescription de l'action publique.

» Il n'est pas de même de l'action civile. Un individu peut avoir été diffamé, injurié, et l'ignorer long-tems. »

A la chambre des pairs, M. le garde-des-sceaux, en présentant le projet de loi déjà adopté par la chambre des députés, s'est exprimé en ces termes :

« Après avoir essayé, dans le projet de loi qui vous a déjà été présenté, de concilier la liberté justement due à la manifestation de la pensée avec la sécurité des intérêts publics ou particuliers que pourrait offenser cette liberté dégénérant en licence, il reste encore à assurer l'effet des dispositions établies, à cet égard, par des formes de procédure qui garantissent au prévenu l'usage légitime de tous ses moyens de défense, sans faire perdre à la justice aucun de ses moyens de répression. Tel est l'objet du projet de loi sur la poursuite et le jugement des délits commis par la voie de la presse ou par tout autre moyen de publication, que le roi nous ordonne de soumettre à vos délibérations.

» En nous occupant de rassembler les matériaux de cette loi, notre premier soin a dû être de régler à quelles conditions s'entameraient les poursuites. Pour les cas où il s'agit d'une offense envers l'Etat et la société, envers le roi et les membres de la famille royale, dont l'inviolable dignité doit être rangée parmi les grands intérêts de la société et de l'Etat, il ne pouvait s'élever aucune difficulté; le ministère public étant ici, non-seulement l'organe naturel, mais encore l'organe unique et nécessaire de la plainte, c'est à lui seul qu'il appartient de poursuivre, et il doit le faire de son propre mouvement. Il n'en est pas de même dans les autres cas. Bien que l'Etat souffre véritablement de toute offense qui tend à violer les droits ou à troubler la tranquillité des citoyens, et que, par conséquent, il soit, en principe, autorisé à en requérir la punition par ses officiers, toutefois nous avons pensé que l'honneur est un intérêt trop délicat et trop jaloux pour ne pas le laisser arbitre lui-même de ce qui lui convient le mieux dans ces sortes d'occasions, et que nul n'a le droit de l'exposer à être vengé plus qu'il ne le voudrait, et à subir, sans son consentement, de mortifiantes réparations où il pourrait trouver quelquefois de nouvelles, et peut-être de plus cruelles injures. La partie publique ne se portera donc à intenter une action que sur la plainte des parties intéressées. Des motifs non moins graves, déjà développés avec détail dans l'autre chambre, nous ont décidés à étendre cette disposition aux cas d'offense contre les assemblées législatives, les cours judiciaires et les corps constitués. C'est l'objet des articles 2, 3, 4 et 5.

» Le premier acte de la poursuite est la saisie de l'instrument du crime ou délit. Le besoin indispensable de l'ordre a fait une nécessité de placer cette saisie avant le jugement; mais vous penserez, sans doute, que la brièveté des délais qui séparent l'un de l'autre, et la péremption qui intervient naturellement à défaut d'une décision dans les termes fixés, sont une compensation au moins suffisante de la rigueur nécessaire que peut d'abord paraître renfermer cette disposition.

» La détermination de la compétence était un article plus épineux encore, et dont il était peut-être impossible de se tirer, sans se résigner à quelques inconvéniens. Lorsqu'un citoyen, lorsqu'un magistrat invoquent la vengeance des lois pour des atteintes portées à leur honneur, dans quel lieu, devant quels juges intenteront-ils leur action? Blessés cruellement par l'injure ou la calomnie, dans un écrit répandu chez eux, au milieu de leurs amis, de leurs connaissances, de toutes leurs relations, seront-ils obligés d'aller se plaindre à grands frais à un tribunal inconnu, dans une ville étrangère où la faveur sera contre eux, où, le plus souvent, leurs preuves ne pourront les suivre, où leur triomphe même, enfin, ne sera point une réparation. En un mot, celui que la diffamation sera venue chercher au sein de ses foyers, se verra-t-il contraint de chercher la justice à l'extrémité du royaume? Cette condition, vous le sentez, serait intolérable, et nulle réputation ne se croirait à l'abri, pouvant être si facilement attaquée, et si mal aisément défendue. Mais, d'une autre part, si, dans ces sortes de causes, une sorte de faveur s'attache généralement au plaignant, toutefois le prévenu ne doit pas être traité comme coupable avant d'avoir été convaincu. Or, n'est-ce pas déjà une sorte de peine d'exiger d'un écrivain qu'il soit toujours prêt à se transporter au loin pour répondre à une accusation souvent, après tout, légèrement ou mal fondée.

Après plusieurs essais pour concilier les difficultés,

nous nous sommes décidés à nous en tenir à un principe reconnu par la jurisprudence et l'équité ; c'est que le crime devant être poursuivi dans le lieu où il s'est accompli, et l'accomplissement du crime ne pouvant être que dans le fait personnel du coupable, le plaignant ne sera autorisé à attirer le prévenu devant les juges de son domicile que lorsque la publication y aura été effectuée.

» En vertu de l'article 13, tous les crimes et délits de publication, excepté quelques cas réservés par l'article suivant, c'est-à-dire à peu près tous les crimes et délits qui auront un caractère politique, ne pourront être soumis qu'à l'examen des jurés au jugement du pays : disposition vraiment constitutionnelle, où le gouvernement, nous le disons avec pleine conviction, trouvera protection certaine pour ses légitimes intérêts autant que les simples citoyens, garantie inviolable pour un de leurs droits les plus précieux. Nous ne nous sommes point dissimulé que cette innovation salutaire dans notre législation criminelle a besoin, pour porter tous ses fruits, que l'institution du jury soit elle-même soumise à de nécessaires réformes ; mais, quelles que soient les imperfections qu'on puisse reprendre dans le jury actuel, nous n'hésiterons point à affirmer que c'est dès à présent un changement heureux de lui confier un ministère difficile qui commence à peser aux tribunaux, et dont il y a lieu de craindre qu'ils ne puissent bientôt plus s'acquitter ni à la satisfaction des citoyens, ni à l'avantage du gouvernement.

» Les autres articles du projet, destinés à régler les divers formes de la poursuite et du jugement, portent avec eux-mêmes l'explication de leurs motifs; mais il en est un qui par son importance mérite d'être placé à côté de l'article 13, et que les ministres du roi vous présentent avec la même confiance, l'article 20, en vertu duquel la faculté de faire la preuve, refusée au prévenu contre les particuliers, lui est accordée contre les dépositaires ou agens de l'autorité pour les faits relatifs à leurs fonctions. Ainsi, tandis que le secret de la vie privée est mis religieusement à l'abri, la vie publique des hommes publics, pour laquelle la loi ne doit point reconnaître de secret, est exposée au grand jour, qu'elle ne saurait fuir sans déclarer mieux encore la nécessité de l'y ramener, et soumise à une sorte de responsabilité morale non moins propre à honorer la dignité de la magistrature et des offices publics, qu'à assurer les droits des citoyens contre l'oppression et les injustices de leurs administrateurs.

Voilà les motifs des principales dispositions contenues dans le projet que nous avons l'honneur de vous présenter, tel qu'il est sorti des délibérations de la chambre des députés. Il se termine par un adoucissement aux règles que la loi commune établit sur les délais dans lesquels l'action se prescrit. Ici le terme de six mois nous a paru suffisant dans les poursuites intentées par le ministère public. Cette indulgence de la loi ne vous semblera point déplacée, sans doute, dans une matière où le tems et les circonstances contribuent pour une si forte part à déterminer le caractère des crimes et des délits, ou à changer les idées d'après lesquelles ils doivent être jugés.

M. de Cassaignolles, rapporteur de la commission à la chambre des députés, n'a pas cru devoir ajouter de longues réflexions à celles qui sont si bien présentées dans l'exposé que nous venons de parcourir. « Je n'ai à vous parler, a-t-il dit, que de quelques changemens dans l'article de la procédure; cependant vous y trouverez, si je ne me trompe, tout ce que cette nouvelle législation présente de plus important.

» Un bon code de procédure et de jugement en matière criminelle est, en général, tout ce qu'il y a de plus désirable, et tout à-la-fois de plus difficile.

» Chercher la vérité par tous les moyens que la justice et la bonne foi autorisent, et s'arrêter au point où elle pourrait être blessée; respecter les droits de l'individu, quand la société exerce contre lui le plus terrible de tous les droits; écarter toute rigueur inutile, lorsque tant de rigueurs sont inévitables ; voir en quelque sorte, et tout à-la-fois, dans un même accusé, le crime et l'innocence ; trouver enfin dans la procédure et le jugement des garanties réciproques qui semblent s'exclure ; tel est le problême judiciaire dont la solution, plusieurs fois tentée, laisse encore bien des vœux à former.

» Mais, indépendamment de ces difficultés générales de la matière, nous en avons ici de spéciales que certainement vous avez déjà remarquées. Oui, les plus grandes, les plus importantes innovations judiciaires vous sont proposées ; les plus hauts intérêts politiques, les intérêts individuels les plus précieux seront agités ; les questions les plus délicates, les plus ardues, viendront naturellement se placer dans la discussion. »

Le rapporteur borne là ses observations sur l'ensemble du projet de loi ; nous retrouverons dans la discussion de chacun des articles les réflexions particulières par lesquelles il soutient les amendemens de la commission.

M. le marquis de Catelan, chargé par la chambre des pairs du rapport fait devant elle sur le projet de loi, déjà adopté par les députés, s'étend davantage à l'égard des observations générales, il pense qu'une loi qui, comme celle-ci, est consacrée à indiquer les moyens de poursuivre les délits, doit, pour être bonne, offrir à la société trois espèces de garanties: D'abord, qu'aucun citoyen ne soit exposé à être poursuivi témérairement pour des crimes qu'il n'aurait pas commis; ensuite, que le citoyen accusé trouve dans le mode, dans la marche de la procédure, le plus de moyens possibles pour arriver promptement et sûrement à prouver son innocence; enfin, qu'en cas de preuve contre lui le jugement n'applique à son délit ou à son crime que le genre de peine prononcée d'avance par le code pénal.

« Voyons, continue le noble rapporteur, si les rédacteurs ont atteint ce but, ou si, du moins, ils en ont approché.

» Ainsi que nous l'avons dit plus haut, le ministère public est seul chargé de la vindicte publique, lui seul a le droit, le devoir, de poursuivre le crime. En ceci, quelque chose que l'on fasse, il y aura toujours une part pour l'arbitraire; malheureusement la chose est inévitable, c'est un vice inhérent à la plus belle de nos institutions; le seul avantage à espérer, c'est de diminuer cet arbitraire. Nos lois, tant anciennes que modernes, ne se sont point dirigées vers ce but essentiel; elles ont plus visé à découvrir, à punir le crime, qu'elles n'ont essayé de distinguer l'innocent du coupable; il nous semble que le projet de loi offre la première de ces garanties plus que l'on ne l'avait fait jusqu'à présent, et autant que le permettent les institutions humaines.

»Toute attaque, tout tort fait à un particulier blesse la société, et par-là donne ouverture à deux actions distinctes, l'une à exercer par le particulier lésé, tendante à lui faire obtenir des dommages; l'autre action, indépendante de la première, est exercée par le ministère public, dans les intérêts de la société tout entière. Il est facile de voir combien l'extrême étendue des devoirs de ce ministère peut, même malgré lui, l'entraîner dans des erreurs qui, quoique involontaires, n'en sont pas moins funestes pour les citoyens, car un jugement qui acquitte ne dédommage jamais des angoisses d'une longue procédure, ni de la prison qui l'accompagne; je ne parle même pas de l'espèce de flétrissure que des poursuites, quoique déclarées injustes, laissent souvent après elles. Ici le ministère public aura très-rarement à se tromper, et s'il tombe dans quelques erreurs, on pourra presque toujours les attribuer à cette fausse activité que beaucoup de magistrats prennent pour du zèle. Le projet de loi, et ce qui est à remarquer, sans diminuer la force de la loi, restreint de beaucoup l'action publique; l'offense envers les chambres, les délits commis contre les souverains et chefs des gouvernemens étrangers, les injures contre les cours et autres corps constitués ; les délits contre les agens diplomatiques et agens de l'autorité, les délits pour fait de diffamation contre les particuliers, cette nombreuse série de cas est hors du domaine du ministère public ; et quand à ce qu'on lui a laissé à poursuivre dans cette matière, l'art. 6, ainsi que vous devez l'avoir déjà remarqué, Messieurs, l'oblige à préciser tellement sa plainte, à coarcter si positivement le délit, que le lot de l'erreur ou de l'arbitraire est bien diminué ; nous disons diminué, et le disons avec regret, car il n'est pas possible que notre législation ne reste là-dessus plus ou moins imparfaite, mais c'est beaucoup d'avoir diminué les chances des fausses poursuites ; il nous semble que ce bienfait résulte des dispositions du projet de loi, et que par-là il présente la première de ces trois garanties que nous avons désirées plus haut.

» Il est vrai que la nature des délits qui nous occupent a offert des facilités pour cet heureux changement ; mais félicitons les rédacteurs de ce projet de loi d'avoir su accepter franchement la possibilité de cette amélioration ; peut-être eût-elle été repoussée dans d'autres circonstances.

» L'accusé trouvera-t-il dans le mode de procédure cette protection à laquelle ont droit tous les prévenus ? Aura-t-il des moyens faciles et prompts pour en venir à prouver son innocence ? Nous le pensons, ce projet de loi offre à l'accusé plus de garanties, plus d'avantages que n'en présente le code criminel pour le jugement des délits de tout autre genre.

» Nous rappellerons encore les dispositions de l'article 6; en les rapprochant de celles de l'art. 15, on remarquera les injonctions faites aux juges des tribunaux de première instance, lors de la mise en prévention, celles adressées à la chambre des mises en accusation dans les cours royales; ces injonctions, à peine de nullité, ne permettent aucun retard, et sur-tout aucune de ces déviations si dangeureuses pour l'accusé. Si même incidemment à la poursuite d'un délit pour fait d'une publication quelconque, on a cru devoir ordonner la saisie avant le jugement, l'arbitraire de cette saisie préventive est bien diminué par la rapidité de la procédure qui en opérera le jugement définitif; tous ces délais sont de rigueur; le moindre retard annulle la saisie; cet incident peut même être favorable à l'accusé, car la péremption de la saisie entraîne celle de l'action publique.

» Quant au jugement, nous trouvons dans le projet de loi une disposition importante; les crimes et délits commis par tout moyen de publication de la pensée seront jugés par le jury; on n'excepte de de cette disposition générale que les délits pour diffamation contre les particuliers, et, certes, quoique le jury soit loin de la perfection où nous devons espérer de le voir incessamment arriver, ce mode de jugement, même dans l'état actuel du jury, est plus rassurant pour le prévenu, et lui offre la seule garantie que la loi lui pouvait accorder.

» Ainsi tout est favorable, jusqu'à la prescription, dont le bienfait est ici acquis dans un délai bien moins long que pour tous les autres délits.

» Tel est, Messieurs, le résultat de la pensée de votre commission sur le projet de loi que vous avez renvoyé à son examen ; il lui a paru remplir le vœu qu'a dû se proposer le législateur ; c'est par ces motifs qu'elle m'a chargé de vous proposer de l'adopter sans amendement. »

A la chambre des députés, deux orateurs seulement ont présenté des observations sur l'ensemble du projet de loi.

M. Legraverend examine dans le projet quatre questions principales :

1° A quelle époque la saisie doit-elle être faite ; 2° dans quel cas la poursuite à la requête du plaignant peut-elle être portée dans le lieu de son domicile ? 3° dans quel cas le prévenu de diffamation sera-t-il admis à la preuve ? 4° quels délits doivent être soumis au jury ?

La solution donnée par le projet à la première question doit satisfaire les amis de la liberté de la presse ; pour qu'un ouvrage puisse être saisi, il faudra qu'il y ait eu publication résultant de mise en vente et de distribution; laisser circuler jusqu'après le jugement un ouvrage dénoncé, ce serait s'exposer à tous les dangers de la licence, puisque la poursuite n'a lieu que pour des cas graves, positivement énoncés.

Mais on n'a pas prévu le cas où l'auteur contesterait la publication dont les caractères ne sont pas suffisamment déterminés par le projet de loi; l'orateur propose un amendement tendant à admettre le prévenu à poser cette question préjudicielle, soit devant le jury, soit devant le tribunal correctionnel.

La deuxième question a été également décidée d'une manière bien plus favorable à la liberté qu'elle ne l'était dans la législation précédente; cependant, l'on pourrait faire encore de fortes objections contre la compétence du tribunal séant au lieu du domicile du plaignant; l'orateur pense que, quand il n'y a lieu qu'à des dédommagemens civils, on pourrait porter la poursuite devant les tribunaux civils; si cependant l'on trouvait des inconvéniens dans cette mesure, il faut au moins exiger que le plaignant se porte partie civile pour pouvoir attaquer devant un autre tribunal que celui du lieu où s'est fait le dépôt, afin que l'auteur, s'il est acquitté, ait un recours contre le plaignant.

Le projet détermine sagement sur la troisième

question que l'admission à la preuve n'aura lieu que dans le cas de diffamation contre des fonctionnaires publics, et pour des faits relatifs à leurs fonctions. Une plus grande extension aurait porté le trouble dans la société. L'écrivain qui attaque un citoyen dans sa vie privée est un libelliste odieux et méprisable, et c'eût été augmenter le scandale de ces sortes de publications que de permettre d'en prouver la vérité.

Sur la quatrième question, l'orateur se félicite de l'hommage rendu aux principes par le projet; tous les délits, excepté ceux d'injures, seront jugés par le jury. On a craint que, pour éviter cette forme de jugement, la diffamation ne fût transformée en injure; mais le caractère de ces deux sortes de délits est trop distinct pour que les tribunaux s'y méprennent; d'ailleurs, les peines sont beaucoup plus légères dans le second cas que dans le premier; le délit est beaucoup plus fréquent, et ce serait abuser de l'institution du jury que de l'appeler en toute occasion : on pourrait cependant lui soumettre toutes les affaires où il y aurait lieu à prononcer la peine d'emprisonnement. L'orateur propose un amendement en ce sens, et repousse celui de la commission, qui veut que les tribunaux correctionnels puissent prononcer sur la diffamation envers les particuliers.

Il conclut à l'adoption du projet de loi avec les amendemens qu'il a indiqués.

M. Favard de Langlade, après avoir examiné la législation par laquelle la presse a été régie jusqu'à présent, établit que le projet est bien plus complet, bien moins restrictif, bien mieux d'accord enfin avec la ligne constitutionnelle.

Il en admet sans restriction toutes les dispositions, et justifie particulièrement l'article 12, qui permet de traduire le prévenu de diffamation ou d'injure envers un particulier, devant le tribunal du lieu du domicile du plaignant, dans le cas où il y a eu distribution en ce lieu de l'ouvrage incriminé. Il représente que c'est là seulement que l'honneur du plaignant peut être vengé, là qu'il peut fournir les preuves de la fausseté des faits dont on l'accuse; il ne dissimule pas qu'il en résulte des inconvéniens pour les écrivains, mais ils en seront plus circonspects. La diffamation privée est si méprisable, elle allumerait tant de haines qu'il faut la rendre difficile et dangereuse pour ceux qui seraient tentés de s'y livrer.

L'orateur fait quelques réflexions sur l'article 20, qui règle les cas d'admission à la preuve, pour le fait de diffamation; il pense qu'on l'a justement refusé contre les particuliers, mais, en même tems, qu'on n'aurait pas dû l'accorder envers les fonctionnaires publics ; c'est mettre ces derniers dans une condition pire que celles des autres citoyens ; le diffamateur aura l'avantage d'articuler des faits positifs ; il aura à sa disposition tous les moyens de subornation et d'intrigue; le fonctionnaire public devra fournir des preuves négatives qu'il est toujours difficile d'établir d'un manièree satisfaisante, il faudrait au moins n'admettre que la preuve par écrit.

L'orateur termine en appelant sur ce sujet l'attention particulière de la chambre.

MM. Legraverend et Favard étant les seuls députés inscrits pour parler sur l'ensemble de la loi, la chambre passe de suite à la discussion des articles.

SECTION II.

Discussion des articles.

ARTICLE I.

La poursuite des crimes et délits, commis par la voie de la presse ou par tout autre moyen de publication, aura lieu d'office et à la requête du ministère public, sous les modifications suivantes.

Cet article est adopté, sans discussion, dans l'une et l'autre chambre.

ARTICLE II.

Dans le cas d'offense envers les chambres ou l'une

d'elles, par voie de publication, la poursuite n'aura lieu qu'autant que la chambre qui se croira offensée l'aura autorisée.

Pour bien entendre les motifs qui ont fait adopter cet article tel qu'il est ici rédigé, il est nécessaire de connaître l'article du projet primitif. Il était ainsi conçu :

« Dans le cas de diffamation ou d'injure envers les chambres, ou l'une d'elles, par une publication opérée *durant leur session*, la poursuite n'aura lieu qu'autant que la chambre qui se croira offensée aura présenté au roi une adresse, le suppliant d'ordonner à son procureur-général de poursuivre. »

La commission des députés avait proposé, d'abord, de retrancher les mots *durant leur session*, parce que l'offense n'était pas moins punissable dans quelque tems qu'elle fût commise. Elle avait ensuite proposé de remplacer la disposition relative à l'adresse au roi, par la disposition d'une simple autorisation, laquelle serait transmise au ministre de la justice pour qu'il ordonnât de poursuivre. Elle avait pensé que c'était aux chambres qu'il appartenait de délibérer et de prononcer sur la convenance et la nécessité des pousuites. Ce point décidé par elles, il n'était pas besoin d'une adresse au roi pour poursuivre, puisqu'elles usaient d'un droit réservé à tous les offensés.

C'est dans cet état que la discussion s'est engagée à la chambre des députés.

Dans un discours très-étendu, M. de Labourdonnaye a combattu l'article et l'amendement de la commission, comme également contraires à la dignité et à l'indépendance des chambres; à leur indépendance, puisque ce serait soumettre leur décision à la révision d'un autre pouvoir de la société; à leur dignité, puisque, placées devant des juges qui se constitueraient les protecteurs de ceux qui les auraient offensées, les chambres n'auraient d'action ni contre d'injustes jugemens, ni contre des juges corrompus; l'orateur pensait que les chambres devaient être juges dans leur propre cause.

M. Beugnot, tout en convenant que ce système n'est point sans exemple, puisqu'il est adopté en Angleterre, a cru néanmoins qu'il aurait beaucoup plus d'inconvéniens que d'avantages; que, suivant nos lois, les tribunaux sont juges exclusifs de toutes les contestations et de tous les délits; que si les chambres se faisaient à elles-mêmes justice, leurs arrêts sans forme et sans appel seraient pris pour des abus de la force; que c'est ainsi que les premières assemblées de la révolution ont passé rapidement de l'abus du droit commun à la plus odieuse tyrannie. L'orateur propose, comme la commission, de supprimer e recours au Roi pour les poursuites autorisées par les chambres.

Plusieurs députés, la plupart jurisconsultes, élèvent un débat sur cette dernière question.

M. Royer-Colard présente à ce sujet des idées entièrement nouvelles. Sans doute, quand les chambres sont offensées, elles sont offensées comme pouvoir, mais quand elles requièrent la répression de l'offense, elles agissent comme *personne morale*. Il en est ainsi de tous les corps constitués et même des tribunaux; cela étant, les chambres sont entièrement dégagées des formes dans lesquelles elles sont renfermées comme pouvoir. Il ne s'agit pas de leur attribuer une puissance qu'elles n'ont pas naturellement. Il y a un pouvoir judiciaire institué pour tous; il répond à la société entière de toute la société; il est chargé, par la force de son institution, de poursuivre toutes les offenses publiques et particulières, et, par conséquent, les offenses qui s'adressent aux pouvoirs. L'objet de l'article n'est pas d'assurer que les offenses faites aux chambres seront poursuivies, mais qu'elles le seront quand les chambres le demanderont. L'orateur ne croit pas qu'il soit besoin d'aucune intervention, et il vote comme M. Beugnot.

Sur les observations de M. de Mézy, l'article est adopté comme nous l'avons présenté.

A la chambre des pairs, quelques réflexions peu importantes ont été très-bien réfutées par M. le garde-des-sceaux; S. Exc. a exprimé l'opinion que les chambres pouvaient très-bien remettre aux tribunaux la répression de leurs offenses, puisque le roi, dans le même cas, montrait la même réserve; quant à la négligence que la partie publique apporterait à cette répression, les communications des chambres avec le ministère ne laissent aucune crainte à cet égard.

Les pairs de France ont adopté l'article.

ARTICLE III.

Dans le cas du même délit contre la personne des souverains et celle des chefs des gouvernemens étrangers, la poursuite n'aura lieu que sur la plainte ou à la requête du souverain ou du chef du gouvernement qui se croira offensé.

La seule observation qui ait trouvé place à l'égard de cet article, c'est que l'article du projet primitif parlait de la puissance au lieu du souverain ou du chef du gouvernement; la rectification ayant été adoptée, l'article est demeuré comme nous l'indiquons.

ARTICLE IV.

Dans le cas de diffamation ou d'injures contre les cours, tribunaux ou autres corps constitués, la pour-

suite n'aura lieu qu'après une délibération de ces corps : prise en assemblée générale, et requérant les poursuites.

M. Benjamin Constant avait pensé qu'on devait poser ici la question de savoir si les délits puisés dans cet article seraient jugés par le jury; mais sur l'observation de plusieurs députés, la chambre a joint cette discussion à celle de l'art. 14.

ARTICLE V.

Dans le cas des mêmes délits contre tout dépositaire ou agent de l'autorité publique, contre tout agent diplomatique étranger, accrédité près du roi, ou contre tout particulier, la poursuite n'aura lieu que sur la plainte de la partie qui se prétendra lésée.

L'article correspondant dans le projet primitif stipulait que la poursuite ne pourrait avoir lieu qu'à la requête de la partie offensée. Le rapporteur de la commission des députés a fait observer que cette condition était contraire aux principes généraux, en ce qu'elle astreindrait l'offensé à faire les frais de la poursuite et qu'elle rendrait ainsi l'action publique entièrement dépendante de l'action civile.

M. le garde-des-sceaux consent à la suppression demandée, parce qu'elle est conforme à l'intention du projet de loi. Ces mots : *à la requête*, sembleraient, en effet, supposer que la plainte ne suffit pas, mais qu'il faudrait encore que la partie plaignante se rendît partie civile. Les mots peuvent être retranchés.

M. Blanquart-Bailleul appuie l'observation, qui est adoptée ainsi que l'article.

ARTICLE VI.

La partie publique, dans son réquisitoire, si elle poursuit d'office, ou le plaignant dans sa plainte, seront tenus d'articuler et de qualifier les provocations, attaques, offenses, outrages, faits diffamatoires ou injures, à raison desquels la poursuite est intentée, et ce, à peine de nullité de la poursuite.

Cet article n'a donné lieu à aucune observation de la part des commissions, non plus qu'à aucune discussion dans les deux chambres.

ARTICLE VII.

Immédiatement après avoir reçu le réquisitoire ou la plainte, le juge d'instruction pourra ordonner la saisie des écrits, imprimés, placards, dessins, gravures, peintures, emblêmes ou autres instrumens de publication.

L'ordre de saisir et le procès-verbal de saisie seront notifiés, dans les trois jours de ladite saisie, à la personne entre les mains de laquelle la saisie aura été faite, à peine de nullité.

On a vu, dans l'exposé des motifs, les raisons qui ont déterminé le gouvernement à proposer la saisie avant le jugement. La commission des députés y a ajouté la considération que la saisie, à l'époque où elle est placée par l'article, arrive après l'accomplissement du délit, et qu'ainsi il n'y a rien de préventif. Ces motifs ont déterminé l'adoption de l'article dans les deux chambres.

ARTICLE VIII.

Dans les huit jours de ladite notification, le juge d'instruction est tenu de faire son rapport à la chambre du conseil qui procède, ainsi qu'il est dit au code d'instruction criminelle, livre Ier, chapitre 9, sauf les dispositions ci-après (1).

Aucune observation, aucune discussion dans les deux chambres.

(1) *Du rapport des juges d'instruction quand la procédure est complète.*

Art. 127. Le juge d'instruction sera tenu de rendre compte, au moins une fois par semaine, des affaires dont l'instruction lui est dévolue.

Le compte sera rendu à la chambre du conseil, composée de trois juges au moins, y compris le juge d'instruction; communication préalablement donnée au procureur du roi, pour être par lui requis ce qu'il appartiendra.

128. Si les juges sont d'avis que le fait ne présente ni crime ni délit, ni contravention, ou qu'il n'existe aucune charge contre l'inculpé, il sera déclaré qu'il n'y a pas lieu à poursuivre; et si l'inculpé avait été arrêté, il sera mis en liberté.

129. S'ils sont d'avis que le fait n'est qu'une simple con-

ARTICLE IX.

Si la chambre du conseil est unanimement d'avis qu'il n'y a pas lieu à poursuivre, elle prononce la main-levée de la saisie.

Cet article n'avait fourni matière à aucune obser-

travention de police, l'inculpé sera renvoyé au tribunal de police, et il sera remis en liberté, s'il est arrêté.

Les dispositions du présent article et de l'article précédent ne pourront préjudicier aux droits de la partie civile ou de la partie publique, ainsi qu'il sera expliqué ci-après.

130. Si le délit est reconnu de nature à être puni par des peines correctionnelles, le prévenu sera renvoyé au tribunal de police correctionnelle.

Si, dans ce cas, le délit peut entraîner la peine d'emprisonnement, le prévenu, s'il est en arrestation, y demeurera provisoirement.

131. Si le délit ne doit pas entraîner la peine de l'emprisonnement, le prévenu sera mis en liberté, à la charge de se représenter, à jour fixe, devant le tribunal compétent.

132. Dans tous les cas de renvoi, soit à la police municipale, soit à la police correctionnelle, le procureur du roi est tenu d'envoyer, dans les vingt-quatre heures au plus tard, au greffe du tribunal qui doit prononcer, toutes les pièces, après les avoir cotées.

133. Si, sur le rapport fait à la chambre du conseil par le juge d'instruction, les juges ou l'un d'eux estiment que le fait est de nature à être puni de peines afflictives ou infamantes, et que la prévention contre l'inculpé est suffisamment établie, les pièces d'instruction, le procès-verbal constatant le corps du délit, et un état des pièces servant à conviction, seront transmis sans délai, par le procureur

vation de la part des commissions, mais lors de la délibération de la chambre des députés, M. Manuel prétendit que la condition de l'unanimité était trop rigoureuse; que la saisie, qui est déjà une dérogation au droit commun, se trouverait encore aggravée par cette condition d'unanimité.

du roi, au procureur-général de la cour royale, pour être procédé ainsi qu'il sera dit au chapitre des mises en accusation.

Les pièces de conviction resteront au tribunal d'instruction, sauf ce qui sera dit aux articles 248 et 291.

134. La chambre du conseil décernera dans ce cas, contre le prévenu, une ordonnance de prise de corps, qui sera adressée avec les autres pièces au procureur-général.

Cette ordonnance contiendra le nom du prévenu, son signalement, son domicile, s'ils sont connus, l'exposé du fait et la nature du délit.

135. Lorsque la mise en liberté des prévenus sera ordonnée conformément aux articles 128, 129 et 131 ci-dessus, le procureur du roi, ou la partie civile, pourra s'opposer à leur élargissement. L'opposition devra être formée dans un délai de vingt-quatre heures, qui courra contre le procureur du roi à compter du jour de l'ordonnance de mise en liberté, et contre la partie civile, à compter du jour de la signification à elle faite de ladite ordonnance au domicile par elle élu dans le lieu où siège le tribunal.

L'envoi des pièces sera fait ainsi qu'il est dit à l'article 132.

Le prévenu gardera prison jusqu'après l'expiration du susdit délai.

136. La partie civile qui succombera dans son opposition sera condamnée aux dommages-intérêts envers le prévenu.

M. Blanquard-Bailleul, M. Bourdeau et le rapporteur de la commission ont fait observer que si l'intérêt de la partie accusée méritait des égards, l'intérêt de la société y avait les mêmes droits; ils ont représenté que dans le système de M. Manuel, il serait possible que pendant que la chambre d'accusation enverrait le prévenu devant la cour d'assises, la chambre du conseil ordonnât la main-levée de la saisie, ce qui serait une inconséquence absurde.

M. de Courvoisier appuie ces observations.

M. le ministre de l'intérieur démontre que c'est à tort qu'on prétend n'être pas dans le droit commun; que la seule dérogation qu'on y ait faite est dans le principe même de la loi, qui renvoie de simples délits devant le jury, mais que ce principe une fois admis, il n'y a plus à s'en écarter, et qu'il faut suivre tous les erremens de la procédure adoptés pour les crimes justiciables du jury.

La chambre passe outre aux observations de M. Manuel, et adopte l'article.

ARTICLE X.

Dans le cas contraire, ou dans le cas de pourvoi du procureur du roi ou de la partie civile contre la décision de la chambre du conseil, les pièces sont transmises sans délai au procureur-général près la cour royale, qui est tenu, dans les cinq jours de la réception, de faire son rapport à la chambre des mises en accusation, laquelle est tenue de prononcer dans les trois jours dudit rapport.

Cet article, comme le précédent, n'avait donné lieu à aucune observation de la part des commissions.

A la chambre des députés, M. de Chauvelin a proposé un amendement tendant à ce que la faculté de pourvoi fût laissée au prévenu comme au ministère public, et à ce que communication des pièces lui fût donnée.

M. Bedoch repousse l'amendement, 1° parce qu'il n'y a aucune opposition à faire à un arrêt de prévention; 2° parce que, dans une instruction préalable, il n'y a de pièces de procédure que l'ouvrage même; or l'auteur le connaît.

La chambre écarte l'amendement et adopte l'article.

ARTICLE XI.

A défaut par la chambre du conseil du tribunal de première instance d'avoir prononcé dans les dix jours de la notification du procès-verbal de saisie, la saisie sera de plein droit périmée. Elle le sera également à défaut par la cour royale d'avoir prononcé sur cette même saisie dans les dix jours du dépôt, en son greffe, de la requête que la partie saisie est autorisée à présenter, à l'appui de son pourvoi, contre l'ordonnance de la chambre du conseil. Tous les dépositaires des objets saisis seront tenus de les rendre au propriétaire sur la simple exhibition du certificat des greffiers respectifs, constatant qu'il n'y a pas eu d'ordonnance ou d'arrêt dans les délais ci-dessus prescrits.

Les greffiers sont tenus de délivrer ce certificat à la première réquisition, sous peine d'une amende de 300 *fr., sans préjudice de dommages-intérêts, s'il y a lieu.*

Toutes les fois qu'il ne s'agira que d'un simple délit, la péremption de la saisie entraînera celle de l'action publique.

Les deux commissions n'avaient présenté aucune observation sur cet article; mais à la chambre des députés on essaya d'y faire une foule de modifications; ainsi M. Mestadier demandait que la péremption de la saisie n'entraînât pas celle de l'action publique. M. de Saint-Aulaire voulait que l'opposition de la partie offensée fût admise à la délivrance de l'ouvrage saisi, même après la péremption acquise. Ces deux amendemens ont été rejetés d'après l'observation faite par M. le garde-des-sceaux, que cette faculté d'opposition tendrait à donner à la partie civile un droit dont elle ne peut jouir que par l'intermédiaire du juge, et qui rendrait illusoires toutes les dispositions du code relatives à la péremption.

Sur les observations de M. Bedoch et Chauvelin, on adopte la condition imposée aux greffiers de délivrer les certificats *à la première réquisition*, sous peine d'une amende de 300 fr., sans préjudice des dommages-intérêts, s'il y a lieu.

L'article est ainsi adopté ; il l'est également, mais sans discussion, par la chambre des pairs.

ARTICLE XII.

Dans le cas où les formalités prescrites par les lois et réglemens concernant le dépôt auront été remplies, les poursuites à la requête du ministère public ne pourront être faites que devant les juges du lieu où le dépôt aura été opéré, ou de celui de la résidence du prévenu.

En cas de contravention aux dispositions ci-dessus rappelées concernant le dépôt, les poursuites pourront être faites soit devant le juge de la résidence du prévenu, soit dans les lieux où les écrits et autres instrumens de publication auront été saisis.

Dans tous les cas, la poursuite à la requête de la partie plaignante pourra être portée devant les juges de son domicile, lorsque la publication y aura été effectuée.

Dans le projet primitif, les mots *ou de celui de la résidence du prévenu* n'étaient point insérés à la fin du premier paragraphe ; la commission des députés, qui a proposé cet amendement, s'est fondée sur ce que cette disposition additionnelle est puisée dans les règles générales de compétence ; elle est textuellement consacrée dans l'art. 23 (1) du code d'instruction criminelle. Pour tous les crimes et délits, le juge de la résidence du prévenu est compté au nombre de ceux devant qui la poursuite peut être faite. Si la poursuite ne pouvait avoir lieu que devant le juge de l'endroit du dépôt, un écrivain mal intentionné, pouvant faire ce dépôt partout où il le jugera convenable, aurait ainsi la faculté de choisir d'avance son tribunal; ce serait une exception, un privilége, ou même une espérance d'impunité.

Le défaut de dépôt devrait rendre légitime la poursuite du ministère public partout où il croirait convenable de le faire ; que s'il résulte quelques inconvéniens de cette compétence illimitée, pourquoi l'auteur ne porterait-il pas la peine de la contravention qu'il a commise ? Le plus grand de ces inconvéniens est, sans doute, de voir naître plusieurs procédures simultanées et plusieurs jugemens sur un même fait ; mais la législation sur le réglement des juges a prévenu ce désordre. Il pourrait, il est vrai, y avoir à-la-fois plusieurs procédures commencées ; mais tout sera bientôt réglé par l'autorité de la cour suprême.

(1) Art. 23. Sont également compétens pour remplir les fonctions déléguées par l'article précédent, le procureur du roi du lieu du crime, du délit, celui de la résidence du prévenu, et celui du lieu où le prévenu pourra être trouvé.

Le troisième paragraphe de l'article est celui qui a excité le plus de débats. Dans les deux premiers, c'est le ministère public qui poursuit, dans celui-ci, c'est la partie plaignante. Le délit est là où la diffamation a blessé un citoyen. On ne s'écarte donc pas des règles de compétence établies pour tous les autres délits ; serait-il juste d'ailleurs de forcer un citoyen qui aurait été diffamé par un pamphlet lancé de Paris, de courir après le libelle qui est venu le chercher, de s'éloigner de sa famille pour aller, à grands frais, demander justice dans une ville où son nom et sa bonne renommée sont également ignorés ? Tels ont été les motifs que la commission des députés a présentés en appuyant le projet de loi, motifs que la commission de la chambre des pairs a vivement appuyés.

M. Jacquinot propose une nouvelle rédaction de cet article, dans laquelle il a fondu l'amendement de la commission, et qui est conçue en ces termes: « Dans les cas où les formalités prescrites par les lois et réglemens concernant le dépôt auront été accomplies, les poursuites pourront être faites, soit devant les juges du lieu où le dépôt aura été opéré, soit devant ceux de la résidence du prévenu, soit même devant ceux du lieu où la publication aura été faite, si le prévenu a coopéré sciemment et personnellement à cette publication.

» En cas de contravention aux lois et réglemens concernant le dépôt, les poursuites pourront être faites partout où les écrits ou autres instrumens de publication pourront être saisis; elles pourront également être portées devant les juges de la résidence du prévenu.

» A l'égard des journaux et écrits périodiques, la poursuite à la requête du ministère public ne pourra être faite que devant le juge du lieu de l'établissement du journal ou écrit périodique. »

L'auteur de cet amendement représente que l'article du projet donnerait lieu à des difficultés insolubles; il a conformé sa rédaction au code d'instruction criminelle, auquel il est dérogé par l'article, en ce qui concerne les objets de publication soumis au dépôt.

Le premier paragraphe assimile le dépôt à la publication, ce qui est contraire aux principes reconnus et susceptibles de beaucoup d'inconvéniens. Un auteur peut imprimer dans un lieu et publier dans un autre. On peut ignorer s'il y a eu un dépôt, puisqu'il n'est constaté que par un certificat qui reste entre les mains de l'imprimeur. Il faut alors donner plus d'extension à la compétence, si l'on ne veut, dans aucun cas, laisser commettre le crime ou délit sans qu'il puisse être poursuivi. D'un autre côté, la publication seule constituant le délit, il est juste que la poursuite puisse être portée au tribunal où cette publication est faite, si l'auteur y a coopéré; l'extension de la compétence au tribunal du lieu de domicile du prévenu est favorable à ce dernier : telles sont les raisons de l'amendement, en ce qui concerne les deux premiers paragraphes.

L'addition du troisième paragraphe est aussi nécessaire qu'elle est juste, à raison de la différence qui existe entre les écrits périodiques et les autres écrits ; leur distribution plus fréquente, plus rapide et plus étendue mettrait les auteurs dans le cas d'être poursuivis en plusieurs lieux à-la-fois et sur les points les plus éloignés, ce qui rendrait leur défense impossible, ce que le projet de loi a voulu éviter pour les autres auteurs, en fixant la compétence par l'article 11 ; pour que les journaux ne soient pas plus défavorablement traités que les autres écrits, il faut une disposition spéciale; c'est l'objet du quatrième paragraphe.

M. Manuel ne voit dans la première partie de l'amendement, qu'une disposition contraire aux principes et aux intentions de la loi; elle aggrave le délit, tandis que la loi a voulu l'affaiblir. Il observe que le ministère public est indivisible par toute la France. Quel intérêt peut-il donc avoir à poursuivre dans un lieu plutôt que dans un autre, puisqu'il a des organes partout ? Il n'adopte de l'amendement que la disposition relative aux journaux.

M. le commissaire du roi dit que, d'après le projet de loi, les poursuites n'étant faites qu'au lieu du dépôt, il en résulterait que l'écrivain aurait le choix de ses juges. Il pense que l'amendement prévient cet abus, et il l'approuve au nom du gouvernement.

M. Bourdeau appuie l'amendement de la commission, qui consiste à étendre la compétence au domicile du prévenu. Il combat l'amendement mis en délibération, sur-tout en matière de délits privés. Il n'est pas nécessaire que l'auteur ait coopéré sciemment à ces publications pour que la juridiction s'étende à tous les lieux où l'ouvrage parvient.

M. Bedoch pose en principe que la compétence du juge doit être attachée à cette condition qu'il y ait eu publication, non d'après telle ou telle fiction de la loi, mais une publication réelle. Il fait observer qu'on se montre disposé à favoriser la personne diffamée contre le diffamateur. Toutefois la diffamation n'existe qu'après le jugement, parce qu'alors seulement elle a été légalement prouvée. Auparavant, il y a, non pas un diffamateur et un diffamé, mais un plaignant et un accusé, et l'on doit à l'accusé la même justice qu'au plaignant. Il est donc juste que l'accusé soit jugé à son domicile, et l'on peut lui appliquer tout ce qui a été dit en faveur du plaignant. Il appuie l'amendement, comme expliquant le troisième paragraphe de l'article 12.

M. le président annonce que l'auteur de l'amendement vient de le modifier ainsi qu'il suit. Au premier paragraphe, après ces mots : *les poursuites*, il ajoute : *à la requête du ministère public.*

Le second paragraphe reste le même, mais il en ajoute un troisième, ainsi conçu : *Dans tous les cas, les poursuites, sur la plainte de la partie lésée, pourront être portées devant le juge de son domicile, lorsque la publication y aura été effectuée, et à raison de ce seul fait.*

Le paragraphe sur les journaux resterait le même. M. Lainé défend l'article, tel qu'il a été amendé par la commission. Il dit que la liberté de la presse a donné une nouvelle direction aux esprits et créé une nouvelle nature des choses. Il est donc juste que la nature des choses étant changée de manière à fournir une arme puissante au diffamateur, la loi vienne de préférence au secours du diffamé.

Un particulier, qui vivait obscur au fond de sa province, est tout-à-coup attaqué, diffamé par un écrivain. Voilà un homme modeste en présence d'un homme audacieux, que la presse arme d'une puissance terrible. Dans cet ordre de choses tout nouveau, invoquera-t-on les anciens adages, pour prouver que le jugement doit avoir lieu au domicile du prévenu ? Forcera-t-on le citoyen diffamé à s'éloigner du lieu où il a le plus d'intérêt à détruire la calomnie, et à se faire juger dans une capitale où il est inconnu et où l'on attachera peu d'importance à l'honneur d'un homme ignoré ? Cette injustice ne serait-elle pas révoltante ? ne serait-ce pas un privilége accordé à l'écrivain diffamateur ? Son livre devient un calomniateur inviolable, qu'on ne pourrait saisir là où il commettrait le crime. L'orateur termine en disant que, quant aux journaux, il est juste que l'action criminelle ne puisse être intentée qu'au lieu où ils s'impriment ; mais l'action civile doit s'étendre partout où la calomnie peut se répandre.

M. le président rappelle les termes de l'amendement proposé au premier paragraphe. Il n'est pas appuyé. La chambre adopte ensuite l'amendement de la commission, qui a pour objet d'ajouter au premier paragraphe, ces mots : *Ou de celui de la résidence du prévenu.*

L'auteur de l'amendement a proposé de terminer le second paragraphe par ces mots : *Et pourront également être faites devant le juge du domicile du prévenu.*

Cet amendement est mis aux voix et adopté.

Au troisième paragraphe, l'auteur de l'amendement a proposé de substituer à ces mots : *A la re-*

quête de la partie plaignante, ceux-ci : *sur la plainte de la partie lésée.*

Cet amendement est écarté par la question préalable.

M. le président donne connaissance de la rédaction suivante, proposée par M. Benjamin Constant sur le troisième paragraphe de l'article 12.

« Dans le cas où la diffamation ou l'injure porterait sur la vie purement privée d'un individu, la poursuite à la requête de la partie plaignante pourra être portée devant les juges de son domicile, si l'inculpé y a effectué la publication.

» Dans le cas où le plaignant serait un dépositaire ou un agent de l'autorité, et où la diffamation porterait sur des faits relatifs à ses fonctions, la plainte ne pourra être portée que devant les juges du lieu du dépôt ou du domicile de l'inculpé. »

M. de Constant, en développant les motifs de cet amendement, le présente comme la garantie des citoyens honnêtes qui, éloignés de la vie publique, ont le droit de ne pas sortir de leur obscurité protectrice. Il approuve en cela la disposition qui les concerne dans l'article ; mais seulement dans le cas où la publication, qui fait seule le délit, aurait été effectuée dans le lieu de leur domicile.

Mais ces considérations ne peuvent s'appliquer aux agens de l'autorité ; les faits inculpés peuvent être jugés partout, puisque ce sont des actes publics. Ils le seront même mieux hors du lieu du domicile, parce que là, mille circonstances locales peuvent fausser le jugement des juges et des jurés.

L'orateur énumère les heureux effets de la publicité, et il pense qu'en accordant des garanties on n'a pas pu vouloir qu'elles empêchassent la responsabilité.

M. Delong exprime l'opinion que l'amendement tend à faire des écrivains une classe privilégiée, en plaçant l'autorité sous la plus honteuse juridiction, en forçant ses agens à aller défendre leur réputation devant des tribunaux éloignés, à faire voyager des multitudes de témoins, et tout cela pour ne pas déranger et déplacer un pamphlétaire; les fonctionnaires ne peuvent pas être exclus du droit commun, qui permet à chacun de poursuivre, dans le lieu de son domicile, les actes qualifiés crimes ou délits dont il peut être l'objet.

L'orateur vote contre l'amendement; la chambre des députés le rejette et elle adopte l'article 12 avec les modifications précédemment admises.

ARTICLE XIII.

Les crimes et délits commis par la voie de la presse ou tout autre moyen de publication, à l'exception de ceux désignés dans l'article suivant, seront renvoyés par la chambre des mises en-accusation de la cour royale devant la cour d'assises, pour être jugés à la plus prochaine session. L'arrêt de renvoi sera de suite notifié au prévenu.

Cet article décide la question constitutionnelle la plus importante qui se soit encore présentée.

Tous les bons esprits conviennent que sans la liberté de la presse il ne peut exister aucune autre liberté publique, et que, d'un autre côté, il ne saurait y avoir une véritable liberté de la presse sans admettre l'introduction du jury dans le jugement des abus qu'elle entraîne. Déjà, lors de la présentation d'une loi sur la presse, en 1817, une foule de publicistes distingués se réunirent dans une opinion commune en faveur de l'adoption du jury. La discussion solennelle qui s'est établie à cet égard est encore dans la mémoire de tout le monde.

On a retrouvé les mêmes sentimens et les mêmes opinions dans les deux commissions appelées à examiner l'article 13 du projet de loi actuel. Toutes deux s'accordent à regarder le jugement par jury, dans les délits de la presse, comme l'accomplissement du gouvernement représentatif et des promesses de la charte. Toutes deux pensent que les dangers que peuvent courir ou la société ou les citoyens par l'impression qu'un écrit séditieux ou diffamatoire est susceptible de produire sur l'esprit public, ne sauraient être mieux appréciés que par un tribunal composé d'hommes indépendans, pris au hasard et amovibles, qui, toujours à la société, y tenant par tous les liens de l'habitude ou de l'intérêt, dégagés de tout esprit de corps, savent mieux démêler les indices circonstanciels, qui enfin cherchent le vrai, sans se croire entravés par les formes légales.

Sous le rapport des connaissances que les fonctions de jurés semblent exiger en semblables matières, la commission des pairs, sans donner un brevet d'infaillibilité aux jurés, prouve, par plusieurs exemples, qu'ils sont infiniment plus propres que les tribunaux à combiner l'alliance d'un tact délicat avec la rectitude d'un jugement exempt de passions ou de préjugés.

A la chambre des députés, M. Duvergier de Haurane avait proposé de réunir les articles 13 et 14, et de faire la distinction entre les délits commis contre les fonctionnaires publics, et ceux commis contre les particuliers, renvoyant les premiers devant le jury, et les seconds en police correctionnelle; il en avait donné pour raison que, dans le premier cas, le gouvernement étant intéressé dans la poursuite, il faut donner aux citoyens, contre son influence, la garantie du jury, tandis que dans les délits privés le prévenu trouverait plus d'impartialité dans les tribunaux correctionnels.

M. Dupont (de l'Eure) propose la même réunion des deux articles, mais avec une rédaction toute différente. Suivant lui, il n'y a que les délits d'injures verbales qui soient de nature à ressortir des tribunaux jugeant sans jurés, qu'il regarde d'ailleurs comme des tribunaux d'exception.

M. le garde-des-sceaux représente que la réunion des deux articles aurait le défaut de faire voter à-la-fois sur la règle et sur l'exception; au lieu qu'en votant d'abord sur l'article 13, on déterminera les exceptions par l'article 14, ce qui sera plus régulier. Il propose une nouvelle rédaction de l'article 14, que nous retrouverons en son lieu; mais il soutient les nouvelles attributions données au jury.

M. Ribard regarde l'article 13 comme celui qui doit le plus fixer l'attention de la chambre, parce c'est lui qui décidera de l'effet de la loi. Il trouve de l'inconséquence à vouloir faire juger les délits de la presse autrement que les autres, après qu'on a dit qu'elle n'était qu'un instrument, et que les délits qui se commettent par son moyen n'étaient pas d'une nature particulière; on a d'ailleurs classé dans la loi beaucoup de délits qui n'appartiennent pas à la presse; et le génie, qu'on voulait privilégier, s'y trouve assimilé à un malheureux qui, dans l'ivresse, profère des paroles séditieuses.

Une autre inconséquence, c'est d'étendre les attributions du jury, tout en reconnaissant que son organisation est défectueuse; il faudrait au moins attendre qu'on l'eût réformée et mise en harmonie avec les nouvelles attributions qu'on lui donne; il vote le rejet de l'article 13.

M. Mestadier partage l'avis du préopinant sur le jury, il pense que ce qu'on appelle l'opinion publique ne doit point avoir sur les jugemens l'autorité qu'on veut lui donner, parce qu'elle est trop sujette à s'égarer; que s'il est vrai que les jurés sont les meilleurs juges d'un fait, la loi présente laisse aux magistrats une tâche bien autrement difficile, celle de l'appréciation de la criminalité; il ajoute qu'il ne faut point compromettre l'institution du jury en en faisant un trop fréquent usage; il vote pour que les délits soient retranchés de ses attributions.

M. le rapporteur de la commission pense que la question du jury est entièrement décidée en faveur de cette institution, et qu'elle a été sanctionnée par le vœu national, il ajoute que l'expérience a montré les inconvéniens de la distinction entre les crimes et les délits politiques; que rien n'est plus propre à former l'esprit public que l'intervention du jury dans les jugemens qui concernent la politique, et il vote en conséquence pour le maintien de l'article 13.

M. Mousnier-Buisson prétend que les dispositions

de la loi actuelle sont de véritables exceptions, eu égard à la corrélation qui existe d'après la législation entre les diverses sortes de juridiction; il soutient que si l'année dernière la question du jury fut présentée, c'était par pur esprit d'opposition. Ici l'orateur se livre à de violentes déclamations contre l'opinion publique, et il termine par voter le rejet de l'article 13.

M. le comte Beugnot rétorque les argumens présentés contre l'article 13, par le double motif que l'introduction du jury est une amélioration indispensable sous un gouvernement constitutionnel, et que, puisqu'il est certain qu'il y a de l'arbitraire dans la loi, il vaut mieux en confier la direction à des jurés qu'à des juges; il ajoute qu'un écrit ne peut être jugé que d'après l'effet qu'il produit, et que des jurés qui n'ont point de préjugés d'Etat ou de situation représenteront bien mieux la société dans cette appréciation que les magistrats ne sauraient le faire; il termine en déclarant que la répression exercée par les tribunaux actuels est devenue impuissante, et il vote pour l'article 13.

M. Jacquinot pense que les mêmes raisons qui firent repousser le jury l'année dernière ont encore toute leur force; il ne voit d'indépendance et de capacité à un haut degré que dans les magistrats, il serait donc porté à voter le rejet des articles 13 et 14; mais si cette proposition éprouvait trop de difficultés, il voudrait du moins détacher de la juridiction des jurés les délits d'injures et ceux commis par toutes voies de publication autres que la presse, et c'est dans ce sens qu'il propose une nouvelle rédaction aux articles 13 et 14.

M. le garde-des-sceaux soutient que si la question du jury fût rejetée l'année dernière, c'est uniquement parce que, présentée sous la forme d'amendement, elle était contraire à l'initiative royale, mais que ce sont les considérations produites à cette époque qui ont décidé le gouvernement à la mesure qu'il propose aujourd'hui; on aurait sans doute désiré de donner en même tems au jury une nouvelle organisation, mais la question demande encore à être approfondie dans son état actuel; le jury offre déjà les principales garanties que l'on demande; on choisit pour le composer les hommes les plus distingués dans chaque département; plusieurs des délits dont il connaît, tels que la banqueroute et le faux, sont d'un examen plus difficile que ceux de la presse, pour lesquels il suffit que chacun interroge l'impression qu'il a reçue de l'écrit incriminé.

Le ministre ajoute que le public est disposé à regarder les magistrats comme attachés au pouvoir par leur état, et que cette considération nuit à leur puissance et à l'intérêt de la répression; que si le jury n'est pas entièrement à l'abri de l'esprit de parti, du moins les récusations diminueront cet inconvénient. Sans doute il s'agit d'une innovation, mais il faut bien innover dans un gouvernement qui n'a rien de commun avec ceux qui l'ont précédé.

La chambre des députés a repoussé la confusion des articles 13 et 14, et elle a adopté l'article 13.

ARTICLE XIV.

Les délits de diffamation verbale ou d'injure verbale contre toute personne, et ceux de diffamation ou d'injure par une voie de publication quelconque contre des particuliers, seront jugés par les tribunaux de police correctionnelle, sauf les cas attribués aux tribunaux de simple police.

Le premier amendement qui se présente est celui deM. Dupont de l'Eure; mais, pour le bien entendre, il convient de reproduire ici l'article du projet primitif. Il était ainsi conçu: « Les délits d'injure seront jugés par les tribunaux de police correctionnelle, sauf les cas attribués aux tribunaux de simple police. »

M. Dupont demandait que les délits de diffamation et d'injure contre les particuliers fussent jugés par le jury, et qu'on ne réservât aux tribunaux correctionnels que la connaissance des délits de diffamation et d'injure verbale; il fondait son système uniquement sur la prééminence que le jury a sur les tribunaux inamovibles.

M. le garde-des-sceaux, sans repousser le principe, en a combattu les conséquences ; il a prouvé que dans la première loi le mot *injure* ayant été remplacé par celui d'*offense* dans le cas où l'injure s'adressait à des personnages ou à des corps éminens ; ces sortes de délits devaient être soumis au jury, et par-là même étendre ses attributions. Maintenant, le principe qui décide les attributions des tribunaux correctionnels est l'importance des délits. Le jury exige des formes longues et solennelles ; si donc on a introduit un autre juge pour les délits de la moindre importance, c'est comme juridiction plus sommaire et plus expéditive. Or, certainement, les injures par voie de publication contre les particuliers, la diffamation verbale et les injures verbales contre toute personne dont le caractère n'admet point l'application du mot *offense*, n'ont point assez de gravité pour être soumises au jury.

Vient ensuite un autre amendement présenté par M. Duvergier de Haurane ; il consistait principalement à soumettre à la juridiction des tribunaux correctionnels les délits de diffamation contre des particuliers, l'auteur l'appuyait sur l'inconvénient de fatiguer le jury par des appels trop fréquens, et de dénaturer son institution en l'appliquant à des intérêts privés.

M. Verneilh-Puyraseau, en soutenant cet amendement, avait présenté une nouvelle observation, c'est que dans beaucoup de cas de diffamation ce serait aggraver la condition de l'offensé que de l'obliger à recourir aux formes lentes et solennelles du jury dans des matières qui exigent, le plus souvent, une prompte répression, et le moins d'éclat possible.

Ces considérations ont prévalu à la chambre des députés; la *diffamation publiée* contre des particuliers a été admise dans l'art. 14.

ARTICLE XV.

Sont tenues, la chambre du conseil du tribunal de première instance, dans le jugement de mise en prévention, et la chambre des mises en accusation de la cour royale, dans l'arrêt de renvoi devant la cour d'assises, d'articuler et de qualifier les faits à raison desquels lesdits prévention ou renvoi sont prononcés, à peine de nullité desdits jugement ou arrêt.

Cet article a été adopté dans les deux chambres sans discussion.

ARTICLE XVI.

Lorsque la mise en accusation aura été prononcée pour crimes commis par voie de publication, et que l'accusé n'aura pu être saisi, ou qu'il ne se présentera pas, il sera procédé contre lui, ainsi qu'il est prescrit au livre II, titre 4 du code d'instruction criminelle, chapitre des contumaces (1).

Cet article est adopté, sans discussion, dans les deux chambres.

(1) *Des contumaces.*

Art. 465. Lorsqu'après un arrêt de mise en accusation, l'accusé n'aura pu être saisi, ou ne se présentera pas dans les dix jours de la notification qui en aura été faite à son domicile ;

Ou lorsqu'après s'être présenté ou avoir été saisi, il se sera évadé ;

Le président de la cour d'assises ou de celui de la cour spéciale, chacun dans les affaires de leur compétence respective, ou, en leur absence, le président du tribunal de première instance, et à défaut de l'un et de l'autre, le plus ancien juge de ce tribunal, rendra une ordonnance portant qu'il sera tenu de se présenter dans un nouveau délai de dix jours ; sinon, qu'il sera déclaré rebelle à la loi, qu'il sera suspendu de l'exercice des droits de citoyen, que ses biens seront séquestrés pendant l'instruction de la contumace, que toute action en justice lui sera interdite pendant le même tems, qu'il sera procédé contre lui, et que toute personne est tenue d'indiquer le lieu où il se trouve.

Cette ordonnance fera de plus mention du crime et de l'ordonnance de prise de corps.

466. Cette ordonnance sera publiée à son de trompe ou de caisse, le dimanche suivant, et affichée à la porte du domicile de l'accusé, à celle du maire, et à celle de l'auditoire de la cour d'assises ou de la cour spéciale.

Le procureur-général ou son substitut adressera aussi

ARTICLE XVII.

Lorsque le renvoi à la cour d'assises aura été fait pour délits spécifiés dans la présente loi, le prévenu s'il n'est présent au jour fixé pour le jugement par l'ordonnance du président, dûment notifiée audit prévenu ou à son

cette ordonnance au directeur des domaines et droits d'enregistrement du domicile du contumax.

467. Après un délai de dix jours, il sera procédé au jugement de la contumace.

468. Aucun conseil, aucun avoué ne pourra se présenter pour défendre l'accusé contumax.

Si l'accusé est absent du territoire européen du royaume, ou s'il est dans l'impossibilité absolue de se rendre, ses parens ou ses amis pourront présenter son excuse et en plaider la légitimité.

469. Si la cour trouve l'excuse légitime, elle ordonnera qu'il sera sursis au jugement de l'accusé et au sequestre de ses biens pendant un tems qui sera fixé, eu égard à la nature de l'excuse et à la distance des lieux.

470. Hors ce cas, il sera procédé de suite à la lecture de l'arrêt de renvoi à la cour d'assises ou à la cour spéciale, de l'acte de notification de l'ordonnance ayant pour objet la représentation du contumax, et des procès-verbaux dressés pour en constater la publication et l'affiche.

Après cette lecture, la cour, sur les conclusions du procureur-général ou de son substitut, prononcera sur la contumace.

Si l'instruction n'est pas conforme à la loi, la cour la déclarera nulle, et ordonnera qu'elle sera recommencée à partir du plus ancien acte illégal.

domicile dix jours au moins avant l'échéance, outre un jour par cinq myriamètres de distance, sera jugé par défaut. La cour statuera sans assistance ni intervention de jurés, tant sur l'action publique que sur l'action civile.

Si l'instruction est régulière, la cour prononcera sur l'accusation, et statuera sur les intérêts civils, le tout sans assistance ni intervention de jurés.

471. Si le contumax est condamné, ses biens seront, à partir de l'exécution de l'arrêt, considérés et régis comme biens d'absent, et le compte du sequestre sera rendu à qui il appartiendra, après que la condamnation sera devenue irrévocable par l'expiration du délai donné pour purger la contumace.

472. Extrait du jugement de condamnation sera, dans les trois jours de la prononciation, à la diligence du procureur-général ou de son substitut, affiché par l'exécuteur des jugemens criminels, à un poteau qui sera planté au milieu de l'une des places publiques de la ville, chef-lieu de l'arrondissement où le crime aura été commis.

Pareil extrait sera, dans le même délai, adressé au directeur des domaines et droits d'enregistrement du domicile du contumax.

473. Le recours en cassation ne sera ouvert contre les jugemens de contumace qu'au procureur-général et à la partie civile en ce qui la regarde.

474. En aucun cas, la contumace d'un accusé ne suspendra ni ne retardera de plein droit l'instruction à l'égard de ses co-accusés présens.

La cour pourra ordonner, après le jugement de ceux-ci,

C'est à M. Rodet qu'est due la disposition introduite dans cet article relative au délai d'un jour par cinq myriamètres de distance accordé au prévenu pour se rendre devant la cour d'assises.

L'amendement ni l'article n'ont été l'objet d'aucune discussion à la chambre des pairs.

ARTICLE XVIII.

Le prévenu pourra former opposition à l'arrêt par défaut dans les dix jours de la notification qui lui en aura été faite à son domicile, *outre un jour par cinq*

la remise des effets déposés au greffe comme pièces de conviction, lorsqu'ils seront réclamés par les propriétaires ou ayant-droits ; elle pourra aussi ne l'ordonner qu'à charge de représenter, s'il y a lieu.

Cette remise sera précédée d'un procès-verbal de description dressé par le greffer, à peine de 100 francs d'amende.

475. Durant le sequestre, il peut être accordé des secours à la femme, aux enfans, au père ou à la mère de l'accusé, s'ils sont dans le besoin.

Ces secours seront réglés par l'autorité administrative.

476. Si l'accusé se constitue prisonnier, ou s'il est arrêté avant que la peine soit éteinte par la prescription, le jugement rendu par contumace et les procédures faites contre lui depuis l'ordonnance de prise de corps ou de se présenter seront anéantis de plein droit, et il sera procédé à son égard dans la forme ordinaire.

Si, cependant, la condamnation par contumace était de

myriamètres de distance, à charge de notifier son opposition, tant au ministère public qu'à la partie civile.

Le prévenu supportera, sans recours, les frais de l'expédition et de la signification de l'arrêt par défaut et de l'opposition, ainsi que de l'assignation et de la taxe des témoins appelés à l'audience pour le jugement de l'opposition.

Cet article a été adopté sans discussion.

ARTICLE XIX.

Dans les cinq jours de la notification de l'opposition, le prévenu devra déposer au greffe une requête tendante

nature à emporter la mort civile, et si l'accusé n'a été arrêté ou ne s'est représenté qu'après les cinq ans qui ont suivi l'exécution du jugement de contumace, ce jugement, conformément à l'article 30 du code civil, conservera, pour le passé, les effets que la mort civile aurait produits dans l'intervalle écoulé depuis l'expiration des cinq ans jusqu'au jour de la comparution de l'accusé en justice.

477. Dans les cas prévus par l'article précédent, si, pour quelque cause que ce soit, des témoins ne peuvent être produits aux débats, leurs dépositions écrites et les réponses écrites des autres accusés du même délit seront lues à l'audience : il en sera de même de toutes les autres pièces qui seront jugées par le président être de nature à répandre la lumière sur le délit et les coupables.

478. Le contumax qui, après s'être représenté, obtiendrait son renvoi de l'accusation, sera toujours condamné aux frais occasionnés par sa contumace.

à obtenir du président de la cour d'assises une ordonnance fixant le jour du jugement de l'opposition; cette ordonnance fixera le jour aux plus prochaines assises; elle sera signifiée à la requête du ministère public, tant au prévenu qu'au plaignant, avec assignation au jour fixé, dix jours au moins avant l'échéance. Faute par le prévenu de remplir les formalités mises à sa charge par le présent article, ou de comparaître par lui-même, ou par un fondé de pouvoir au jour fixé par l'ordonnance, l'opposition sera réputée non avenue, et l'arrêt par défaut sera définitif.

Deux amendemens avaient été proposés à cet article. M. Mousnier-Buisson avait d'abord pensé que la présence d'un fondé de pouvoir était inadmissible et contraire aux art. 185 et 190 (1) du code d'ins-

---

(1) Art. 185. Dans les affaires relatives à des délits qui n'entraîneront pas la peine d'emprisonnement, le prévenu pourra se faire représenter par un avoué; le tribunal pourra néanmoins ordonner sa comparution en personne.

Art. 190. L'instruction sera publique, à peine de nullité.

Le procureur du roi, la partie civile ou son défenseur, et à l'égard des délits forestiers, le conservateur, inspecteur ou sous-inspecteur forestier, ou, à leur défaut, le garde général, exposeront l'affaire : les procès-verbaux ou rapports, s'il en a été dressé, seront lus par le greffier, les témoins pour et contre seront entendus, s'il y a lieu, et les reproches proposés et jugés; les pièces pouvant ser-

truction criminelle, qui détermine la contumace et ses conséquences; l'interrogatoire du prévenu lui paraissant le point de départ de l'instruction judiciaire, il s'ensuivait nécessairement que la présence du prévenu était la seule garantie qu'on pût admettre et pour ses propres intérêts et pour la conviction du jury; l'art. 17, déjà adopté, exigeant la présence du prévenu, semble avoir décidé la question à l'avance.

M. le garde-des-sceaux et M. de Courvoisier combattent cet amendement. Ils font observer que les règles rigoureuses posées en matière de crimes sont inapplicables au jugement des délits; or, en matière de délits, il n'est pas vrai, en principe, de dire que le prévenu ne puisse pas se défendre par un fondé de pouvoirs. L'art. 185 du code d'instruction criminelle admet cette faculté pour les délits qui n'entraînent pas la peine d'emprisonnement; mais quand des dispositions sont favorables au prévenu

vir à conviction ou à décharge seront représentées aux témoins et aux parties; le prévenu sera interrogé; le prévenu et les personnes civilement responsables proposeront leur défense; le procureur du roi résumera l'affaire et donnera ses conclusions; le prévenu et les personnes civilement responsables du délit pourront répliquer.

Le jugement sera prononcé de suite, ou, au plus tard, à l'audience qui suivra celle où l'instruction aura été terminée.

sans nuire à l'intérêt de la société, pourquoi refuser de les admettre ? Dans le cas présent, si le prévenu ne comparaît pas lui-même, les jurés tireront contre lui les conséquences qu'ils croiront convenables, et il ne pourra se plaindre de n'avoir point usé d'une faculté qui lui était laissée, puisque, d'après l'art. 12, la partie plaignante a le droit de poursuivre à son domicile ; il en résulte que le même homme peut être à-la-fois attaqué sur plusieurs parties du royaume : on a donc dû avoir égard à cette considération ; cela est vrai, sur-tout pour les journalistes : c'est une faveur accordée à la liberté de la défense, et il importait de lui laisser cette latitude.

Quant à la contradiction apparente qui pourrait exister entre l'art. 17 et l'art. 19, le premier se liant au second, et celui-ci admettant un fondé de pouvoir, c'est lui qui règle la disposition absolue.

La chambre des députés a rejeté l'amendement de M. Mousnier-Buisson.

D'autres amendemens, beaucoup plus compliqués, mais beaucoup moins graves, avaient été proposés par M. Mestadier; mais ayant été écartés sans que personne les eût appuyés, et n'ayant aucun rapport avec le sens et l'esprit de l'article adopté, nous croyons qu'il est fort inutile de les reproduire.

L'art. 19 n'a été l'objet d'aucune discussion à la chambre des pairs.

ARTICLE XX.

Nul ne sera admis à prouver la vérité des faits diffamatoires, si ce n'est dans le cas d'imputation, contre des dépositaires ou agens de l'autorité, ou contre toutes personnes ayant agi dans un caractère public, de faits relatifs à leurs fonctions. Dans ce cas, les faits pourront être prouvés, par-devant la cour d'assises, par toutes les voies ordinaires, sauf la preuve contraire par la même voie.

La preuve des faits imputés met l'auteur de l'imputation à l'abri de toute peine, sans préjudice des peines prononcées contre toute injure qui ne serait pas nécessairement dépendante des mêmes faits.

Cet article, si positif, d'une rédaction si précise, a cependant été l'objet des plus vives discussions. Il faut nous hâter de dire que les commissions des deux chambres en ont proposé l'adoption. Dans le développement des motifs présentés à la chambre des députés, la commission avait distingué l'article en deux parties; la première, qui refuse au diffamateur la faculté de prouver la vérité des faits diffamatoires vis-à-vis des particuliers; la seconde qui admet cette faculté vis-à-vis des agens de l'autorité, mais seulement en tant qu'il s'agit de faits relatifs à leurs fonctions. Sur la première partie, la défense de prouver les faits de diffamation avait paru à la commission la meilleure garantie du repos et de l'honneur des familles; elle avait considéré que le diffamé, soit qu'il fût victime d'une calomnie, soit qu'il fût en butte à une diffamation, ne devait pas être exposé à descendre dans l'arène, et à y disputer sa vie contre un ennemi acharné, des pièces douteuses et des témoins vendus ou stupides; que, dans ce cas, les inconvéniens pour la société dépassaient de trop loin les avantages. Il ne paraît pas en être ainsi dans le cas de diffamation contre des fonctionnaires, pour raison des faits relatifs à leurs fonctions; sans doute, on retrouvera à leur égard une partie des inconvéniens qu'on a reconnus dans l'admission de la preuve contre les particuliers; ils y seront peut-être accrus de toutes les haines, de toutes les jalousies dont l'homme public peut être l'objet; mais les fonctionnaires ne voudraient pas que la justice fermât la bouche au prévenu qui offrirait la preuve des faits de diffamation.

La vie publique des dépositaires du pouvoir appartient au public. C'est lui qui a intérêt à la manifestation de la vérité. Il a droit de leur demander compte d'une vie qu'ils lui ont consacrée. La preuve des faits imputés est la plus sûre de toutes les garanties. Ce genre de responsabilité se place tout naturellement dans le gouvernement représentatif, et presque toujours il rendra inutiles toutes les autres.

Ces motifs et ceux qui sont énoncés dans l'exposé

du projet de loi, ont décidé la commission des députés à voter l'adoption de l'art. 20.

La commission propose, de plus, un amendement qui tend à rendre communes *à toutes personnes ayant agi dans un caractère public*, la disposition relative aux dépositaires ou agens de l'autorité. Il lui a paru que les mêmes motifs de se décider s'appliquaient aux uns et aux autres.

On retrouve la même opinion, mais plus sévèrement exprimée, dans le rapport de la commission des pairs de France; elle a pensé que l'article 20 ne pourrait déplaire qu'à des administrateurs coupables ou à des agens pervers; que ses dispositions, loin d'énerver l'autorité, ne pourraient que lui donner plus de force, en n'en laissant l'exercice qu'à des dépositaires honnêtes, ou qui seraient du moins forcés de le paraître; que la déconsidération du fonctionnaire ne peut venir de la plainte, mais du fait qui y donnera lieu; qu'enfin il ne faut pas craindre un débordement d'écrits plaignans ou hostiles, parce que, quand on saura qu'il faudra prouver ce qu'on avance, on n'avancera que ce qu'on pourra prouver. La commission a également approuvé la disposition qui admet la preuve des faits diffamatoires contre toutes personnes ayant agi dans un caractère public; il lui a paru qu'un fonctionnaire ne pouvait pas être quitte de malversation par une destitution officieuse, ou une démission donnée à propos. La responsabilité, prolongée au-delà de la durée des fonctions, est le cautionnement moral qui survit à la gestion.

La doctrine des commissions n'a pas manqué de contradicteurs, sur-tout à la chambre des députés. C'est ici le moment de reproduire, comme nous l'avons promis, l'amendement de M. Favard de Langlade : cet amendement, qui frappe sur l'art. 20, tend à faire admettre seulement la preuve écrite dans les faits de diffamation, allégués contre le fonctionnaire.

M. Lizot est le premier qui ait combattu l'amendement et l'article. Il a regardé l'intangibilité des fonctionnaires comme la première garantie de l'ordre public ; il a pensé qu'il valait mieux leur sacrifier les écrivains, que de les immoler à ces derniers. Appliquant son système à des hypothèses particulières, il a cherché à démontrer qu'il pourrait arriver que dans beaucoup de cas des faits de diffamation tenus pour constans par un jury fussent démentis par un autre jury ou par des actes de la plus haute authenticité ; il a trouvé que le droit de plainte ou de pétition et de recours à l'autorité était plus que suffisant, et il a demandé qu'on réduisît l'article 20 à ces termes : *Nul ne sera admis à prouver la vérité des faits diffamatoires.*

M. Royer-Collard s'est vivement élevé contre ce système. En donnant son adhésion à la défense de prouver les faits diffamatoires contre les particuliers, il l'a regardée comme le principe de l'article, dont le reste lui paraît une exception : « Ainsi donc, dit-il, voilà la vie privée *murée*, déclarée invisible, et renfermée dans l'intérieur des maisons. Il suit de ce principe que si l'on murait de la même manière la vie publique, c'est-à-dire si l'on déclarait qu'il n'est pas permis de dire qu'un fonctionnaire a fait ce qu'il a fait, a dit ce qu'il a dit, comme homme public, on reconnaîtrait que la puissance publique lui appartient, comme la vie privée appartient aux particuliers; qu'elle est son domaine, son champ, qu'il peut labourer comme il lui plaira, parce qu'il est sa propriété. En d'autres termes, il s'agit de savoir si la société appartient aux fonctionnaires, ou si les fonctionnaires appartiennent à la société. C'est un problême qui remonte aux premiers âges du monde, et qui se trouverait résolu d'une manière inouie, si l'on admettait que la société ne s'appartient point à elle-même, qu'elle est possédée par les fonctionnaires, qu'elle leur est *inféodée* comme un territoire. »

L'orateur pense qu'il n'est pas possible de distinguer, dans les faits diffamatoires contre les fonctionnaires, ceux qui reposent sur des délits punissables de ceux qui reposent sur des délits non punis. Cela lui paraît ainsi, parce que la société peut être ravagée en mille sens et de mille manières par des actes qui ne sont pas punissables. Ainsi la charte a très-sagement établi que les ministres ne seraient traduits en jugement que pour les deux cas extrêmement graves de trahison et de concussion. Mais est-ce à dire qu'elle aurait décidé par-là qu'un ministre n'aurait jamais abusé de l'autorité, et que, sans même en abuser, il ne serait jamais tombé dans des erreurs grossières et nuisibles ? Si on le déclarait, on mutilerait à-la-fois toute responsabilité, toute liberté, non pas seulement de la presse, mais de la parole et de la pensée. En aucun tems, en aucun lieu, un pareil système n'a pu s'établir. L'orateur pense que l'on doit également admettre l'amendement de la commission, qui assimile aux fonctionnaires les personnes ayant agi dans un caractère public, parce que ces personnes sortent de la vie privée, et n'en peuvent point réclamer le privilége. Il est de l'intérêt général qu'on puisse dire et prouver ce qu'un homme a réellement dit en public et fait avec un caractère public ; il y a la même raison que pour les agens de l'autorité.

Quant à la nature des preuves que le diffamateur d'un fonctionnaire sera obligé de produire, M. Royer-Collard n'aperçoit aucune règle à fixer.

Comme le jury n'en admet point pour déterminer sa conviction, et qu'il est le seul juge en cette matière, les preuves seront de toutes les espèces qui paraîtront au prévenu de diffamation les plus propres à opérer cette conviction. Il n'y a donc point à distinguer entre la preuve écrite et la preuve testimoniale; toutes celles qui établiront le point à décider pour la conscience des jurés auront fait tout ce qu'elles devaient faire. Une seule considération paraît à l'orateur extrêmement grave : sera-t-il permis de revenir, sauf la preuve, sur les faits du tems passé? Il n'hésite point à croire l'affirmative; le contraire serait la déclaration qu'on veut abolir l'histoire; or, c'est retomber dans l'impossible et dans l'absurde.

L'orateur vote pour l'article avec l'amendement de la commission.

M. Jacquinot voudrait épargner la vie publique aux dépens de la vie privée; il lui a paru que le projet était allé trop loin en rejetant toute espèce de preuves de faits diffamatoires contre les particuliers, et dans un autre sens, en admettant toute espèce contre les fonctionnaires. Sous ce dernier rapport, la preuve judiciaire est à peu près la seule qu'il veuille admettre; il pense que la société a déjà pris assez de précautions contre les erreurs et les délits des fonctionnaires, sans les soumettre à la périlleuse épreuve de la preuve testimoniale. Il proteste que sa conscience seule lui a suggéré ces réflexions, qu'il s'estimerait très-heureux de reconnaître qu'il a été dans l'erreur, mais qu'au surplus, si l'article passe contre son opinion, il ne connaîtra plus qu'un devoir, celui d'assurer l'exécution de la loi rendue. En attendant, il vote le rejet de la preuve testimoniale, à l'appui des faits de diffamation contre des fonctionnaires, c'est-à-dire qu'il appuie l'amendement de M. Favard de Langlade.

M. Bedoch combat ce dernier système; il cite une foule de cas, d'abus d'autorité, ou de dénis de justice, dont il serait absolument impossible de fournir la preuve légale ou écrite, et qui n'en seraient ni moins constans ni moins notoires; il en conclut que c'est alors la vérité que l'on redoute, et c'est la publicité assurée à la vérité qu'il vient défendre; il remarque de plus que, dans la loi, tout retombe à la charge du diffamateur, qu'une amende énorme et une longue détention doivent le frapper s'il ne prouve pas ce qu'il avance; il en conclut qu'il n'est plus possible d'ajouter à la sévérité de la loi, sans déclarer qu'on renonce à toute publicité, à toute action utile par la voie de la liberté de la presse; il demande le rejet de l'amendement de M. Favard.

M. Siméon appuie fortement l'amendement de

M. Favard; il fonde ses principaux argumens sur le dilemne suivant : ou un citoyen a un intérêt direct et personnel à faire connaître des faits blâmables ou punissables de la vie publique d'un fonctionnaire, ou bien il n'y est poussé que par des considérations dénuées de tout intérêt. Dans le premier cas, il a la voie de la plainte, de l'accusation et des poursuites directes; dans le second cas, n'est-ce pas assez que de lui laisser la faculté d'appuyer sa diffamation de la preuve écrite? L'orateur insiste pour qu'on donne à l'honneur des fonctionnaires les mêmes garanties accordées à l'honneur des particuliers; il pense que c'est un égard dû à leur caractère, une protection acquise par leurs travaux.

M. Cuvier, commissaire du Roi, s'étonne du spectacle que présente la discussion actuelle. D'un côté, le gouvernement surpassant ses promesses, voulant donner au peuple une liberté plus grande que celle espérée, et, de l'autre, une partie des représentans de ce peuple hésitant à recevoir ces dons. Pourtant il ne croit pas que cette hésitation doive aller trop loin, et puisqu'on a voulu la liberté de la presse, il faut l'accepter. Il est certain que si l'on n'admettait pas du tout la preuve contre les fonctionnaires, on perdrait les seuls et véritables avantages qu'on puisse attendre de la liberté de la presse; si l'on n'admet que la preuve légale, il faudra déclarer que l'arrêté d'un préfet, publié, affiché, apporté même à l'audience, n'est pas une preuve du fait qu'on lui impute, et qui est contenu dans le texte même de cet arrêté. Or, c'est ici le comble de l'absurdité; aussi s'est-on borné à demander que l'on admette seulement les preuves écrites, et qu'on rejette les preuves testimoniales. D'abord, les procédures, en semblables matières, seront fort rares, et ensuite il faudrait supposer qu'il se trouvera là des faux témoins apostés exprès pour faire triompher le calomniateur; que, dans cette hypothèse, ces preuves géminées qui, dans des procès beaucoup plus graves, viennent confondre et détruire les faux témoignages, manqueront entièrement. Il faut ajouter qu'en supprimant la preuve testimoniale on garantirait l'impunité de faits qui sont toujours les plus fréquens, et souvent les plus graves. Quelle preuve écrite rapportée du discours improvisé d'un professeur, du sermon d'un prêtre, qui outrageraient le roi, ou qui exciteraient le peuple contre tel pouvoir ou tel particulier ? Faudra-t-il se condamner à taire à l'opinion publique des choses qui l'intéressent si vivement ? L'orateur pense, comme M. Royer-Collard, qu'on arriverait ainsi à étouffer l'histoire contemporaine, et, bien mieux, on l'étoufferait sans détruire les libelles et les pamphlets, car on n'empêcherait jamais que l'accusé ne citât des lettres privées, des journaux, et qu'il ne reproduisît ainsi, sous le titre de preuve écrite, la preuve testimoniale la plus suspecte et la plus dangereuse. On ferait un mal de plus, car on anéantirait la faculté de contre-preuve qu'il faut soigneusement réserver aux fonctionnaires inculpés, et que l'art. 20 autorise dans toute sa latitude. M. Cuvier pense donc qu'on doit rejeter l'amendement de M. Favard.

M. Lezay-Marnezia appuie l'amendement, mais sans présenter aucune nouvelle considération.

M. Benjamin Constant déclare qu'il vient plaider la cause des fonctionnaires, en soutenant qu'ils n'ont rien à craindre de la vérité; il prétend que ceux qui outragent les agens de l'autorité, ce sont ceux qui pensent qu'on ne peut, sans les déconsidérer, dire ce qu'ils font et le prouver; car, comme on l'a déjà observé, ce n'est pas de la calomnie qu'il s'agit, c'est la preuve; ce n'est pas contre le mensonge, c'est contre la vérité qu'on veut diriger l'autorité de la loi.

Etrange manière dont les questions se faussent; il suppose qu'un homme qui n'aurait pour guide que le sens naturel et la raison commune entendît raconter qu'il y a un pays où une certaine classe d'hommes se fait un jeu d'avilir les dépositaires du pouvoir; quelle serait la première pensée, la première exclamation de cet homme? Qu'il faut forcer ces misérables à prouver ce qu'ils disent pour que la honte de leur imposture retombe sur eux, et pour qu'ils demeurent aux yeux du public couverts de l'infamie qu'ils méritent.

Point du tout, ce qu'on propose, c'est de leur épargner cet opprobre. On veut qu'ils ne puissent par prouver ce qu'ils ont dit, ou, en d'autres termes, que leurs mensonges ne puissent jamais être démasqués, que leurs assertions conservent toujours la présomption qui résulte nécessairement du silence qu'on leur impose. C'est là ce qu'on réclame au nom de l'honneur des fonctionnaires. C'est au nom de l'honneur des fonctionnaires qu'on veut qu'il ne puisse jamais être prouvé que le mal qu'on a dit d'eux était faux.

L'orateur revient long-tems sur cette idée, qu'il reproduit sous toutes les faces, et dont il développe toutes les conséquences. Il combat avec la même chaleur et la même force de raisonnement l'admission exclusive de la preuve écrite, et il vote contre tous les amendemens, hormis celui de la commission.

M. Beugnot reprend les raisonnemens de M. Royer-Collard; toutefois il propose un amendement qui tend à faire limiter à la durée des fonctions des agens de l'autorité l'admission de la preuve des faits diffamatoires allégués contre eux.

M. le garde-des-sceaux pense que l'amendement

de M. Favard est inadmissible, qu'il équivaudrait à l'absence totale de la liberté de la presse, et il cite en preuve ce qui a eu lieu sous le gouvernement impérial, où pendant quinze ans les innombrables abus de l'autorité n'ont pas trouvé un seul citoyen assez courageux pour les dénoncer, assez puissant pour faire punir les fonctionnaires prévaricateurs. Un tel état de choses serait intolérable sous un gouvernement représentatif. Le ministre représente sur-tout à la chambre la rigueur avec laquelle les articles suivans de la loi réglent les élémens de la preuve, et comment ils rassemblent, sous les yeux du jury, tous les témoignages qui peuvent démontrer la vérité; il en conclut que l'article en discussion est beaucoup plus en faveur des fonctionnaires qu'il ne leur est désavantageux.

L'amendement de la commission est adopté par la chambre des députés, qui rejette celui de M. Favard.

Nous dirons peu de choses sur un amendement de M. Albert, que la chambre a rejeté ensuite; il tendait à n'admettrre la preuve testimoniale des faits diffamatoires qu'autant que le diffamateur aurait avant, ou pendant l'instruction, rendu plainte des faits, pour lesquels il est poursuivi en diffamation.

M. Albert prétendait qu'il devait exister deux actions, l'une en diffamation intentée par le fonctionnaire contre le diffamateur, et l'autre formée par celui-ci, pour raison des faits imputés aux fonctionnaires. Dans ce système, l'action du diffamateur est l'action principale, c'est elle qu'il faut juger, parce que, si le fonctionnaire est condamné, par cela même le diffamateur a eu raison, et, s'il est acquitté, le diffamateur doit être condamné.

M. le garde-des-sceaux, d'accord avec MM. Bignon et Courvoisier, repousse l'amendement comme impossible dans son application. M. Albert voudrait que dans tous les cas le prévenu de diffamation jouît du bénéfice de la preuve, et qu'il en jouît par la mise en jugement du fonctionnaire; de sorte qu'il dépendrait de tout citoyen de faire mettre un fonctionnaire en jugement; car s'il ne pouvait le faire mettre en jugement, l'objet de l'amendement ne serait pas rempli, et il n'y aurait pas lieu à la preuve. Il faudrait donc que l'imputation fût convertie en accusation, que le ministère public fût obligé de poursuivre, la chambre du conseil forcée de mettre en prévention, et la chambre des mises en accusation contrainte de mettre en accusation. Le nœud de l'affaire ne pourrait se délier que devant la cour d'assises où le fonctionnaire serait déclaré coupable si l'accusation était prouvée, où, si elle était déclarée non prouvée, le diffamateur serait condamné. Dans ce cas, le préopinant se trompe encore, parce qu'il pourrait arriver que les faits ne pussent pas être suffisamment établis, sans que cependant il y eût lieu à condamner le diffamateur. Ainsi l'amendement, après avoir traversé toutes ces impossibilités, n'atteindrait pas même le but qu'il se propose.

L'orateur termine en faisant observer que tout ce qu'il était possible de prévoir a été prévu par le principe du droit commun énoncé dans l'art. 25 ; il demande, en conséquence, la question préalable sur l'amendement de M. Albert, et la chambre des députés l'adopte.

A la chambre des pairs, quelques opinions prononcées pour solliciter des garanties en faveur des fonctionnaires, ont été réfutées par M. le garde-des-sceaux. Ces opinions et la réfutation rentrant absolument dans les élémens de la discussion engagée à la chambre des députés, il serait entièrement inutile de s'y arrêter davantage.

Il en a été de même d'un article additionnel proposé à la chambre des députés par M. Bignon, relativement aux agens diplomatiques étrangers ; cet amendement ne rentrant en rien dans le sens de l'article adopté, il est inutile de s'y arrêter plus longtems.

ARTICLE XXI.

Le prévenu qui voudra être admis à prouver la vérité des faits dans le cas prévu dans le précédent article, de-

vra, dans les huit jours qui suivront la notification de l'arrêt de renvoi devant la cour d'assises, ou de l'opposition à l'arrêt par défaut rendu contre lui, faire signifier au plaignant :

1°. *Les faits articulés et qualifiés dans cet arrêt desquels il entend prouver la vérité ;*

2°. *La copie des pièces ;*

3°. *Les noms, professions et demeures des témoins par lesquels il entend faire sa preuve.*

Cette signification contiendra élection de domicile près la cour d'assises ; le tout à peine d'être déchu de la preuve.

C'est M. Rodet qui a fait ajouter, sur sa demande, dans l'article du projet primitif, les mots suivans : *Ou de l'opposition à l'arrêt par défaut rendu contre lui.* Il avait demandé, de plus, qu'un délai de cinq myriamètres par jour fût accordé comme dans les articles précédens.

M. le garde-des-sceaux répond (et ceci est très-important) que l'article 18 admet un délai pour l'opposition, et qu'il est entendu que le même délai aura lieu pour la signification.

A la chambre des pairs, l'article n'a éprouvé aucune discussion.

ARTICLE XXII.

Dans les huit jours suivans, le plaignant sera tenu de faire signifier au prévenu, au domicile par lui élu, la copie des pièces et les noms, professions et demeures des témoins par lesquels il entend faire la preuve contraire ; le tout également sous peine de déchéance.

A la chambre des députés, M. Rodet a fait retrancher les prénoms des témoins qui se trouvaient indiqués dans le projet primitif pour les significations du plaignant. Il s'est appuyé sur ce que les prénoms des témoins étaient souvent inconnus, ce qui retarderait la marche de la procédure.

C'est du consentement de M. le garde-des-sceaux que la chambre a adopté la rédaction de l'article 22 telle que nous la présentons.

ARTICLE XXIII.

Le plaignant en diffamation ou injure pourra faire entendre des témoins qui attesteront sa moralité ; les noms, professions et demeures de ces témoins seront notifiés au prévenu ou à son domicile un jour au moins avant l'audition.

Le prévenu ne sera point admis à faire entendre des témoins contre la moralité du plaignant.

Cet article a été adopté sans discussion.

ARTICLE XXIV.

Le plaignant sera tenu, immédiatement après l'arrêt de renvoi, d'élire domicile près la cour d'assises, et de notifier cette élection au prévenu et au ministère public, à défaut de quoi toutes significations seront faites valablement au plaignant au greffe de la cour.

Lorsque le prévenu sera en état d'arrestation, toutes notifications, pour être valables, devront lui être faites à personne.

Cet article a été adopté sans discussion.

ARTICLE XXV.

Lorsque les faits imputés seront punissables selon la loi, et qu'il y aura des poursuites commencées à la requête du ministère public, ou que l'auteur de l'imputation aura dénoncé ces faits, il sera, durant l'instruction, sursis à la poursuite et au jugement du délit de diffamation.

Dans le projet primitif, le cas où le ministère public se croirait obligé de poursuivre n'était pas prévu. C'est sur l'observation présentée par M. Jacquinot, et adoptée sans discussion, que la rédaction actuelle a eu lieu.

Ici est venue se placer dans l'ordre de la discussion une série d'articles additionnels proposés par M. Bogne de Faye, et qui tendait à donner au jury et aux juges la faculté d'étendre ou de diminuer les pénalités de la loi suivant les circonstances qu'ils seraient les maîtres de déterminer; on allait même jusqu'à laisser au jury la faculté de prononcer sur les dommages et intérêts.

Ces dispositions considérées, d'après l'opinion de

M. le garde-des-sceaux, comme étrangères à la loi, ont été rejetées.

ARTICLE XXVI.

Tout arrêt de condamnation contre les auteurs ou complices des crimes et délits commis par voie de publication, ordonnera la suppression ou la destruction des objets saisis ou de tous ceux qui pourront l'être ultérieurement en tout ou en partie, suivant qu'il y aura lieu pour l'effet de la condamnation.

L'impression et l'affiche de l'arrêt pourront être ordonnées aux frais du condamné.

Ces arrêts seront rendus publics dans la même forme que les jugemens portant déclaration d'absence.

Le projet de loi primitif ordonnait la destruction des objets saisis sans restriction.

Sur l'observation de M. de Chauvelin, qu'un passage dangereux ne pouvait équitablement emporter la destruction d'un ouvrage considérable, la rédaction actuelle a été adoptée.

ARTICLE XXVII.

Quiconque, après que la condamnation d'un écrit, de dessins ou gravures, sera réputée connue par la publication dans les formes prescrites par l'article précédent, les réimprimera, vendra ou distribuera, subira le maximum de la peine qu'aurait pu encourir l'auteur.

M. Manuel avait proposé, en conséquence de

l'article précédent, de ne déclarer punissable que la réimpression de l'ouvrage avec les passages condamnés.

M. Guizot, commissaire du roi, a trouvé l'amendemeut inutile; le mot *condamnation* dit tout, si ce mot s'applique à l'ouvrage entier, si c'est l'ouvrage entier qui a été condamné. Il ne s'applique qu'aux passages, si ce n'est qu'à des passages seulement que la condamnation a été appliquée.

Les chambres ont adopté cet article sous la condition expresse de l'admission de cette explication.

ARTICLE XXVIII.

Toute personne inculpée d'un délit commis par la voie de la presse, ou par tout autre moyen de publication, contre laquelle il aura été décerné un mandat de dépôt ou d'arrêt, obtiendra sa mise en liberté provisoire, moyennant caution. La caution à exiger de l'inculpé ne pourra être supérieure au double du maximum de l'amende prononcée par la loi contre le délit qui lui est imputé.

Cet article est adopté sans discussion.

M. le marquis de Catelan, rapporteur de la commission à la chambre des pairs, a regretté que la caution n'eût pas été réduite à la valeur du *maximum;* il n'en a cependant fait l'objet d'aucun amendement, mais nous ne pouvons passer sous silence le vœu patriotique qu'il a émis de voir faciliter l'usage de la caution, et diminuer les emprisonnemens anticipés, qui sont toujours inutiles, pénibles pour le gouvernement et flétrissans pour les citoyens.

ARTICLE XXIX.

L'action publique contre les crimes et délits commis par la voie de la presse ou tout autre moyen de publication, se prescrira par six mois révolus, à compter du fait de publication qui donnera lieu à la poursuite.

Pour faire courir cette prescription de six mois, la publication d'un écrit devra être précédée du dépôt et de la déclaration que l'éditeur entend le publier.

S'il a été fait dans cet intervalle un acte de poursuite ou d'instruction, l'action publique ne se prescrira qu'après un an, à compter du dernier acte, à l'égard même des personnes qui ne seraient pas impliquées dans ces actes d'instruction ou de poursuite.

Néanmoins, dans le cas d'offense envers les chambres, le délai ne courra pas dans l'intervalle de leurs sessions.

L'action civile ne se prescrira, dans tous les cas, que par la révolution de trois années, à compter du fait de la publication.

Le paragraphe 4 est dû aux observations de la commission des députés, qui a pensé que si la prescription n'était point interrompue pendant l'intervalle des sessions, il pourrait y avoir une telle combinaison d'époques entre l'offense et le terme de la prescription, qu'on fût absolument privé du droit de poursuivre.

Cet article n'a éprouvé aucune discussion; et il a été spécialement approuvé par la commission des pairs, comme un adoucissement remarquable à nos lois communes.

ARTICLE XXX.

Les délits commis par la voie de la presse ou par tout autre moyen de publication, et qui ne seraient point encore jugés, le seront suivant les formes prescrites par la présente loi.

Cet article est né, pendant la discussion de la chambre des députés, d'une proposition de M. de Chauvelin; il avait pensé que les actions existantes aux termes de la loi du 9 novembre, heureusement abolie, devaient s'éteindre à l'époque de la promulgation de la loi actuelle, et qu'il importait de le fixer ici.

La proposition a été appuyée par M. Despatys, et la rédaction ci-dessus a été adoptée du consentement de M. le garde-des-sceaux.

ARTICLE XXXI.

La loi du 28 février 1817 est abrogée.

Les dispositions du code d'instruction criminelle

auxquelles il n'est pas dérogé par la présente loi, continueront d'être exécutées.

Cet article a été adopté sans discussion.

La loi du 28 février 1817 était relative au mode de procéder à la saisie et au sequestre des ouvrages imprimés, conformément à la loi du 21 octobre 1814. Ces lois n'étant plus en harmonie avec les dispositions nouvelles, il a été indispensable d'abroger textuellement la loi du 28 février, comme la loi d'octobre est virtuellement rapportée, excepté pour le titre 2, qui concerne les imprimeurs.

CHAPITRE III.

Discussion de la loi sur les journaux et écrits périodiques.

SECTION Ire.

Discussion sur l'ensemble de la loi.

Ce troisième projet de loi a paru au gouvernement inséparable des deux autres; et, en effet, M. le garde-des-sceaux est venu en son nom le présenter aux chambres en même tems que les deux autres.

En exposant les motifs de cette dernière loi, le ministre s'est exprimé en ces termes :

« Les journaux, publication d'une nature toute

particulière, devaient être soumis à une législation spéciale. Un journal est une véritable tribune d'où l'écrivain peut parler à des milliers d'abonnés ou de souscripteurs ; et ses feuilles, rapidement répandues, ont déjà parcouru tout le royaume, et sont dans toutes les mains, avant que le magistrat chargé de veiller à la tranquillité publique ait pu reconnaître si elles ne renferment rien qui la compromette. Rivales des tribunes législatives, ces feuilles, en répétant les discours des orateurs publics, leur donnent toute leur puissance, mais aussi trop souvent elles les altèrent et les dénaturent. L'auteur d'un journal, dans l'état actuel de la société, remplit donc une véritable fonction. Il exerce un véritable pouvoir, et la société a droit de s'assurer que cette fonction sera fidèlement remplie, que ce pouvoir ne sera pas dirigé contre elle ou contre ses membres.

» Mais, d'un autre côté, la publicité, cette ame, cet élément des gouvernemens représentatifs, la publicité n'existerait pas tout entière ; la liberté de la presse serait évidemment incomplète sans la liberté des journaux. Les garanties de la société doivent donc être telles qu'elles ne portent aucune atteinte à la liberté du journal une fois établi ; telles encore qu'en remplissant les conditions imposées, nul ne soit exclu du droit d'élever un journal ; enfin, ces conditions elles-mêmes doivent être assez modérées pour qu'il s'établisse facilement un nombre de journaux suffisant pour créer la grande publicité.

» Les garanties demandées par le projet de loi sont la déclaration de deux éditeurs responsables, et un cautionnement en rentes. Ces garanties sont si naturellement indiquées, qu'il n'est pas besoin de les motiver. Le cautionnement en rentes est le plus facile à réaliser, comme le plus avantageux pour les éditeurs qui ne feront qu'immobiliser la rente pendant la durée de leur entreprise, et en toucheront à chaque trimestre l'intérêt.

» Les dispositions du projet de loi sur ce cautionnement, son affectation aux diverses condamnations suivant l'ordre de leur privilége, la nécessité de le libérer ou de le compléter en cas de prélèvement, sont autant de corollaires du principe, autant de mesures d'exécution qui se justifient à la simple lecture.

» Nous en disons autant de la sanction que donne à ces règles l'article 6 du projet de loi.

» C'est encore une conséquence du principe des garanties que les éditeurs répondent de tous les articles insérés dans leur journal. Sans cette responsabilité, les garanties deviendraient complètement illusoires.

» L'obligation imposée par l'art. 5, de remettre

à l'administration locale un exemplaire de chaque feuille ou livraison du journal ou écrit périodique, signé de l'un des éditeurs responsables, n'a pour objet que de nantir l'administration des pièces sur lesquelles pourraient s'exercer son action. Cette formalité ne peut ni retarder, ni suspendre le départ ou la distribution du journal.

» La publication des séances secrètes des chambres est, l'expérience l'a prouvé, la plupart du tems, sans inconvénient : elle est même souvent utile ; mais il est telle circonstance où le silence peut être nécessaire. C'est aux chambres qu'il appartient d'en juger, et le projet leur réserve ce privilége.

» En laissant toute liberté aux journaux, il est juste d'accorder au gouvernement le droit de s'en servir, pour faire mieux connaître à tous ses actes et ses déclarations.

» L'art. 8 dispose, en conséquence, que tout journal sera tenu d'insérer les publications officielles qui lui seront adressées par le gouvernement. Comme ces insertions ne seront pas gratuites, elles seront souvent utiles et jamais onéreuses au propriétaire du journal.

» Les éditeurs des journaux seront soumis aux mêmes lois pénales, aux mêmes formes de jugemens que les auteurs des autres publications. Seulement, les amendes pourront être doublées, et, en cas de récidive, quadruplées. Cette disposition se justifie par deux motifs : d'une part, les délits sont d'autant plus dangereux et plus graves, que la publicité est plus rapide et plus étendue. D'ailleurs, s'il est vrai que la profession d'un journaliste s'anoblit et s'élève par le caractère, la sagesse et le talent de celui qui l'exerce, il est vrai aussi que ce genre de publication a plus communément que tout autre un but purement intéressé ; il assure aux auteurs des bénéfices réguliers et considérables; il est juste d'aggraver les peines pécuniaires contre celui qui spécule sur le trouble de son pays ou l'affliction de ses concitoyens.

» Tels sont, Messieurs, les principaux motifs des trois projets de loi que nous avons l'honneur de vous présenter. Ces lois sont nécessaires. La législation actuelle, sur les points qu'elles doivent régler, est généralement reconnue défectueuse ou insuffisante. La censure des journaux expire, et vous ne voudrez les rendre libres que sur la foi d'une législation spéciale. Nous sommes loin de nous flatter d'avoir seulement, dans aucun de ces projets, approché de la perfection désirable; il nous eût fallu plus de tems, un tems plus calme, sur-tout; et peut-être cette perfection ne s'obtiendra que de l'expérience. Conçus de bonne foi et avec conscience, ces projets de loi sont soumis, dans les mêmes sentimens, à votre discussion. Nous réclamons franchement le concours de vos lumières, et nous nous féliciterons s'ils sortent améliorés du sein de vos délibérations. »

Dans l'exposé des motifs du projet présenté à la chambre des pairs, après son acceptation par la chambre des députés, M. le garde-des-sceaux a considéré tous les journaux sous un double aspect. A titre d'écrits ordinaires, les gazettes et les écrits périodiques ont droit à tous les avantages de la liberté de la presse; les lois qui la maintiennent sont les seules qui leurs soient applicables; leur condition ne sort pas du droit commun; seulement, comme la règle la plus juste en équité et en jurisprudence est que la gravité des peines soit proportionnée aux délits et à leurs conséquences, on laisse aux tribunaux la faculté de doubler les amendes, en cas d'une condamnation infligée aux auteurs de ces sortes d'écrits. Voilà la seule spécialité qui leur soit appliquée sous ce rapport; mais si les journaux, pris séparément, ne sont en effet que des productions ordinaires de la presse, il n'en est point ainsi de l'établissement d'un journal ou d'un recueil périodique; le premier droit est celui de faire un acte particulier; le second, celui de fonder une entreprise publique et politique. L'objet est de répandre continuellement, et partout à-la-fois, des nouvelles, des réflexions, des opinions, dont l'effet, déterminé par ce caractère de continuité et de rapidité dans la propagation, peut avoir sur les esprits et sur l'état de la société l'influence la plus importante et la plus funeste. Or, cette influence politique qui résulte d'un établissement public, est-il donc un seul citoyen autorisé à la révendiquer comme son droit naturel? Ce droit n'appartient-il pas à la société tout entière; n'est-ce pas d'elle seulement que peut le tenir le particulier qui l'exerce; et, avant de l'accorder, la société ne peut-elle, par l'organe de la loi, qui est son interprète, déterminer certaines conditions qui lui répondent qu'on n'en abusera pas contre elle?

Lorsque la loi autorise une influence politique quelconque, directe ou indirecte, les précautions qu'elle prend contre l'abus de cette influence tendent avant tout à le prévenir. Sous ce rapport, l'intérêt que l'éditeur d'un journal aura au maintien de la tranquillité publique, est le meilleur gage qu'il exercera sans inconvénient une profession qui peut lui donner tant de facilités pour troubler l'ordre social. Le cautionnement exigé de lui est à-la-fois la preuve de cet intérêt et la garantie de sa conduite. Ce cautionnement n'est donc point une mesure de prévention, mais de précaution.

Dans le rapport fait au nom de la commission centrale des députés, par M. Savoye-Rollin, la même distinction entre les journaux considérés comme production ordinaire de la presse et comme entreprise publique, se trouve également établie. Le mélange de servitude et de liberté qui était appliqué aux écrits périodiques; le régime incertain et douteux sous lequel ils étaient tenus depuis 1814, offraient plus de dangers que de motifs de sécurité; la loi nouvelle est destinée à donner la liberté de la presse avec ses avantages et ses inconvéniens; les premiers surpassent de beaucoup les seconds, et quand l'opinion publique, si long-tems comprimée, n'aurait pas fait une nécessité de l'ordre de choses dans lequel on se trouvera placé à l'avenir, le besoin du gouvernement représentatif l'aurait imposée.

Au contraire de l'Angleterre, ce système constitutionnel s'est arrêté en France à l'organisation des pouvoirs politiques; tous les pouvoirs civils qui devraient en dériver lui sont antérieurs et n'ont pas changés de formes; au lieu de les avoir assimilés à ce principe de publicité qui est la garantie de la liberté politique, il est encore banni de leur sein, quoiqu'il doive être la garantie de la liberté civile; ainsi tout en Angleterre est public, presque tout en France est encore secret; c'est donc à suppléer tout à-la-fois aux lois et aux mœurs anciennes que la liberté de la presse est appelée, et c'est spécialement par les journaux qu'elle peut atteindre ce but important.

On se dirigera parmi nous dans ces voies, on y

parviendra, sans doute, si les journaux, rendus à la liberté, fidèles aux garanties qu'ils auront souscrites, exilent de leurs feuilles ces libelles, opprobres de la littérature et de leurs discusssions, ces satires personnelles qui nuisent aux vérités même qu'ils prétendent divulguer. Alors le public, rassuré sur la prolongation des abus qu'il verrait s'éteindre, se confierait sans crainte au commerce libre des journaux. La mission honorable qui les attend est de faire ressortir l'instruction de toutes parts, de porter les lumières dans les esprits et la modération dans les cœurs; d'inspirer l'attachement à la liberté et le respect pour l'autorité légitime; de répandre, de disperser jusque dans les hameaux les connaissances pratiques qui servent à employer utilement la vie; de s'interposer entre le gouvernement et les gouvernés, comme les truchemens impartiaux de leurs vœux et de leurs besoins réciproques; car, du moment que les discussions publiques des lois sont introduites dans un Etat, elles passent des assemblées qui délibèrent à toutes les classes de la société; elles portent parmi les plus ignorantes, comme parmi les plus éclairées, l'habitude de raisonner l'obéissance. Telle est, à l'avis du rapporteur, la tâche que les journaux ont à remplir; mais il ne faut point se dissimuler que ce qu'on a le droit d'espérer n'est pas toujours obtenu; il faut reconnaître qu'en rendant la liberté aux feuilles publiques l'on réarme une grande puissance, plus énergique dans le mal que dans le bien, parce qu'il est plus facile d'agiter les hommes que de les éclairer. Il a donc fallu demander aux publicateurs de ces écrits des garanties spéciales de leur bonne direction. Il a fallu que ces garanties pussent concilier les intérêts de la société, ceux de la sûreté publique avec l'action libre de la presse, et c'est ce que le principe du projet consacre, et ce que les détails sanctionneront au moyen de quelques modifications.

Après ces considérations sur l'ensemble du projet, le rapporteur entre dans une discussion de détails que nous reproduirons pour en faire l'application à chacun des articles qu'elle embrasse.

La mission des commissaires de la chambre des pairs, dans l'examen de la loi modifiée et adoptée par la chambre des députés, en devenait d'autant plus facile.

M. le marquis de Lally-Tolendal, rapporteur, s'est élevé aux plus hautes considérations politiques, en traitant de la liberté de la presse; il a commencé par établir cinq propositions fondamentales, dont il a exprimé la formule en ces termes :

« Point de gouvernement représentatif qui n'ait pour objet et pour fondement la liberté publique et individuelle.

» Point de liberté publique ni individuelle sans la liberté de la presse.

» Point de liberté de la presse sans la liberté des journaux.

» Point de liberté ni de la presse, ni des journaux, partout où les délits de la presse et des journaux sont jugés sans l'intervention d'un jury.

» Enfin, point de liberté d'aucun genre, si à côté d'elle n'est une loi qui en garantisse la jouissance, par cela même qu'elle en reprime les abus. »

L'orateur, après avoir loué le gouvernement d'avoir mis en action ces principes immuables, par la présentation des trois lois relatives à la presse, a partagé l'opinion que, sous un certain rapport, les journaux appelaient des règles particulières et spéciales. Le cautionnement a paru à la commission une garantie à-la-fois nécessaire et suffisante de la conduite politique des journalistes.

Ici le rapporteur entre dans les considérations de détail sur la loi amendée par les députés, et il termine par annoncer que la commission adopte toutes ces modifications à l'unanimité.

La discussion de la loi des journaux à la chambre des députés a été en quelque sorte plus solennelle et plus approfondie que celle des deux lois précédentes. Nous ne donnerons, toutefois, que peu d'étendue aux discours des opposans, parce que les idées que la plupart renferment n'attachant point la garantie des journaux envers la société là où la loi actuelle la place, nous n'aurions point les motifs de cette loi, et nous nous éloignerions par conséquent du but que nous nous sommes proposé.

Le premier de ces opposans, M. Dumeilet, après avoir longuement discuté le besoin pour la nation d'avoir des moyens de publicité fréquens et rapides, n'a point nié, cependant, d'une manière absolue, que les journaux eussent un caractère de spécialité qui les sortait de la classe des écrits ordinaires, et qui, par conséquent, demandait des garanties spéciales. Dans des amendemens que nous reproduirons, il s'est borné seulement à demander une diminution considérable des conditions que le projet de loi avait proposées à l'égard des journaux et écrits périodiques.

Le second opposant, M. Daunou, a été beaucoup plus loin, il a regardé tous les articles du projet de loi qui astreignent les journaux à fournir des garanties à la société, comme violateurs du texte et de l'esprit de la charte; c'est particulièrement contre les cautionnemens exigés qu'il s'est élevé, en partant du principe qu'une législation sage et morale suppose sans doute que les crimes et les délits sont possibles, mais qu'elle doit se garder de les déclarer probables, et pour ainsi dire habituels, familiers à une profession particulière, expressément désignée. Considérant ensuite les cautionnemens comme des précautions prises pour assurer le paiement des amendes, l'orateur a pensé que ces précautions devaient bien moins s'appliquer aux journalistes qu'aux publicateurs d'écrits isolés et qui n'offraient aucune de ces garanties qu'on trouve dans toutes les entreprises publiques. Enfin, discutant la quotité de ces cautionnemens, il a cherché à établir qu'elle tendait nécessairement à empêcher la publication de beaucoup de journaux, sinon à Paris, au moins dans les départemens, ce qui est évidemment contraire à la liberté de la presse; que, de plus, on n'arrêterait point la création de journaux soutenus par des factions riches et puissantes, tandis qu'on empêcherait des entreprises innocentes et même utiles.

Un troisième opposant, M. Benjamin Constant, regarde la loi sur les journaux comme entièrement vicieuse dans son principe et funeste dans ses conséquences ; selon lui, dès que la presse est un instrument, elle doit rentrer dans le droit commun ; or, le droit commun ne veut point que celui qui se sert d'un instrument donne caution qu'il n'en abusera pas ; sous ce rapport, la loi serait donc une loi d'exception ; de plus, elle viole l'art. 8 de la charte, qui interdit formellement toutes les lois préventives relativement à la presse, et qui ne permet que les lois répressives ; or, un cautionnement anticipé n'est certainement pas une mesure de répression. D'ailleurs, en partant de là, il faudrait demander des garanties et des cautionnemens pour toutes les professions, car il n'en est pas une dont l'abus ne puisse conduire à des délits et même à des crimes ; enfin, on a toujours vu que ce système de prévenir les délits, au lieu de les punir, ne servait qu'à enchaîner les innocens, sous prétexte qu'ils pourraient bien devenir coupables ; il faut donc en revenir à protéger franchement la liberté, et on ne peut le faire que par des lois constitutionnelles. Ici, l'orateur entre dans la discussion des articles, et il se borne à proposer un amendement sur l'art. 1er.

Nous ne placerons point au rang des opposans M. Ponsard, non plus que M. Kératry; tous deux, sans répondre aux objections des opposans, se sont bornés à soutenir le projet amendé par la commission, et à peu près par les mêmes motifs que nous avons indiqués dans l'analyse du rapport de M. Savoye-Rollin.

Nous devons nous étendre davantage sur les opinions des défenseurs du projet de loi, parce que la sanction des chambres les ayant consacrées, c'est là que se trouvent véritablement la pensée du législateur et les motifs de la loi.

Le premier orateur qui a parlé en faveur du principe et de l'ensemble du projet, est M. Guizot, commissaire du roi. Il commence par repousser ces doctrines absolues, despotiques, qui ne s'inquiètent pas des réalités, et qui ne souffrent point d'examen. Telles sont celles qu'on a présentées pour soutenir qu'aucune garantie ne pouvait être demandée aux journaux, soit qu'on les considérât comme l'exercice d'une industrie, ou comme un mode de manifestation de la pensée. Partout où la société a reconnu le fait d'une puissance capable de lui causer de grands dommages contre lesquels les menaces et les châtimens des lois pénales n'étaient pas de nature à lutter avec succès, elle a exigé de ceux qui prenaient en main cette puissance des garanties particulières. Ainsi les médecins, les avocats, les notaires, sont autant d'exemples de cette vérité. Dans les cas ordinaires, la seule prévention que la loi se permet, est la punition du coupable pour empêcher le retour du crime ou du délit; telle est la prévention indirecte ; mais il a bien fallu reconnaître que, dans d'autres cas, cette prévention était ou nulle, ou insuffisante; on a donc cherché à s'assurer, non point de l'innocence de chaque action particulière, mais de la capacité générale des agens. La société n'a interdit formellement à personne l'usage de la puissance qu'elle redoutait; mais elle a imposé à quiconque voudrait s'en servir l'obligation de remplir certaines conditions qu'elle a jugées propres à compenser l'insuffisance de la législation pénale. Ces conditions une fois remplies, elle a laissé aux citoyens toute leur liberté. La seule question qui reste à résoudre, est une question de fait ; les journaux sont-ils une de ces puissances à-la-fois nécessaires et redoutables, et contre lesquelles la société a besoin de garanties préalables? L'orateur montre combien, par la révolution d'idées qui s'est faite en France, l'opinion publique a fait de progrès, et combien sont importantes les impressions que cette opinion peut recevoir. Sous ce rapport les journaux, par leurs communications vives, promptes et instantanées, peuvent produire le plus grand bien ou le plus grand mal, inspirer les plus vives craintes, répandre les illusions les plus injustes et les plus absurdes. Ce ne sont point là des suppositions, trop d'exemples l'attestent; ce sont des faits qu'il faut reconnaître ; car les lois qui peuvent les oublier ne peuvent pas les détruire. De là la conséquence naturelle et irrésistible de la nécessité des garanties que demande le gouvernement ; et il s'agit bien moins ici d'assurer le paiement de quelques amendes, que de placer la puissance des journaux sous des garanties qui, en lui laissant son extension, préviennent le mal qu'elle peut faire. En la contraignant à partir d'une sphère plus élevée, elle acquerra plus de lumières et plus d'indépendance, et ses organes rattacheront mieux les intérêts individuels à l'intérêt général. La seule objection contre le système, serait de prouver que la fixation du cautionnement est trop élevée, et qu'elle met quelque opinion générale, quelque intérêt commun dans l'impossibilité d'avoir des journaux pour organe.

M. Lainé, répondant plus spécialement aux argumentations de M. Benjamin Constant, établit que la puissance de la presse est au-dessus de celle du gouvernement d'un côté, et de l'opinion publique de l'autre; il en conclut que c'est une nécessité absolue de prendre des garanties contre les abus qu'elle peut entraîner. Ce n'est donc pas par la charte que l'on peut atteindre ce but, et l'on ne parviendra jamais à éloigner le mal que peuvent faire les journaux, à moins de dispositions spéciales. La classe d'hommes qui compose les journalistes tient essentiellement ses fonctions de la loi qui la favorise particulièrement; c'est une sorte de magistrature publique qui leur donne la facilité de rapporter les débats de la chambre, et l'autorisation de siéger, pour ainsi dire, à côté des députés; telle est la faveur dont ils jouissent, qu'ils ont la faculté de propager impunément les discours coupables de l'orateur censuré, ce que nul autre qu'eux ne pourrait imprimer, sans s'exposer à l'action de la justice; comment se ferait-il que les hommes qui ont de telles immunités, ne fussent assujettis à donner aucune garantie? On a dit que les journalistes exercent une industrie littéraire, qu'ils se servent de la presse comme d'un instrument, et qu'on ne doit pas prendre à leur égard plus de précautions qu'on n'en prend à l'égard des fabricans d'instrumens nuisibles. C'est précisément ce que veut la loi, et elle ne veut pas davantage. Elle assujettit presque tous les métiers à des patentes, elle impose des conditions à divers artistes, elle prescrit des précautions de salubrité et de sûreté publique, elle ne peut pas moins faire que dans ces sortes de cas pour des entreprises qui peuvent se comparer à toutes les sortes d'industries, et qui, sans avoir les avantages de quelques-unes, recèlent plus de dangers que toutes ensemble. L'orateur est persuadé qu'il naîtra beaucoup de ruses et de fraudes pour éluder l'exécution de la loi relative aux écrits périodiques; mais si l'on ne peut pas tout prévoir, ce n'est pas une raison pour ne rien prévoir du tout, et il faut espérer que la raison, qui a été donnée pour le bien de la société, ne se détruira pas par ses propres facultés.

M. Royer-Collard envisage la question sous le rapport constitutionnel; il prouve qu'on ne cherche point à faire une loi d'exception, car tel est l'argument le plus fort des opposans. En effet, soit qu'on adopte la loi, soit qu'on la rejette, il n'y a aucune atteinte portée à la liberté de la publication, et cautionnés ou non, les journaux contiendront toujours ce qu'on voudra y insérer, sans qu'aucune prévention directe ou indirecte gêne les écrivains. La question se resserre donc dans le droit individuel; elle est civile et non politique. La solution doit en être cherchée dans la charte. Les Français ont le droit de publier et de faire imprimer leurs opinions; par conséquent, toute loi après laquelle la libre publication subsiste ne laisse plus rien à demander au nom de la charte. L'orateur continue ainsi:

« Maintenant, publier des opinions et entreprendre un journal, est-ce la même chose? Je sais bien qu'il y a publication d'opinions dans un journal; n'y a-t-il rien de plus? Ce n'est pas là une question de principes, c'est une question de fait, il n'est pas besoin de raisonner, il n'y a qu'à regarder. Pour bien savoir si un journal n'est rien de plus qu'une publication ordinaire, demandez-vous à vous-même si on vous apprendrait ce que c'est qu'un journal, dans le cas où vous ne le sauriez pas, en vous disant que c'est un moyen de publier des opinions? Non, assurément. Mais si on vous mettait sous les yeux la feuille du jour? vous ne comprendriez pas davantage.

Mais plusieurs feuilles ? Pas même encore. Il faudrait de plus vous dire que ces feuilles ont été précédées, et qu'elles seront suivies de beaucoup d'autres ; que leur publication successive est une entreprise, qu'il y a un entrepreneur, que, si vous voulez lui donner votre nom et votre adresse, avec un peu d'argent, ces feuilles iront vous trouver chaque jour, à la même heure, au lieu que vous indiquerez.

» En effet, ce qui constitue un journal, ce n'est pas le fait de la publication isolée de chaque feuille individuelle, ce n'est pas même le fait de plusieurs publications successives, c'est l'entreprise de ces publications. Mais cette entreprise, est-ce une opinion ? non; c'est une profession. Rendre cette entreprise publique, est-ce publier une opinion ? non; c'est prendre des engagemens. Mais puisque rendre publique l'entreprise dont il s'agit c'est cela même qui est établir un journal, il s'ensuit qu'établir un journal et publier une opinion ou des opinions, ce n'est pas la même chose.

» L'établissement d'un journal diffère de la simple publication en ce qu'il implique nécessairement une spéculation à-la-fois politique et commerciale. Cette spéculation a pour objet de rendre l'action de la presse continue et simultanée comme celle de la parole, et véritablement elle atteint ce but. Vous pourriez arrêter une publication ordinaire au troisième exemplaire, vous ne pourriez pas arrêter le dernier exemplaire d'un journal; ce dernier ne se distingue pas du premier, ou plutôt il n'y a ni premier, ni dernier. Un journal se répand tout entier à-la-fois, comme la voix de l'orateur frappe à-la-fois tout son auditoire. Comme celle-ci, il est insaisissable. Voilà le caractère propre et spécial des journaux; c'est par cette action continue et simultanée que leur énergie est si supérieure à celle de la simple publication, et c'est pourquoi on n'abuse point de la métaphore, quand on dit qu'un journal politique est une tribune. Le fait est exactement exprimé. »

L'orateur réfute successivement les objections qui tendent à présenter la loi comme une loi d'exception, et celles qui font craindre que le nombre des journaux ne soit pas assez grand pour les besoins politiques de la nation; sur le premier point, il démontre que, par la nature des choses, un journal est autre chose qu'une publication ordinaire, et il en tire la preuve de ce que la liberté des journaux a pu être suspendue, quand la liberté des publications ne l'était pas. Sous un autre rapport, un journal est une influence politique qui appelle une garantie, et la garantie politique, selon les principes de la charte, ne se trouve que dans une certaine situation sociale déterminée par la propriété ou par son équivalent, voilà le principe du cautionnement. L'orateur dissipe avec la même facilité la crainte que l'élévation du cautionnement ne fasse diminuer les journaux. Le nombre des journaux n'est pas donné par le nombre total des lecteurs, mais par celui des opinions dominantes et des nuances d'opinion. Toute opinion qui a un certain nombre de partisans fait exister un journal qui a pour elle le mérite de la défendre, de lui dire beaucoup de bien d'elle-même, et beaucoup de mal des autres opinions. Or, toute opinion capable de faire exister un journal est capable de le cautionner, quel que soit le taux du cautionnement. Et puisque ce sont les journaux qui constituent les opinions dans la société, et qui sont en quelque sorte leur gouvernement, il est de l'intérêt des partis d'être constitués en eux-mêmes et pour eux-mêmes sur le même plan de la société à laquelle ils appartiennent. De même donc que les affaires de la société se traitent par des hommes choisis dans une situation qui garantit leur sagesse, de même il sera avantageux aux partis de n'avoir pour organes de leurs opinions et pour interprètes de leurs desseins, que des hommes de quelque considération, qui ne puissent pas leur imprimer aux yeux du public leur propre imprudence et leur propre folie. Et la société elle-même gagnera du repos à cette discipline des partis, et elle deviendra sage de leur sagesse.

M. de Chauvelin, dans un discours consacré bien moins à la question dont il s'agit qu'à faire briller l'esprit le plus fécond en saillies qui soit dans la chambre des députés, joue sur les argumentations des défenseurs du projet; ce qui lui paraît seulement évident, c'est que la loi ne saurait trop faire pour assurer aux journaux de la capitale et des départemens la plus grande publicité. Or, comme il croit que la nouvelle loi aura un effet tout contraire, il vote le rejet de sa principale disposition.

La discussion générale à la chambre des pairs n'a été soutenue que par un seul orateur, M. le duc de la Rochefoucault. Le noble pair se prononce pour l'adoption du projet; le seul article 7, relatif au compte à rendre des séances secrètes des chambres par les journaux, lui paraîtrait susceptible de modification, mais il ne présente son opinion que sous la forme du doute, et comme il n'en fait l'objet d'aucun amendement spécial, nous n'avons point à nous en occuper d'avantage.

Nous passons à la discusssion des articles.

SECTION II.

Discussion des articles.

ARTICLE I.

Les propriétaires ou éditeurs de tout journal ou écrit périodique, consacré en tout ou en partie aux nouvelles ou matières politiques, et paraissant, soit à jour fixe, soit par livraison et irrégulièrement, mais plus d'une fois par mois, seront tenus :

1°. *De faire une déclaration indiquant le nom, au moins, d'un propriétaire ou éditeur responsable, sa demeure, et l'imprimerie, dûment autorisée, dans laquelle le journal ou l'écrit périodique doit être imprimé ;*

2°. *De fournir un cautionnement, qui sera, dans les départemens de la Seine, de Seine-et-Oise et de Seine-et-Marne, de* 10,000 *francs de rente pour les journaux quotidiens, et de* 5000 *francs de rente pour les journaux ou écrits périodiques paraissant à des termes moins rapprochés.*

Et, dans les autres départemens, le cautionnement relatif aux journaux quotidiens sera de 2500 *francs de rente dans les villes de* 50,000 *ames et au-dessus, de* 1500 *francs de rente dans les villes au-dessous, et de la moitié de ces rentes pour les journaux ou écrits périodiques qui paraissent à des termes moins rapprochés.*

Les cautionnemens pourront être également effectués à la caisse des consignations, en y versant le capital de la rente au cours du jour du dépôt.

La discussion générale avait épuisé l'expression de toutes les opinions relativement au principe du cautionnement. Le gouvernement, la commission des députés et la plupart des opposans, étaient d'avis d'admettre cette garantie, qui était dès-lors jugée utile et nécessaire ; nous ne reviendrons plus sur ce point, et nous nous bornerons à dire que M. Benjamin Constant, l'un des opposans, soutenu par MM. de Chauvelin et Daunou, ayant proposé de n'assujettir les journaux qu'à une déclaration indiquant le nom de l'éditeur, son amendement a été rejeté à une immense majorité.

Cela posé, il ne reste plus qu'à présenter l'analyse de la discussion relative à la quotité des cautionnemens et aux diverses modifications qu'on y a introduites par rapport aux lieux et à la différence entre les écrits périodiques. Pour bien entendre cette partie de la délibération, il est nécessaire de reproduire le texte du projet primitif. Il est ainsi conçu :

« Les propriétaires ou éditeurs de tout journal ou écrit périodique consacré en tout ou en partie aux nouvelles ou matières politiques, et paraissant soit à jour fixe, soit par livraison et irrégulièrement, mais plus d'une fois par mois, seront tenus :

» 1°. De faire une déclaration indiquant les noms de deux, au moins, des propriétaires ou éditeurs responsables, leur demeure et l'imprimerie dûment autorisée dans laquelle le journal ou écrit périodique doit être imprimé.

» 2°. De fournir un cautionnement de 10,000 francs de rente pour les journaux quotidiens, et de 5000 francs de rente pour les journaux ou écrits périodiques paraissant à des termes moins rapprochés. »

Les amendemens de la commission des députés se divisaient en trois parties. Dans la première, elle proposait de n'exiger la déclaration que du nom d'un seul propriétaire ou éditeur.

M. le garde-des-sceaux déclare, au nom du gouvernement, qu'il adhère à cette proposition, sous la condition que la déclaration indiquera le nom *au moins* d'un propriétaire, etc. Voilà pour la première partie, qui a été ainsi adoptée par la chambre.

Quant à la seconde, la commission avait proposé de diminuer de moitié les cautionnemens portés dans le projet à 10,000 francs pour les journaux quotidiens, et à 5000 francs pour les écrits périodiques, les uns et les autres paraissant à Paris. Elle avait ensuite admis une décroissance pour les départemens d'un ordre inférieur, de sorte que le cautionnement relatif aux journaux quotidiens aurait été de 2500 francs de rente pour les journaux, dans les villes de 50,000 ames et au-dessus; de 1500 francs de rente dans les villes au-dessous, et de la moitié de ces rentes pour les journaux qui ne paraissent pas tous les jours.

Ici, M. le garde-des-sceaux a établi une division; il a reconnu qu'il était nécessaire d'abaisser le cautionnement des journaux des départemens; mais alors les journaux de Paris, dont le cautionnement serait beaucoup plus élevé, verraient la loi éludée à leur préjudice, si l'on ne comprenait pas dans une disposition commune avec le département de la Seine, les départemens qui viennent jusqu'aux portes de la capitale, c'est-à-dire les départemens de Seine-et-Oise et de Seine-et-Marne; il a donc insisté pour le maintien de 10,000 francs de rente pour les journaux quotidiens, de 5000 francs pour les autres, dans les départemens de la Seine, de Seine-et-Oise et Seine-et-Marne.

A ce moment, une nouvelle discussion s'est engagée, M. de Saint-Aulaire, M. Chabron de Solilhac défendant et le principe et la quotité des cautionnemens contre M. Daunou.

Dans la crainte qu'aucun journal, aucun écrit périodique ne pût échapper à la mesure du cautionnement, M. de Solilhac avait proposé *de soumettre au cautionnement tout ouvrage qui aura des abonnés, quelles que soient les dénominations;* il se fondait sur ce que M. Benjamin Constant avait dit de la facilité qu'auraient les écrits périodiques d'échapper à cette mesure en changeant de titre à chaque publication.

M. le garde-des-sceaux s'est vivement élevé contre les assertions et les précautions du préopinant; il a expliqué que les termes du projet qui désignaient comme écrit périodique tout ouvrage qui paraîtrait une fois par mois, posaient une limite, nécessaire sans doute, mais tout-à-fait suffisante, parce que, dans tout autre système, on serait conduit ou à soustraire au cautionnement des écrits qui doivent y être assujettis, ou à considérer comme journal tel ouvrage qui paraîtrait deux fois l'année; ce qui serait également injuste et illégal.

Quant à la disposition qui a pour objet de punir la ruse indiquée par M. Benjamin Constant, il est de principe que tout ce que la loi défend de faire directement, elle défend aussi de le faire indirectement. La question de savoir si un journal qui changerait successivement de dénomination est ou non le même journal, est une question de fait. « Lorsque nous aurons placé, dit-il, l'amendement dans la loi, la question de fait restera toujours, il faudra toujours s'assurer si c'est le même journal qui paraît sous différentes dénominations. Or, si c'est le même journal, il est frappé par la loi. C'est aux tribunaux correctionnels, juges de ces contraventions, qu'il appartient de constater ce seul fait, que c'est un seul et même journal, malgré les déguisemens qu'il prend. Ainsi, sous ce rapport, il n'est pas nécessaire d'insérer l'amendement dans la loi.

» Mais, ici, une autre considération se présente. Vous n'avez été frappés que de ce genre de ruse qu'on vous a signalé; il peut y en avoir beaucoup d'autres, et si vous aviez déclaré qu'il est nécessaire d'atteindre par la loi tel genre de ruse, il pourrait résulter, aux yeux des juges chargés d'appliquer la loi que tout autre genre de ruse, que toute autre forme par laquelle on tenterait d'éluder l'esprit de la loi, ne fût pas prohibé par elle. Je crois qu'au lieu de descendre dans les moyens de frauder la loi, il vaut mieux se contenter d'une prohibition impérative qui frappe les journaux périodiques, soit qu'ils paraissent régulièrement ou irrégulièrement. C'est pour ne pas limiter l'effet de la loi à cette seule forme, à cette seule ruse, qu'il importe de ne pas prévoir cette seule forme. Pour les bannir toutes, il n'en faut prévoir aucune. Toutes les ruses par lesquelles on voudrait éluder la loi devront être pénétrées par les tribunaux auxquels il appartient toujours de décider si c'est ou non le même journal; décision qui aura toujours lieu, et qui leur appartient tellement que nous ne pouvons la leur arracher d'avance. » Ces explications si frappantes de clarté ont déterminé M. de Solilhac à retirer une partie de son amendement, et la chambre a rejeté l'autre.

M. Kératry est revenu sur la quotité des cautionnemens, qu'il a trouvée exagérée; il a pensé qu'avec la fixation actuelle, non-seulement il ne pourrait s'établir aucun nouveau journal, mais que ceux qui existent ne pourraient parvenir à conserver leurs abonnés qu'en parlant chaque jour davantage aux passions et à l'esprit de parti; il a voté, en conséquence, pour la réduction proposée par la commission.

M. le garde-des-sceaux répond qu'on s'est exagéré la difficulté de remplir les conditions de garantie demandées par le gouvernement. Ce n'est pas de 10,000 fr. de rente jetés dans les caisses de l'Etat sans retour, qu'il s'agit, c'est d'une affectation d'une hypothèque, c'est-à-dire d'une valeur qu'on assigne comme garantie de l'exercice d'un droit illimité. Si l'on a un peu élevé cette garantie, c'est afin de ne placer les journaux que dans des mains qui offrent une responsabilité réelle. Sous ce rapport, on a beaucoup fait pour la paix publique et pour l'instruction du pays; il n'y a rien là-dedans de fiscal.

La chambre des députés a adopté la fixation du cautionnement des journaux et écrits périodiques pour les départemens de la Seine, de Seine-et-Oise et de Seine-et-Marne tel qu'il était fixé par le projet de loi.

Lors de la délibération sur la fixation du cautionnement des journaux des autres départemens, M. Benjamin Constant a demandé qu'il fût du dixième de celui qu'on propose, et qu'il n'y eût pas de cautionnement dans les villes au-dessous de 50,000 ames. Il s'est fondé sur la convenance de ne plus renfermer toute la France dans la capitale; d'étendre dans les provinces le développement de l'opinion que la loi des élections sur-tout rend si nécessaire.

M. de Chauvelin a soutenu cette proposition en prétendant que si l'article était adopté, tous les journaux des départemens seraient supprimés, excepté ceux des préfectures; il a beaucoup vanté les avantages de la publicité, même pour l'administration; passant ensuite à l'exiguité des moyens des journalistes des départemens, il a assuré qu'ils ne pourraient subsister qu'en se vendant aux partis.

M. le garde-des-sceaux répond qu'il existe en province très-peu de journaux quotidiens, qu'ainsi, en adoptant, comme il y consent, les amendemens de la commission, les journaux ne supporteront, pour la plupart, que le *minimum* des cautionnemens. Si quelques journaux paraissent tous les jours, ce ne sera que dans de très-grandes villes où le nombre des abonnés leur permettra de fournir le cautionnement.

La chambre des députés a adopté les fixations indiquées par la commission.

La troisième partie des amendemens de la commission, qui fait le dernier paragraphe de l'article, et qui permet le versement du capital de la rente à la caisse des consignations, n'a éprouvé aucune objection.

A la chambre des pairs, aucun amendement n'a été proposé sur l'article 1er, ni par la commission, ni dans la discussion générale; seulement M. le comte Cornet ayant paru craindre que les affiches judiciaires ne fussent frappées du cautionnement, M. le garde-des-sceaux s'est empressé de le rassurer en faisant remarquer qu'il ne s'agit dans l'article que des journaux consacrés en tout ou en partie aux nouvelles ou matières politiques.

ARTICLE II.

La responsabilité des auteurs ou éditeurs indiqués dans la déclaration s'étendra à tous les articles insérés dans le journal ou écrit périodique, sans préjudice de la solidarité des auteurs ou rédacteurs desdits articles.

Les commissions des deux chambres ont considéré cet article comme un corollaire du principe contenu dans l'article précédent qui ne pourrait souffrir et qui n'a souffert en effet aucune discussion.

ARTICLE III.

Le cautionnement sera affecté, par privilége, aux dépens, dommages-intérêts et amendes auxquels les propriétaires ou éditeurs pourront être condamnés. Le prélèvement s'opérera dans l'ordre indiqué au présent article. En cas d'iusuffisance, il y aura lieu à recours solidaire sur les biens des propriétaires ou éditeurs déclarés responsables du journal ou écrit périodique, et des auteurs et rédacteurs des articles condamnés.

Cette disposition est encore une conséquence du principe posé par l'article 1er.

La commission des pairs avait d'abord eu quelques scrupules d'admettre cette multiplication de responsabilité, et cette solidarité qui peut compromettre tant de fortunes grandes et petites ; mais dans l'année qui vient de s'écouler, les amis de l'ordre ont reçu des avis si terriblement énergiques, que tous les doutes se sont dissipés.

Cette observation du rapporteur de la chambre des pairs est la seule qui ait eu lieu, sur cet article, dans toute la discussion.

ARTICLE IV.

Les condamnations encourues devront être acquittées, et le cautionnement libéré ou complété dans les quinze jours de la notification de l'arrêt; les quinze jours révolus sans que la libération ou le complément ait été opéré, et jusqu'à ce qu'il le soit, le journal ou écrit périodique cessera de paraître.

Dans le projet de loi primitif, l'article se terminait par ces mots : *le journal ne pourra reparaître.*

*

La commission des députés ayant trouvé l'interdiction trop absolue, elle a proposé de remplacer les termes du projet par ceux-ci : *cessera de paraître,* qui sont dans l'article actuel; ce changement de rédaction a été approuvé par M. le garde-des-sceaux et par la chambre des pairs, qui ont bien entendu que les journalistes condamnés pour la feuille d'un jour, n'en feront pas moins paraître celle du lendemain, et que dans aucun cas, le journal ne cesserait de paraître qu'autant que le cautionnement ne serait pas complet.

ARTICLE V.

Au moment de la publication de chaque feuille ou livraison du journal ou écrit périodique, il sera remis à la préfecture pour les chefs-lieux de département, à la sous-préfecture pour ceux d'arrondissement, et dans les autres villes à la mairie, un exemplaire signé d'un propriétaire ou éditeur responsable.

Cette formalité ne pourra ni retarder ni suspendre le départ ou la distribution du journal ou écrit périodique.

C'est à la commission des députés qu'est dû le second et dernier paragraphe de cet article.

M. le garde-des-sceaux, en consentant à son introduction dans la loi, a consacré ce principe essentiellement conservateur de la liberté de la presse, que le délit est seulement dans la publication ; qu'avant la publication, aucune mesure préventive n'est permise.

Dans la discussion à la chambre des députés, M. Benjamin Constant avait proposé un amendement tendant à appliquer des mesures pénales aux directeurs des postes qui suspendraient ou empêcheraient l'envoi des gazettes ; mais la chambre des députés a repoussé cette addition, comme étrangère à la loi actuelle, et dans la chambre des pairs il n'en a pas même été question.

L'article a été adopté sans autre discussion.

ARTICLE VI.

Quiconque publiera un journal ou écrit périodique sans avoir satisfait aux conditions prescrites par les articles 1er, 4 et 5 de la présente loi, sera puni correctionnellement d'un emprisonnement d'un mois à six mois, et d'une amende de 200 fr. à 1200 fr.

Dans le projet de loi primitif, les peines portées par cet article étaient de six mois à un an d'emprisonnement, et de 1000 à 3000 francs d'amende ; c'est sur la proposition de la commission des députés, du consentement de M. le garde-des-sceaux et sans aucune discussion, que la rédaction actuelle a été adopté par les deux chambres.

ARTICLE VII.

Les éditeurs de tout journal ou écrit périodique ne

pourront rendre compte des séances secrètes des chambres ou de l'une d'elles sans leur autorisation.

La commission des députés a pensé que le secret ordonné par la charte à l'égard de l'une des chambres en général, et à l'égard de l'autre par exception (1) ne pouvait concerner que l'action seule ou le mouvement de la délibération ; qu'une fois cette action terminée, le matériel de la délibération et ses résultats devenaient obligatoirement publics ; que, s'il en était autrement, tout le système représentatif ne serait qu'un tissu d'inconséquences. Si l'on veut savoir ensuite quand devra commencer la publicité, les mêmes principes répondent qu'elle peut avoir lieu tous les jours, si la chambre délibère tous les jours. Ici, les faits actuels parlent plus haut que les raisonnemens.

La commission avait donc proposé de donner aux journalistes la faculté de rendre compte des séances secrètes des chambres, toutes les fois que les chambres n'en auraient point interdit la publication.

C'est sur cette différence essentielle d'esprit et

(1) Art. 32. Toutes les délibérations de la chambre des pairs sont secrètes.

Art. 44. Les séances de la chambre (des députés) sont publiques, mais la demande de cinq membres suffit pour qu'elle se forme en comité secret.

de rédaction de l'article que la discussion s'est engagée à la chambre des députés.

M. d'Hautefeuille avait proposé d'attacher à l'abus que feraient les journalistes de ce qu'il leur accorde comme un droit, certaines pénalités qu'il expliquait; mais depuis il a retiré son amendement.

La rédaction du gouvernement a été défendue d'après les principes de la charte par MM. Mousnier-Buisson et Mestadier; ils ont soutenu qu'il n'était pas permis de généraliser là où elle posait des exceptions.

M. Manuel a soutenu l'amendement de la commission contre le projet de loi, parce qu'il a pensé que les chambres, en conservant le droit d'interdire aux journalistes la publication de ce qu'elles voudraient tenir secret, étaient entièrement dans la ligne constitutionnelle, tandis qu'au contraire il était à-la-fois moins simple et peut-être plus illégal de faire de la prohibition un droit et de la restriction une faculté.

Malgré ces motifs, la chambre des députés, et ensuite celle des pairs, ont adopté la rédaction actuelle, qui était aussi celle du projet primitif.

ARTICLE VIII.

Tout journal sera tenu d'insérer les publications officielles qui lui seront adressées à cet effet par le gouvernement, le lendemain du jour de l'envoi de ces pièces, sous la seule condition du paiement des frais d'insertion.

Il y avait dans le projet de loi ces seuls mots : *sans délai*, au lieu de l'explication contenue dans l'article actuel ; ce changement de rédaction a eu lieu sur un amendement de M. Benjamin Constant. Ce député n'a pas été aussi heureux dans l'addition qu'il avait proposée à l'article, de ces mots : *soit dans le corps du journal, soit dans un supplément.*

La chambre n'a pas cru devoir entrer dans ces détails, et elle n'a admis que le premier amendement. L'article a été adopté sans autres observations par la chambre des députés et par la chambre des pairs.

ARTICLE IX.

Les propriétaires ou éditeurs responsables d'un journal ou écrit périodique, ou auteurs ou rédacteurs d'articles imprimés dans ledit journal ou écrit, prévenus de crimes ou de délits pour fait de publication, seront poursuivis et jugés dans les formes et suivant les distinctions prescrites à l'égard de toutes les autres publications.

Cet article est tellement coordonné avec le système des lois sur la presse, qu'il ne pouvait donner lieu à aucune observation.

Les deux chambres l'ont adopté sans discussion.

ARTICLE X.

En cas de condamnation, les mêmes peines leurs seront appliquées; toutefois les amendes pourront être élevées au double, et en cas de récidive portées au quadruple, sans préjudice des peines de la récidive prononcées par le Code pénal.

La commission des députés ne s'est pas dissimulé que l'accumulation des peines que présente cet article est grande; mais elle a considéré qu'elle était faite dans la prévoyance des abus les plus criminels de la liberté de la presse; que si les écrivains appelés à jouir sans restriction du droit de manifester leurs pensées s'en servaient pour porter le trouble dans l'Etat, le désordre dans les diverses classes de la société et le désespoir au sein des familles, ils ne mériteraient pas d'être libres.

Lors de la délibération à la chambre des députés, M. Dumeilet avait pensé qu'on ne devait pas faire sortir les journalistes du droit commun, du moment que la presse était considérée comme un instrument qui ne donnait naissance à aucun crime ou délit nouveau; il avait donc proposé de leur appliquer les mêmes condamnations qu'aux autres écrivains, sauf les peines de récidive prononcées par les art. 57 et 58 du Code pénal sur la récidive (1).

(1) Ces articles sont déjà cités, page 172.

M. le marquis Doria, faisant ressortir toutes les spécialités de la loi actuelle, démontre que le véritable droit commun pour les journalistes doit être pris dans leur situation légale, et il vote pour le maintien de l'article.

Cet article est adopté dans les deux chambres.

ARTICLE XI.

Les éditeurs du journal ou écrit périodique seront tenus d'insérer dans l'une des feuilles ou des livraisons qui paraîtront dans le mois du jugement ou de l'arrêt intervenu contre eux, extrait contenant les motifs et le dispositif dudit jugement ou arrêt.

Sur cet article, M. Chabron de Solilhac avait demandé, par amendement, que les journalistes fussent tenus d'imprimer textuellement les lettres qui leur seraient écrites en réponse aux attaques ou inculpations qu'ils auraient dirigées contre des particuliers. Suivant lui, la justice veut que celui qui est attaqué puisse se défendre sur le terrain de l'agresseur. L'amendement tendrait à éviter des procès, et à procurer une grande économie de frais, de courses et sur-tout de scandale; sous le rapport politique, il serait bien que les journalistes ne fussent plus autorisés à frapper sans cesse des adversaires désarmés; cela ferait d'ailleurs une controverse dont le public serait le juge souverain.

M. le garde-des-sceaux répond que l'amendement

est inadmissible, et la disposition inexécutable : 1° parce qu'on ne pourrait déterminer la diffamation que par un jugement; 2° parce qu'on ne pourrait jamais constater qu'un citoyen a adressé au journaliste telle ou telle réclamation; 3° et enfin parce que les réclamations pourraient être tellement longues et fastidieuses qu'elles deviendraient le véritable moyen de tuer un journal.

La chambre des députés, frappée de ces considérations, a rejeté l'amendement.

A la chambre des pairs, l'article 11 n'a reçu que des éloges; le noble rapporteur de la commission l'a considéré comme une juste leçon pour les coupables, et une juste réparation pour les offensés.

A la suite de cet article s'était placé, dans la discussion de la chambre des députés, un amendement de M. Manuel, appuyé par M. de la Fayette, et qui tendait à faire décider que les dispositions de la loi relative au cautionnement à fournir par les journalistes, n'auraient leur effet que jusqu'au 1er janvier 1821. Sur les observations de M. le garde-des-sceaux, l'amendement a été rejeté.

ARTICLE XII.

La contravention aux art. 7, 8 *et* 11 *de la présente loi sera punie correctionnellement d'une amende de* 100 *francs à* 1000 *francs.*

Cet article est adopté sans discussion dans les deux chambres.

ARTICLE XIII.

Les poursuites auxquelles pourront donner lieu les contraventions aux articles 7, 8 et 11 de la présente loi, se prescriront par le laps de trois mois, à compter de la contravention ou de l'interruption des poursuites, s'il y en a de commencées en tems utile.

Cet article n'était point compris dans le projet primitif, il est né dans la discussion, à la chambre des députés, d'un amendement de M. Rodet. Ce député avait exprimé l'opinion que la prescription de trois années, établie par le droit commun, ne pouvait en aucun cas s'appliquer aux délits commis par la voie des journaux; que, dans ce cas particulier, la publicité étant la base du délit, ce délit est connu aussitôt qu'il a été commis. M. Rodet démontre cette proposition par quelques exemples qui en font ressortir l'évidence. Il propose en conséquence d'admettre, pour les cas de contravention à la présente loi, la prescription d'un mois pour les articles 7 et 8, et de dix jours relativement à l'article 11.

M. le garde-des-sceaux admet le fonds de l'amendement, mais il pense que les agens de l'autorité doivent avoir un délai moral suffisant : or, celui qui est proposé serait évidemment trop court; il propose en conséquence, un délai de trois mois pour tous les cas, comme étant la plus courte de toutes les prescriptions légales.

Telle est la base de l'article actuel, qui, à la chambre des pairs, n'a éprouvé aucune contestation.

APPENDICE

CONTENANT LA COLLECTION DES LOIS, DÉCRETS, ORDONNANCES ET RÉGLEMENS

SUR LA PRESSE, L'IMPRIMERIE ET LA LIBRAIRIE,

et formant le code actuel complet de cette partie.

Nota. Nous n'avons présenté dans cette série d'actes du gouvernement que les parties qui ne sont point abrogées par les lois ou ordonnances nouvelles. Jusqu'à ce qu'on ait réglé par une législation spéciale ce qui concerne l'imprimerie et la librairie, il faut chercher sous tous les régimes les dispositions qui forment les élémens du provisoire auquel elles sont encore livrées.

Décret de la convention nationale, du 19 *juillet* 1793, *relatif aux droits de propriété des auteurs d'écrits en tout genre, des compositeurs de musique, des peintres et des dessinateurs.*

La convention nationale, après avoir entendu son comité d'instruction publique, décrète ce qui suit :

1°. Les auteurs d'écrits en tout genre, les compositeurs de musique, les peintres et les dessinateurs qui feront graver des tableaux ou dessins, jouiront durant leur vie entière du droit exclusif de vendre, faire vendre, distribuer leurs ouvrages dans le territoire de la république, et d'en céder la propriété en tout ou en partie.

2°. Leurs héritiers ou cessionnaires jouiront du même droit durant l'espace de dix ans après la mort des auteurs.

3°. Les officiers de paix seront tenus de faire confisquer à la réquisition et au profit des auteurs, compositeurs, peintres et dessinateurs et autres, leurs héritiers ou cessionnaires, tous les exemplaires des éditions imprimées ou gravées sans la permission formelle et par écrit des auteurs.

4°. Tout contrefacteur sera tenu de payer au véritable propriétaire une somme équivalente au prix de 3000 exemplaires de l'édition originale.

5°. Tout débitant d'édition contrefaite, s'il n'est pas reconnu contrefacteur, sera tenu de payer au véritable propriétaire une somme équivalente au prix de 500 exemplaires de l'édition originale.

6°. Tout citoyen qui mettra au jour un ouvrage, soit de littérature ou de gravure, dans quelque genre que ce soit, sera obligé d'en déposer deux exemplaires à la Bibliothèque nationale ou au cabinet des estampes de la république, dont il recevra un reçu signé par le bibliothécaire; faute de quoi il ne pourra être admis en justice pour la poursuite des contrefacteurs.

7°. Les héritiers de l'auteur d'un ouvrage de littérature ou de gravure, ou de toute autre production de l'esprit ou du génie, qui appartient aux beaux-arts, en auront la propriété exclusive pendant dix années.

Décret du 1er germinal an 13, concernant les droits des propriétaires d'ouvrages posthumes.

Napoléon, etc., sur le rapport du ministre de l'intérieur; vu les lois sur les propriétés littéraires; considérant qu'elles déclarent propriétés publiques les ouvrages des auteurs morts depuis plus de dix ans; que les dépositaires, acquéreurs, héritiers ou propriétaires des ouvrages posthumes d'auteurs morts depuis plus de dix ans hésitent à publier ces ouvrages, dans la crainte de s'en voir contester la propriété exclusive, et dans l'incertitude de la durée de cette propriété; que l'ouvrage inédit est comme l'ouvrage qui n'existe pas, et que celui qui le publie a le droit de l'auteur décédé, et doit en jouir pendant sa vie ; que, cependant, s'il réimprimait en même tems et dans une seule édition, avec les œuvres posthumes, les ouvrages déja publiés du même auteur, il en résulterait en sa faveur une espèce de privilège pour la vente d'ouvrages devenus propriété publique ; le conseil d'état entendu, décrète :

1°. Les propriétaires par succession ou à autre titre d'un ouvrage posthume, ont les mêmes droits que l'auteur, et les dispositions des lois sur la propriété exclusive des auteurs, et sur sa durée, leur sont applicables, toutefois à la charge d'imprimer séparément les œuvres posthumes, et sans les joindre à une nouvelle édition des ouvrages déjà publiés et devenus propriété publique.

2°. Le grand-juge ministre de la justice et les ministres de l'intérieur et de la police générale sont chargés, chacun en ce qui le concerne, de l'exécution du présent décret.

Décret du 5 *février* 1810, *sur le réglement de l'imprimerie et de la librairie.*

Napoléon, etc., notre conseil-d'état entendu, nous avons décrété et décrétons ce qui suit :

TITRE PREMIER.

. . . .

TITRE II.

3. A dater du 1er janvier 1811, le nombre des imprimeurs, dans chaque département, sera fixé, et celui des imprimeurs à Paris sera réduit à soixante (1).

(1) Un décret en date du 11 février 1811, porte à 80 le nombre des imprimeurs de Paris.

4. La réduction dans le nombre des imprimeurs ne pourra être effectuée sans qu'on ait préalablement pourvu à ce que les imprimeurs actuels qui seront supprimés reçoivent une indémnité de ceux qui seront conservés.

5. Les imprimeurs seront brévetés et assermentés.

6. Ils seront tenus d'âvoir à Paris quatre presses, et dans les départemens deux.

7. Lorsqu'il viendra à vaquer des places d'imprimeurs, soit par décès, soit autrement, ceux qui leur succéderont ne pourront recevoir leurs brevets et être admis au serment qu'après avoir justifié de leur capacité, de leurs bonne vie et mœurs, et de leur attachement à la patrie et au souverain.

8. On aura, lors des remplacemens, des égards particuliers pour les familles des imprimeurs décédés.

9. Le brevet d'imprimeur sera délivré par notre direcrecteur-général de l'imprimerie, et soumis à l'approbation de notre ministre de l'intérieur : il sera enregistré au tribunal civil du lieu de la résidence de l'impétrant, qui y prêtera serment de ne rien imprimer de contraire aux devoir envers le souverain et à l'interêt de l'Etat.

TITRE III. — *De la police de l'imprimerie.*

. . . .

11. Chaque imprimeur sera tenu d'avoir un livre coté et paraphé par le préfet du département, où il inscrira, par ordre de date, le titre de chaque ouvrage qu'il voudra imprimer, et le nom de l'auteur, s'il lui est connu. Ce livre sera représentée à toute réquisition, et visé, s'il est jugé convenable, par tout officier de police.

12. L'imprimeur remettra ou adressera sur-le-champ, au directeur-général de l'imprimerie et de la librairie, et en outre aux préfets, copie de la transcription faite sur

son livre, et la déclaration qu'il a l'intention d'imprimer l'ouvrage : il lui en sera donné récépissé.

Les préfets donneront connaissance de chacune de ces déclarations à notre ministre de la police générale.

. . . .

. . . .

TITRE IV. — *Des libraires.*

29. A dater du 1er janvier 1811, les libraires seront brévetés et assermentés.

30. Les brevets de libraires seront délivrés par notre directeur-général de l'imprimerie, et soumis à l'approbation de notre ministre de l'intérieur : ils seront enregistrés au tribunal civil du lieu de la résidence de l'impétrant, qui y prêtera serment de ne vendre, débiter et distribuer aucun ouvrage contraire aux devoirs envers le souverain et envers l'Etat.

31. La profession de libraire pourra être exercée avec celle d'imprimeur.

32. L'imprimeur qui voudra réunir la profession de libraire, sera tenu de remplir les formalités qui sont imposées aux libraires.

Le libraire qui voudra réunir la profession d'imprimeur sera tenu de remplir les formalités qui sont imposées aux imprimeurs.

33. Les brevets ne pourront être accordés aux libraires qui voudront s'établir à l'avenir, qu'après qu'ils auront justifié de leurs bonne vie et mœurs, et de leur attachement à la patrie et au souverain.

TITRE V. — *Des livres imprimés à l'étranger.*

34. Aucun livre en langue française, imprimé à l'étranger, ne pourra entrer en France sans payer un droit d'entrée.

35. Ce droit ne pourra être au-dessous de cinquante pour cent de la valeur de l'ouvrage.

Le tarif en sera rédigé par le directeur-général de la librairie, et délibéré en notre conseil-d'état, sur le rapport de notre ministre de l'intérieur.

36. Indépendamment des dispositions de l'article 34, aucun livre imprimé ou réimprimé hors de France ne pourra être introduit en France sans une permission du directeur-général de la librairie, annonçant le bureau de douanes par lequel il entrera.

37. En conséquence, tout ballot de livres venant de l'étranger sera mis, par le préposé des douanes, sous corde et sous plomb, et envoyé à la préfecture la plus voisine.

TITRE VI. — *De la propriété et de sa garantie.*

39. Le droit de propriété est garantie à l'auteur et à sa veuve pendant leur vie, si les conventions matrimoniales de celle-ci lui en donnent le droit, et à leurs enfans pendant vingt ans.

40. Les auteurs, soit nationaux, soit étrangers, de tout ouvrage imprimé ou gravé, peuvent céder leur droit à un imprimeur ou libraire, ou à toute autre personne, qui est alors substituée en leurs lieu et place pour eux et leurs ayant-cause, comme il est dit à l'article précédent.

TITRE VII. — Section Ire. *Des délits en matière de librairie, et du mode de les constater et de les punir.*

41. Il y aura lieu à confiscation et à amende au profit de l'Etat dans les cas suivans, sans préjudice des dispositions du code pénal :

1°. Si l'ouvrage est sans nom d'auteur ou d'imprimeur;

2°. Si l'imprimeur n'a pas fait, avant l'impression de

l'ouvrage, l'enregistrement et la déclaration prescrits aux articles 11 et 12;

. . . .

6°. Si, étant imprimé à l'étranger, il est présenté à l'entrée sans permission, ou circule sans être estampillé;

7°. Si c'est une contrefaçon, c'est-à-dire si c'est un ouvrage imprimé sans le consentement et au préjudice de l'auteur ou éditeur, ou de leurs ayant-cause.

42. Dans ce dernier cas, il y aura lieu, en outre, à des dommages-intérêts envers l'auteur ou éditeur, ou leurs ayant-cause, et l'édition ou les exemplaires contrefaits seront confisqués à leur profit.

43. Les peines seront prononcées et les dommages-intérêts seront arbitrés par le tribunal correctionnel ou criminel, selon les cas et d'après les lois.

44. Le produit des confiscations et des amendes sera appliqué, ainsi que le produit du droit sur les livres venant de l'étranger, aux dépenses de la direction générale de l'imprimerie et de la librairie.

45. Les délits et contraventions seront constatés par les inspecteurs de l'imprimerie et de la librairie, les officiers de police, et, en outre, par les préposés aux douanes pour les livres venant de l'étranger.

Chacun dressera procès-verbal de la nature du délit et contravention, des circonstances et dépendances, et le remettra au préfet de son arrondissement, pour être adressé au directeur-général.

46. Les objets saisis seront déposés provisoirement au secrétariat de la mairie, ou commissariat-général de la sous-préfecture ou de la préfecture la plus voisine du lieu où le délit ou la contravention sont constatés, sauf l'envoi ultérieur à qui de droit.

47. Nos procureurs-généraux seront tenus de poursuivre d'office, dans tous les cas prévus à la section précédente, sur la simple remise qui leur sera faite d'une copie des procès-verbaux dûment affirmés.

TITRE VIII. — *Dispositions diverses.*

48. Chaque imprimeur sera tenu de déposer à la préfecture de son département, et, à Paris, à la direction de la librairie, cinq exemplaires de chaque ouvrage. . . . . .

49. Il sera statué par des réglemens particuliers, comme il est dit à l'article 3, sur ce qui concerne

1°. Les imprimeurs et libraires, leur réception et leur police,

2°. Les libraires étaleurs, lesquels ne sont pas compris dans les dispositions ci-dessus,

3°. Les fondeurs de caractères,

4°. Les graveurs,

5°. Les relieurs et ceux qui travaillent dans toutes les autres parties de l'art ou du commerce de l'imprimerie et librairie.

50. Ces réglemens seront proposés et arrêtés en conseil-d'état, sur la proposition du directeur-général de la librairie, et le rapport de notre ministre de l'intérieur.

51. Nos ministres sont chargés, chacun en ce qui le concerne, de l'exécution de notre présent décret, qui sera inséré au *Bulletin des lois.*

Décret, du 6 juillet 1810, portant défense à toutes personnes d'imprimer et débiter les codes, lois et réglemens d'administration publique, avant leur publication par la voie du Bulletin des lois.

Napoléon etc. Des spéculateurs avides se hâtent de faire imprimer et débiter les lois, avant même qu'elles aient été adoptées par le corps-législatif ; il résulte de là des éditions fautives qui peuvent égarer les parties, leurs conseils et quelquefois les juges ; mais en réprimant cet abus, nous n'entendons en aucune manière priver nos sujets de l'avantage de connaître comme par le passé, par la voie des journaux, l'objet des lois et réglemens, au moment où ils sont annoncés ; nous avons en conséquence, sur le rapport de notre ministre de la justice, ot notre conseil d'état entendu, décrété et décrétons ce qui suit :

1°. Il est défendu à toutes personnes d'imprimer et débitet les codes, lois et réglemens d'administration publique, avant leur insertion et publication par la voie du bulletin au chef-lieu du département.

2°. Les éditions faites en contravention de l'article précédent, seront saisies à la requête de nos procureurs-généraux, et la confiscation en sera prononcée par le tribunal de police correctionnelle.

3°. Notre ministre de la justice est chargé de l'exécution du présent décret, qui sera inséré au *Bulletin des lois*.

Décret du 14 octobre 1811, portant création d'un journal de l'imprimerie et de la librairie.

Napoléon, etc. Voulant prévenir plus efficacement que par le passé la publicité des ouvrages prohibés ou non permis, donner aux libraires les moyens de distinguer les livres défendus et ceux dont le débit est autorisé, et empêcher qu'ils ne soient inquiétés pour raison de la vente des derniers ouvrages ; sur le rapport de notre ministre de l'intérieur, avons décrété et décrétons ce qui suit :

1°. La direction générale de l'imprimerie est autorisée à publier un journal dans lequel seront annoncées toutes les éditions d'ouvrages imprimés ou gravés qui seront faites à l'avenir, avec le nom des éditeurs et des auteurs, si ces derniers sont connus; le nombre d'exemplaires de chaque édition et le prix de l'ouvrage.

Elle y fera aussi insérer avant la publication des ouvrages, les déclarations qui auront été faites par les libraires, pour la réimpression des livres du domaine public.

2°. . . . .

3° Conformément aux dispositions de l'article 12 de l'arrêt du conseil du 16 avril 1785, il est défendu à tous auteurs, et éditeurs, directeurs et rédacteurs de gazettes, journaux, affiches, feuilles périodiques et autres papiers publics, tant à Paris que dans les départemens, d'annoncer, sous tel prétexte que ce puisse être, aucun ouvrage imprimé ou gravé, si ce n'est après qu'il aura été annoncé par le journal de la librairie, en se conformant pour le prix de l'ouvrage à celui qui aura été indiqué dans ce journal, à peine de 200 fr. d'amende pour la première contravention, et d'amende arbitraire, ainsi que de déchéance de leurs permissions, en cas de récidive, même telle autre peine qu'il appartiendra, s'il s'agissait d'ouvrages non permis ou prohibés.

4°. Notre ministre de l'intérieur est chargé de l'exécution du présent décret.

Loi du 21 *octobre* 1814. — TITRE II. *De la police de la presse.*

Art. 11. Nul ne sera imprimeur ni libraire, s'il n'est brévεté par le roi et assermenté.

12. Le brevet pourra être retiré à tout imprimeur ou libraire qui aura été convaincu, par un jugement, de contravention aux lois et réglemens.

13. Les imprimeries clandestines seront détruites, et les

possesseurs et dépositaires punis d'une somme de 10,000 fr. et d'un emprisonnement de six mois.

Sera réputée *clandestine*, toute imprimerie non déclarée à la direction générale de la librairie, et pour laquelle il n'aura pas été obtenu de permission.

14. Nul imprimeur ne pourra imprimer un écrit, avant d'avoir déclaré qu'il se propose de l'imprimer, ni le mettre en vente ou le publier de quelque manière que ce soit, avant d'avoir déposé le nombre prescrit d'exemplaires; savoir: A Paris, au secrétariat de la direction générale; et, dans les départemens, au secrétariat de la préfecture.

15. Il y a lieu à saisie et sequestre d'un ouvrage 1° si l'imprimeur ne représente pas les récépissés de la déclaration et du dépôt ordonnés en l'article précédent; 2° si chaque exemplaire ne porte pas le vrai nom et la vraie demeure de l'imprimeur; 3° si l'ouvrage est déféré aux tribunaux pour son contenu.

16. Le défaut de déclaration avant l'impression, et le défaut de dépôt avant la publication, constatés comme il est dit en l'article précédent, seront punis chacun d'une amende de 1000 fr. pour la première fois, et de 2000 fr. pour la seconde.

17. Le défaut d'indication, de la part de l'imprimeur, de son nom et de sa demeure, sera puni d'une amende de 3000 fr.; l'indication d'un faux nom ou d'une fausse demeure sera punie d'une amende de 6000 fr., sans préjudice de l'emprisonnement prononcé par le code pénal.

18. Les exemplaires saisis pour simple contravention à la présente loi, seront restitués après le paiement des amendes.

19. Tout libraire chez qui il sera trouvé, ou qui sera convaincu d'avoir mis en vente ou distribué un ouvrage

sans nom d'imprimeur, sera condamné à une amende de 2000 fr., à moins qu'il ne prouve qu'il a été imprimé avant la présente loi. L'amende sera réduite à 1000 fr., si le libraire fait connaître l'imprimeur.

20. Les contraventions seront constatées par les procès-verbaux des inspecteurs de la librairie et des commissaires de police.

21. Le ministère public poursuivra d'office les contrevenans par-devant les tribunaux de police correctionnelle, sur la dénonciation du directeur-général de la librairie, et la remise d'une copie des procès-verbaux.

22. La présente loi sera revue dans trois ans, pour y apporter les modifications que l'expérience aura fait juger nécessaires.

Ordonnance du roi, contenant des mesures relatives à l'impression, au dépôt et à la publication des ouvrages, etc.

Au château des Tuileries, le 24 octobre 1814.

Louis, par la grâce de Dieu, roi de France et de Navarre, etc.

Sur le rapport de notre amé et féal chevalier, le chancelier de France, notre conseil-d'état entendu, nous avons ordonné et ordonnons ce qui suit :

1°. Les brevets d'imprimeur et de libraire délivrés jusqu'à ce jour sont confirmés, les conditions auxquelles il en sera délivré à l'avenir seront déterminées par un nouveau réglement.

2°. Chaque imprimeur sera tenu, conformément aux réglemens, d'avoir un livre coté et paraphé par le maire de la ville où il réside, où il inscrira, par ordre de dates, et avec une série de numéros, le titre littéral de tous les ouvrages qu'il se propose d'imprimer, le nombre des feuilles, des volumes et des exemplaires, et le format de l'édition. Ce livre sera représenté, à toute réquisition, aux inspecteurs de la librairie, et aux commissaires de police, et visé par eux, s'ils le jugent convenable.

La déclaration prescrite par l'art. 14 de la loi du 21 octobre 1814 sera conforme à l'inscription portée au livre.

3°. Les dispositions dudit article s'appliquent aux estampes et aux planches gravées accompagnées d'un texte.

4°. Le nombre d'exemplaires qui doivent être déposés, ainsi qu'il est dit au même article, reste fixé à cinq . . . . .

. . . .

7°. En exécution de l'art. 20 de la même loi, les commissaires de police rechercheront et constateront d'office toutes les contraventions, et ils seront tenus aussi de déférer à toutes les réquisitions qui leur seront adressées à cet effet par les préfets, sous-préfets et maires, et par les inspecteurs de la librairie. Ils enverront dans les vingt-quatre heures tous les procès-verbaux qu'ils auront dressés à Paris, au directeur-général de la librairie, et dans les départemens aux préfets, qui les feront passer sur-le-champ au directeur-général.

8°. Le nombre d'épreuves des estampes et planches gravées, sans texte, qui doivent être déposées pour notre bibliothèque, reste fixé à deux, dont une avant la lettre ou en couleur, s'il en a été tiré ou imprimé de cette espèce.

Il sera déposé, en outre, trois épreuves, dont une pour notre amé et féal chevalier, chancelier de France; une pour notre ministre secrétaire d'état au département de l'intérieur, et la troisième pour le directeur-général de la librairie.

9°. Le dépôt ordonné en l'article précédent, sera fait à Paris, au secrétariat de la direction générale, et dans les départemens, au secrétariat de la préfecture. Le récépissé détaillé, qui en sera délivré à l'auteur, formera son titre de propriété, conformément aux dispositions de la loi du 19 juillet 1793.

10°. Toute estampe ou planche gravée, publiée ou mise en vente, avant le dépôt des cinq exemplaires, constaté par le récépissé, sera saisie par les inspecteurs de la librairie, et les commissaires de police, qui en dresseront procès-verbal.

11°. Il est défendu de publier aucune estampe et gravure diffamatoire ou contraire aux bonnes mœurs, sous les peines prononcées par le code pénal.

12°. Conformément aux dispositions de l'art. 12 de l'arrêt du conseil du 16 avril 1785, et à l'art. 3 du décret du 14 octobre 1811, il est défendu à tous auteurs et éditeurs de journaux, affiches et feuilles périodiques, tant à Paris que dans les départemens, sous peine de déchéance de l'autorisation qu'ils auraient obtenue, d'annoncer aucun ouvrage imprimé ou gravé, si ce n'est après qu'il aura été annoncé par le journal de la librairie.

Signé Louis.

Par le roi,

Le chancelier de France,

Signé Dambray.

Ordonnance du roi du 8 octobre 1817, relative aux impressions lithographiques.

Louis, par la grâce de Dieu, roi de France et de Navarre, etc.

L'art de la lithographie a reçu depuis une époque très-récente de nombreuses applications qui l'assimilent entièrement à l'impression en caractères mobiles et à celle en taille-douce, et il s'est formé, pour la pratique de cet art, des établissemens de la même nature que les imprimeries ordinaires, sur lesquelles il a été statué par la loi du 21 octobre 1814.

A ces causes, voulant prévenir les inconvéniens qui résulteraient de l'usage clandestin des presses lithographiques,

Vu les articles 11, 13 et 14 de la loi du 21 octobre 1814, nous avons ordonné et ordonnons ce qui suit :

Art. 1er. Nul ne sera imprimeur lithographe, s'il n'est bréveté et assermenté.

2. Toutes les impressions lithographiques seront soumises à la déclaration et au dépôt avant la publication, comme tous les autres ouvrages d'imprimerie.

Notre ministre secrétaire d'état au département de la police générale, est chargé de l'exécution de la présente ordonnance.

Signé Louis.

Par le roi,

Le ministre secrétaire d'état au département de la police générale,

Signé le comte Decazes.

Loi sur la répression des crimes et délits commis par la voie de la presse, ou par tout autre moyen de publication.

A Paris, le 17 mai 1819.

Louis, par la grâce de Dieu, etc.

Chapitre Ier. — *De la provocation publique aux crimes et délits.*

Art. 1er. Quiconque, soit par des discours, des cris ou menaçes proférés dans des lieux ou réunions publics, soit par des écrits, des imprimés, des dessins, des gravures, des peintures ou emblêmes, vendus ou distribués, mis en vente, ou exposés dans des lieux ou réunions publics, soit par des placards et affiches exposés aux regards du public, aura provoqué l'auteur ou les auteurs de toute action qualifiée crime ou délit à la commettre, sera réputé complice et puni comme tel.

2. Quiconque aura, par l'un des moyens énoncés en l'art. 1er, provoqué à commettre un ou plusieurs crimes, sans que ladite provocation ait été suivie d'aucun effet, sera puni d'un emprisonnement qui ne pourra être de moins de trois mois ni excéder cinq années, et d'une amende qui ne pourra être au-dessous de 50 fr., ni excéder 6000 fr.

3. Quiconque aura, par l'un des mêmes moyens, provoqué à commettre un ou plusieurs délits, sans que ladite provocation ait été suivie d'aucun effet, sera puni d'un emprisonnement de trois jours à deux années, et d'une amende de 30 fr. à 4000 fr., ou de l'une de ces deux peines seulement, selon les circonstances, sauf les cas dans lesquels la loi prononcerait une peine moins grave contre l'auteur même du délit, laquelle sera alors appliquée au provocateur.

4. Sera réputée provocation au crime et punie des peines portées par l'article 2, toute attaque formelle par l'un des moyens énoncés en l'art. 1er, soit contre l'inviolabilité de la personne du roi, soit contre l'ordre de successibilité au trône, soit contre l'autorité constitutionnelle du roi et des chambres.

5. Seront réputés provocation au délit et punis des peines portées par l'art. 3 :

1°. Tous cris séditieux publiquement proférés, autres que ceux qui rentreraient dans la disposition de l'art. 4;

2°. L'enlèvement ou la dégradation des signes publics

de l'autorité royale, opérés par haine ou mépris de cette autorité;

3°. Le port public de tous signes extérieurs de ralliement non autorisés par le roi ou par des réglemens de police;

4°. L'attaque formelle, par l'un des moyens énoncés en l'art. 1er des droits garantis par les art. 5 et 9 de la charte constitutionnelle.

6. La provocation, par l'un des mêmes moyens, à la désobéissance aux lois, sera également punie des peines portées en l'art. 3.

7. Il n'est point dérogé aux lois qui punissent la provocation et la complicité résultant de tous actes, autres que les faits de publication prévus par la présente loi.

Chapitre II. — *Des outrages à la morale publique et religieuse, ou aux bonnes mœurs.*

8. Tout outrage à la morale publique et religieuse, ou aux bonnes mœurs, par l'un des moyens énoncés en l'art. 1er, sera puni d'un emprisonnement d'un mois à un an, et d'une amende de 16 fr. à 500 fr.

Chapitre III. — *Des offenses publiques envers la personne du roi.*

9. Quiconque, par l'un des moyens énoncés en l'art. 1er de la présente loi, se sera rendu coupable d'offenses envers la personne du roi, sera puni d'un emprisonnement qui ne pourra être de moins de six mois, ni excéder cinq années, et d'une amende qui ne pourra être au-dessous de 500 fr., ni excéder 10,000 fr.

Le coupable pourra, en outre, être interdit de tout ou partie des droits mentionnés en l'art. 42 du code pénal, pendant un tems égal à celui de l'emprisonnement auquel il aura été condamné; ce tems courra à compter du jour où le coupable aura subi sa peine.

Chapitre IV. — *Des offenses publiques envers les membres de la famille royale, les chambres, les souverains et les chefs des gouvernemens étrangers.*

10. L'offense, par l'un des moyens énoncés en l'art. 1er, envers les membres de la famille royale, sera punie d'un emprisonnement d'un mois à trois ans, et d'une amende de 100 fr. à 5000 fr.

11. L'offense, par l'un des mêmes moyens, envers les chambres ou l'une d'elles, sera punie d'un emprisonnement d'un mois à trois ans, et d'une amende de 100 fr. à 5000 fr.

12. L'offense, par l'un des mêmes moyens, envers la personne des souverains ou envers celle des chefs des gouvernemens étrangers, sera punie d'un emprisonnement d'un mois à trois ans, et d'une amende de 100 fr. à 5000 fr.

Chapitre V. — *De la diffamation et de l'injure publiques.*

13. Toute allégation ou imputation d'un fait qui porte atteinte à l'honneur ou à la considération de la personne ou du corps auquel le fait est imputé, est une diffamation.

Toute expression outrageante, terme de mépris ou invective qui ne renferme l'imputation d'aucun fait, est une injure.

14. La diffamation et l'injure, commises par l'un des moyens énoncés en l'art. 1er de la présente loi, seront punis d'après les distinctions suivantes.

15. La diffamation ou l'injure envers les cours, tribunaux ou autres corps constitués, sera punie d'un emprisonnement de quinze jours à deux ans, et d'une amende de 50 fr. à 4000 fr.

16. La diffamation envers tout dépositaire ou agent de l'autorité publique, pour des faits relatifs à ses fonctions, sera punie d'un emprisonnement de huit jours à dix-huit mois, et d'une amende de 50 fr. à 3000 fr.

L'emprisonnement et l'amende pourront, dans ce cas, être infligés cumulativement ou séparément, selon les circonstances.

17. La diffamation envers les ambassadeurs, ministres plénipotentiaires, envoyés, chargés d'affaires ou autres agens diplomatiques, accrédités près du roi, sera punie d'un emprisonnement de huit jours à dix-huit mois, et d'une amende de 50 fr. à 3000 fr., ou de l'une de ces deux peines seulement, selon les circonstances.

18. La diffamation envers les particuliers sera punie d'un emprisonnement de cinq jours à un an, et d'une amende de 25 fr. à 2000 fr., ou de l'une de ces deux peines seulement, selon les circonstances.

19. L'injure contre les personnes désignées par les art. 16 et 17 de la présente loi sera punie d'un emprisonnement de cinq jours à un an, et d'une amende de 25 fr. à 2000 fr, ou de l'une de ces deux peines seulement, selon les circonstances.

L'injure contre les particuliers sera punie d'une amende de 16 fr. à 500 fr.

20. Néanmoins, l'injure qui ne renfermerait pas l'imputation d'un vice déterminé, ou qui ne serait pas publique, continuera d'être punie des peines de simple police.

Chapitre VI. — *Dispositions générales.*

21. Ne donneront ouverture à aucune action, les discours tenus dans le sein de l'une des deux chambres, ainsi que les rapports ou toutes autres pièces imprimées par ordre de l'une des deux chambres.

22. Ne donnera lieu à aucune action, le compte fidèle des séances publiques de la chambre des députés, rendu de bonne foi dans les journaux.

23. Ne donneront lieu à aucune action en diffamation ou

injures les discours prononcés ou les écrits produits devant les tribunaux: pourront, néanmoins, les juges saisis de la cause, en statuant sur le fond, prononcer la suppression des écrits injurieux ou diffamatoires, et condamner qui il appartiendra en des dommages-intérêts.

Les juges pourront aussi, dans le même cas, faire des injonctions aux avocats et officiers ministériels, ou même les suspendre de leurs fonctions.

La durée de cette suspension ne pourra excéder six mois; en cas de récidive, elle sera d'un an au moins et de cinq ans au plus.

Pourront, toutefois, les faits diffamatoires étrangers à la cause donner ouverture, soit à l'action publique, soit à l'action civile des parties, lorsqu'elles leur aura été réservée par les tribunaux, et, dans tous les cas, à l'action civile des tiers.

24. Les imprimeurs d'écrits dont les auteurs seraient mis en jugement en vertu de la présente loi, et qui auraient rempli les obligations prescrites par le titre II de la loi du 21 octobre 1814, ne pourront être recherchés pour le simple fait d'impression de ces écrits, à moins qu'ils n'aient agi sciemment, ainsi qu'il est dit à l'article 60 du code pénal, qui définit la complicité.

25. En cas de récidive des crimes et délits prévus par la présente loi, il pourra y avoir lieu à l'aggravation des peines prononcées par le chapitre IV, livre 1er du code pénal.

26. Les articles 102, 217, 367, 368, 369, 370, 371, 372, 374, 375, 377 du code pénal, et la loi du 9 novembre 1815, sont abrogés.

Toutes les autres dispositions du code pénal auxquelles il n'est pas dérogé par la présente loi, continueront d'être exécutées.

La présente loi, discutée, délibérée et adoptée par la chambre des pairs et par celle des députés, et sanctionnée par nous cejourd'hui, sera exécutée comme loi de l'état; voulons, en conséquence, qu'elle soit gardée et observée dans tout notre royaume, terres et pays de notre obéissance.

Signé Louis.

Loi relative à la poursuite et au jugement des crimes et délits commis par la voie de la presse, ou par tout autre moyen de publication.

Paris, le 26 mai 1819.

Louis, par la grâce de Dieu, etc.

Art. 1er. La poursuite des crimes et délits commis par la voie de la presse, ou par tout autre moyen de publication, aura lieu d'office, et à la requête du ministère public, sous les modifications suivantes.

2. Dans le cas d'offense envers les chambres ou l'une d'elles, par voie de publication, la poursuite n'aura lieu qu'autant que la chambre qui se croira offensée l'aura autorisée.

3. Dans le cas du même délit contre la personne des souverains, et celle des chefs des gouvernemens étrangers, la poursuite n'aura lieu que sur la plainte ou à la requête du souverain ou du chef du gouvernement qui se croira offensé.

4. Dans les cas de diffamation ou d'injure contre les cours, tribunaux, ou autres corps constitués, la poursuite n'aura lieu qu'après une délibération de ces corps, prise en assemblée générale et requérant les poursuites.

5. Dans le cas des mêmes délits contre tout dépositaire ou agent de l'autorité publique, contre tout agent diplomatique étranger, accrédité près du Roi, ou contre tout

particulier, la poursuite n'aura lieu que sur la plainte de la partie qui se prétendra lésée.

6. La partie publique, dans son réquisitoire, si elle poursuit d'office, ou le plaignant, dans sa plainte, seront tenus d'articuler et de qualifier les provocations, attaques, offenses, outrages, faits diffamatoires ou injures, à raison desquels la poursuite est intentée, et ce, à peine de nullité de la poursuite.

7. Immédiatement après avoir reçu le réquisitoire ou la plainte, le juge d'instruction pourra ordonner la saisie des écrits, imprimés, placards, dessins, gravures, peintures, emblêmes ou autres instrumens de publication.

L'ordre de saisir et le procès-verbal de saisie seront notifiés, dans les trois jours de ladite saisie, à la personne entre les mains de laquelle la saisie aura été faite, à peine de nullité.

8. Dans les huit jours de ladite notification, le juge d'instruction est tenu de faire son rapport à la chambre du conseil, qui procède ainsi qu'il est dit au Code d'instruction criminelle, livre Ier, chapitre 9, sauf les disposition ci-après.

9. Si la chambre du conseil est unanimement d'avis qu'il n'y ait pas lieu à poursuivre, elle prononce la main-levée de la saisie.

10. Dans le cas contraire, ou dans le cas de pourvoi du procureur du roi ou de la partie civile contre la décision de la chambre du conseil, les pièces sont transmises, sans délai, au procureur-général près la cour royale, qui est tenu, dans les cinq jours de la réception, de faire son rapport à la chambre des mises en accusation, laquelle est tenue de prononcer dans les trois jours dudit rapport.

11. A défaut par la chambre du conseil du tribunal de

première instance d'avoir prononcé dans les dix jours de la notification du procès-verbal de saisie, la saisie sera de plein droit périmée. Elle le sera également à défaut par la cour royale d'avoir prononcé sur cette même saisie dans les dix jours du dépôt en son greffe de la requête que la partie saisie est autorisée à présenter, à l'appui de son pourvoi, contre l'ordonnance de la chambre du conseil. Tous les dépositaires des objets saisis seront tenus de les rendre au propriétaire, sur la simple exhibition du certificat des greffiers respectifs, constatant qu'il n'y a pas eu d'ordonnance ou d'arrêt dans les délais ci-dessus prescrits.

Les greffiers sont tenus de délivrer ce certificat à la première réquisition, sous peine d'une amende de 300 fr., sans préjudice des dommages-intérêts, s'il y a lieu.

Toutes les fois qu'il ne s'agira que d'un simple délit, la péremption de la saisie entraînera celle de l'action publique.

12. Dans le cas ou les formalités prescrites par les lois et réglemens concernant le dépôt auront été remplies, les poursuites à la requête du ministère public ne pourront être faites que devant les juges du lieu où le dépôt aura été opéré, ou de celui de la résidence du prévenu.

En cas de contravention aux dispositions ci-dessus rappelées concernant le dépôt, les poursuites pourront être faites, soit devant le juge de la résidence du prévenu, soit dans les lieux où les écrits et autres instrumens de la publication auront été saisis.

Dans tous les cas, la poursuite à la requête de la partie plaignante pourra être portée devant les juges de son domicile, lorsque la publication y aura été effectuée.

13. Les crimes et délits commis par la voie de la presse ou tout autre moyen de publication, à l'exception de ceux

désignés dans l'article suivant, seront renvoyés par la chambre des mises en accusation de la cour royale devant la cour d'assises, pour être jugés à la prochaine session. L'arrêt de renvoi sera de suite notifié au prévenu.

14. Les délits de diffamation verbale ou d'injure verbale contre toute personne, et ceux de diffamation ou d'injure par une voie de publication quelconque contre des particuliers, seront jugés par les tribunaux de police correctionnelle, sauf les cas attribués aux tribunaux de simple police.

15. Sont tenues, la chambre du conseil du tribunal de première instance, dans le jugement de mise en prévention et la chambre des mises en accusation de la cour royale, dans l'arrêt de renvoi devant la cour d'assises, d'articuler et de qualifier les faits à raison desquels lesdits prévention ou renvoi seront prononcés, à peine de nullité desdits jugement ou arrêt.

16. Lorsque la mise en accusation aura été prononcée pour crimes commis par voie de publication, et que l'accusé n'aura pu être saisi, ou qu'il ne se présentera pas, il sera procédé contre lui, ainsi qu'il est prescrit au livre II, titre IV, du Code d'instruction criminelle, chapitre des contumaces.

17. Lorsque le renvoi de la cour d'assises aura été fait pour délits spécifié dans la présente loi, le prévenu, s'il n'est présent au jour fixé pour le jugement par l'ordonnance du président, dûment notifiée audit prévenu ou à son domicile, dix jours au moins avant l'échéance, outre un jour par cinq myriamètres de distance, sera jugé par défaut. La cour statuera sans assistance ni intervention de jurés, tant sur l'action publique que sur l'action civile.

18. Le prévenu pourra former opposition à l'arrêt par

défaut dans les dix jours de la notification qui lui en aura été faite en à son domicile, outre un jour par cinq myriamètres de distance, à charge de notifier son opposition, tant au ministère public qu'à la partie civile.

Le prévenu supportera, sans recours, les frais de l'expédition et de la signification de l'arrêt par défaut et de l'opposition, ainsi que l'assignation et de la taxe des témoins appelés à l'audience pour le jugement de l'opposition.

19. Dans les cinq jours de la notification de l'opposition, le prévenu devra déposer au greffe une requête tendante à obtenir du président de la cour d'assises une ordonnance fixant le jour du jugement de l'opposition; cette ordonnance fixera le jour aux plus prochaines assises; elle sera signifiée, à la requête du ministère public, tant au prévenu qu'au plaignant, avec assignation au jour fixé, dix jours au moins avant l'échéance. Faute par le prévenu de remplir les formalités mises à sa charge par le présent article, ou de comparaître par lui-même ou par un fondé de pouvoir au jour fixé par l'ordonnance, l'opposition sera réputée non avenue, et l'arrêt par défaut sera définitif.

20. Nul ne sera admis à prouver la vérité des faits diffamatoires, si ce n'est dans le cas d'imputation contre des dépositaires ou agens de l'autorité, ou contre toutes personnes ayant agi dans un caractère public, de faits relatifs à leurs fonctions. Dans ce cas, les faits pourront être prouvés par-devant la cour d'assises, par toutes les voies ordinaires, sauf la preuve contraire par les mêmes voies.

La preuve des faits imputés met l'auteur de l'imputation à l'abri de toute peine, sans préjudice des peines prononcées contre toute injure qui ne serait pas nécessairement dépendante des mêmes faits.

21. Le prévenu qui voudra être admis à prouver la vérité des faits dans le cas prévu par le précédent article, devra dans les huit jours qui suivront la notification de l'arrêt de renvoi devant la cour d'assises, ou de l'opposition à l'arrêt par défaut rendu contre lui, faire signifier au plaignant :

1°. Les faits articulés et qualifiés dans cet arrêt, desquels il entend prouver la vérité.

2°. La copie des pièces.

3°. Les noms, professions et demeures des témoins par lesquels il entend faire sa preuve.

Cette signification contiendra élection de domicile près la cour d'assises ; le tout à peine d'être déchu de la preuve.

22. Dans les huit jours suivans, le plaignant sera tenu de faire signifier au prévenu, au domicile par lui élu, la copie des pièces, et les noms, professions et demeures des témoins par lesquels il entend faire la preuve contraire ; le tout également sous peine de déchéance.

23. Le plaignant en diffamation ou injure pourra faire entendre des témoins qui attesteront sa moralité : les noms, professions et demeures de ces témoins seront notifiés au prévenu ou à son domicile, un jour au moins avant l'audition.

Le prévenu ne sera point admis à faire entendre des témoins contre la moralité du plaignant ;

24. Le plaignant sera tenu, immédiatement après l'arrêt de renvoi, d'élire domicile près la cour d'assises, et de notifier cette élection au prévenu et au ministère public ; à défaut de quoi, toutes significations seront faites valablement au plaignant, au greffe de la cour.

Lorsque le prévenu sera en état d'arrestation, toutes notifications, pour être valables, devront lui être faites à personne.

25. Lorsque les fait imputés seront punissables selon la loi, et qu'il y aura des poursuites commencées à la requête du ministère public, ou que l'auteur de l'imputation aura dénoncé ces faits, il sera, durant l'instruction, sursis à la poursuite et au jugement du délit de diffamation.

26. Tout arrêt de condamnation contre leurs auteurs ou complices des crimes et délits commis par voie de publication, ordonnera la suppression ou la destruction des objets saisis, ou de tous ceux qui pourront l'être ultérieurement, en tout ou en partie, suivant qu'il y aura lieu pour l'effet de la condamnation.

L'impression ou l'affiche de l'arrêt pourront être ordonnées aux frais du condamné.

Ces arrêts seront rendus publics, dans la même forme que les jugemens portant déclaration d'absence.

27. Quiconque, après que la condamnation d'un écrit, de dessins ou gravures, sera réputée, connue par la publication, dans les formes prescrites par l'article précédent, les réimprimera, vendra ou distribuera, subira le *maximum* de la peine qu'aurait pu encourir l'auteur.

28. Toute personne inculpée d'un délit commis par la voie de la presse, ou par tout autre moyen de publication, contre laquelle il aura été décerné un mandat de dépôt ou d'arrêt, obtiendra sa mise en liberté provisoire, moyennant caution. La caution à exiger de l'inculpé ne pourra être supérieure au double du *maximum* de l'amende prononcée par la loi contre le délit qui lui est imputé.

29. L'action publique contre les crimes et délits commis par la voie de la presse, ou tout autre moyen de publication, se prescrira par six mois révolus, à compter du fait de publication qui donnera lieu à la poursuite.

Pour faire courir cette prescription de six mois, la publication d'un écrit devra être précédée du dépôt, et de la déclaration que l'éditeur entend le publier.

S'il a été fait, dans cet intervalle, un acte de poursuite ou d'instruction, l'action publique ne se prescrira qu'après un an, à compter du dernier acte, à l'égard même des personnes qui ne seraient pas impliquées dans ces actes d'instruction ou de poursuite.

Néanmoins, dans le cas d'offense envers les chambres, le délai ne courra pas dans l'intervalle de leurs sessions.

L'action civile ne se prescrira, dans tous les cas, que par la révolution de trois années, à compter du fait de la publication.

30. Les délits commis par la voie de la presse ou par tout autre moyen de publication, et qui ne seraient point encore jugés, le seront suivant les formes prescrites par la présente loi.

31. La loi du 28 février 1817 est abrogée.

Les dispositions du code d'instruction criminelle, auxquelles il n'est pas dérogé par la présente loi, continueront d'être exécutées.

La présente loi, discutée, délibérée et adoptée par la chambre des pairs et par celle des députés, et sanctionnée par nous cejourd'hui, sera exécutée comme loi de l'Etat; voulons, en conséquence, qu'elle soit gardée et observée dans tout notre royaume, terres et pays de notre obéissance.

Signé Louis.

Loi relative à la publication des journaux ou écrits périodiques.

A Paris, le 9 juin 1819.

Louis, par la grâce de Dieu, etc.

Art. 1er Les propriétaires ou éditeurs de tout journal

ou écrit périodique, consacré en tout ou en partie aux nouvelles ou matières politiques, et paraissant, soit à jour fixe, soit par livraison et irrégulièrement, mais plus d'une fois par mois, seront tenus :

1°. De faire une déclaration indiquant le nom, au moins, d'un propriétaire ou éditeur responsable, sa demeure, et l'imprimerie, dûment autorisée, dans laquelle le journal ou l'écrit périodique doit être imprimé ;

2°. De fournir un cautionnement, qui sera, dans les départemens de la Seine, de Seine-et-Oise et de Seine-et-Marne, de 10,000 francs de rente pour les journaux quotidiens, et de 5000 francs de rente pour les journaux ou écrits périodiques paraissant à des termes moins rapprochés ;

Et dans les autres départemens, le cautionnement relatif aux journaux quotidiens sera de 2500 francs de rente dans les villes de cinquante mille ames et au-dessus, de 1500 francs de rente dans les villes au-dessous, et de la moitié de ces rentes, pour les journaux ou écrits périodiques qui paraissent à des termes moins rapprochés.

Les cautionnemens pourront être également effectués à la caisse des consignations, en y versant le capital de la rente au cours du jour du dépôt.

2. La responsabilité des auteurs ou éditeurs indiqués dans la déclaration s'étendra à tous les articles insérés dans le journal ou écrit périodique, sans préjudice de la solidarité des auteurs ou rédacteurs desdits articles.

3. Le cautionnement sera affecté, par privilége, aux dépens, dommages-intérêts et amendes auxquels les propriétaires ou éditeurs pourront être condamnés : le prélévement s'opérera dans l'ordre indiqué au présent article. En cas d'insuffisance, il y aura lieu à recours solidaire sur les biens des propriétaires ou éditeurs déclarés responsables

du journal ou écrit périodique, et des auteurs et rédacteurs des articles condamnés.

4. Les condamnations encourues devront être acquittées et le cautionnement libéré ou complété dans les quinze jours de la notification de l'arrêt; les quinze jours révolus sans que la libération ou le complètement ait été opéré, et jusqu'à ce qu'il le soit, le journal ou écrit périodique cessera de paraître.

5. Au moment de la publication de chaque feuille ou livraison du journal ou écrit périodique, il en sera remis, à la préfecture pour les chefs-lieux de département, à la sous-préfecture, pour ceux d'arrondissement, et, dans les autres villes, à la mairie, un exemplaire signé d'un propriétaire ou éditeur responsable.

Cette formalité ne pourra ni retarder ni suspendre le départ ou la distribution du journal ou écrit périodique.

6. Quiconque publiera un journal ou écrit périodique sans avoir satisfait aux conditions prescrites par les articles 1er, 4 et 5 de la présente loi, sera puni correctionnellement d'un emprisonnement d'un mois à six mois, et d'une amende de 200 francs à 1200 francs.

7. Les éditeurs de tout journal ou écrit périodique ne pourront rendre compte des séances secrètes des chambres, ou de l'une d'elles, sans leur autorisation.

8. Tout journal sera tenu d'insérer les publications officielles qui lui seront adressées, à cet effet, par le gouvernement, le lendemain du jour de l'envoi de ces pièces, sous la seule condition du paiement des frais d'insertion.

9. Les propriétaires ou éditeurs responsables d'un journal ou écrit périodique, ou auteurs ou rédacteurs d'articles imprimés dans ledit journal ou écrit, prévenus de crimes ou délits pour fait de publication, seront poursuivis et ju-

gés dans les formes et suivant les distinctions prescrites à l'égard de toutes les autres publications.

10. En cas de condamnation, les mêmes peines leur seront appliquées : toutefois les amendes pourront être élevées au double, et, en cas de récidive, portées au quadruple, sans préjudice des peines de la récidive prononcées par le code pénal.

11. Les éditeurs du journal ou écrit périodique seront tenus d'insérer dans l'une des feuilles ou des livraisons qui paraîtront dans le mois du jugement ou de l'arrêt intervenu contre eux, extrait contenant les motifs et le dispositif dudit jugement ou arrêt.

12. La contravention aux articles 7, 8 et 11 de la présente loi sera punie correctionnellement d'une amende de 100 francs à 1000 francs.

13. Les poursuites auxquelles pourront donner lieu les contraventions aux articles 7, 8 et 11 de la présente loi, se prescriront par le laps de trois mois, à compter de la contravention, ou de l'interruption des poursuites, s'il y en a de commencées en tems utile.

La présente loi, discutée, délibérée et adoptée par la chambre des pairs et par celle des députés, et sanctionnée par nous cejourd'hui, sera exécutée comme loi de l'Etat; voulons en conséquence qu'elle soit gardée et observée dans tout notre royaume, etc.

Signé Louis.

Ordonnance du Roi concernant l'exécution de la loi relative à la publication des journaux ou écrits périodiques.

A Paris, le 9 juin 1819.

Louis, par la grâce de Dieu, etc.

Art. 1er. L'éditeur ou propriétaire d'un journal ou écrit

périodique, de la nature de ceux désignés par l'article 1er de la loi de ce jour, qui voudra fournir en rentes le cautionnement prescrit par la loi, déclarera à l'agent judiciaire du trésor royal qu'il affecte l'inscription dont il est propriétaire au cautionnement de son entreprise. L'acte de cautionnement sera fait double entre l'agent judiciaire et le titulaire de l'inscription.

L'inscription donnée en cautionnement sera déposée à la caisse centrale du trésor royal. Les arrérages continueront à en être payés sur la représentation d'un bordereau délivré par l'agent judiciaire.

Lorsque le cautionnement sera fourni en inscription départementale, le directeur de l'enregistrement remplira, pour le département au livre auxiliaire duquel appartient la rente, les fonctions ci-dessus attribuées à l'agent judiciaire; l'inscription sera déposée à la caisse du receveur des domaines du chef-lieu.

Les mêmes formalités devront être remplies par tout propriétaire d'une rente qui déclarerait l'affecter au coutionnement de l'entreprise formée par un éditeur ou propriétaire de journal.

2. Toute inscription directe ou départementale, affectée à un cautionnement, devra être visée pour cautionnement soit par le directeur du grand-livre, soit par le receveur-général, avant d'être présenté à l'agent judiciaire ou au directeur de l'enregistrement, à l'appui de la déclaration prescrite par l'article précédent.

3. Lorsque le cautionnement aura été, soit versé à la caisse des consignations, soit fourni en rentes, l'éditeur ou propriétaire fera, devant le préfet du département, ou, à Paris, devant le préfet de police, la déclaration prescrite par le n° 1 de l'art. 1er de la loi. Il représentera en même

tems, soit le reçu de la caisse des consignations, soit l'acte constatant qu'il a fourni son cautionnement en rentes.

Le préfet donnera sur-le-ehamp acte de la déclaration et de la justification du cautionnement.

La publication du journal ou de l'écrit périodique pourra commencer immédiatement après.

4. La remise au moment de la publication de chaque feuille ou livraison du journal ou écrit périodique, exigée par l'art. 5 de la loi, sera faite, à Paris, à la préfectnre de police.

5. Sur le vu du jugement ou de l'arrêt qui, à défaut par la partie condamnée d'avoir acquitté le montant des condamnations contre elle prononcées dans le délai prescrit par l'art. 4 de la loi, aurait ordonné la vente de l'inscription affectée au cautionnement, cette inscription sera vendue jusqu'à concurrence, à la requête de la partie plaignante, ou, en cas d'amende, à celle du préposé de la régie de l'enregistrement, chargé de la perception des amendes.

Cette vente sera opérée par les soins de l'agent judiciaire, le lendemain de la notification à lui faite du jugement ou de l'arrêt.

Les rentes départementales seront, dans le même cas, transmises par le directeur de l'enregistrement à l'agent judiciaire, lequel en fera faire immédiatement la vente, et en enverra le produit au directeur de l'enregistrement, en un mandat de la caisse centrale du trésor sur le receveur-général. Il y joindra le bordereau de l'agent de change pour justification des frais de courtage.

Le prélèvement sur le capital résultant de la vente sera fait ainsi qu'il est dit à l'art. 3 de la loi.

6. Le complètement ou le remplacement d'un caution-

nement aura lieu dans les formes prescrites pour le cautionnement primitif.

7. Le propriétaire ou éditeur de journal ou écrit périodique, qui voudra cesser son entreprise, en fera déclaration au préfet du département, ou, à Paris, au préfet de police. Le préfet lui donnera acte de ladite déclaration : sur le vu de cette pièce, et après un délai de trois mois, son cautionnement sera remboursé ou libéré, à moins que, par suite de condamnations ou de poursuites commencées, des oppositions n'aient été faites, soit à la caisse des consignations, soit entre les mains de l'agent judiciaire ou du directeur de l'enregistrement.

8. Il est accordé aux éditeurs ou propriétaires des journaux et écrits périodiques désignés par l'art. 1er de la loi, actuellement existans, un délai de quinze jours pour accomplir les formalités prescrites par la loi de ce jour et par la présente ordonnance.

9. Notre garde-des-sceaux ministre de la justice, nos ministres de l'intérieur et des finances, sont chargés, en ce qui les concerne, de l'exécution de la présente ordonnance, qui sera insérée au *Bulletin des Lois*.

Signé Louis.

TABLE

DES MATIÈRES.

FIN.

www.ingramcontent.com/pod-product-compliance
Ingram Content Group UK Ltd.
Pitfield, Milton Keynes, MK11 3LW, UK
UKHW020301230726
13925UKWH00001B/156

9 782013 472982